JN078696

聖書に生きる366日 一日一章

ユージン・H・ピーターソン［著］
友川 榮［監訳］
川上直哉／斎藤 顕／サム・マーチー［訳］

YOBEL,Inc.

LIVING THE MESSAGE
by Eugene H. Peterson
Published by arrangement with HarperOne,
an imprint of HarperCollins Publishers,
through Japan UNI Agency, Inc., Tokyo

新装版への序文

『聖書に生きる366日　一日一章』が最初に出版されたのは1996年である。わたしが聖書を現代用語で訳しパラフレーズした『メッセージ：新約聖書と詩編』が発行されてから2年間が経過していた。**『聖書に生きる366日　一日一章』**の制作の狙いは「メッセージ」に含まれる聖書のテキストと、そのテキストを実践してきたわたしの執筆活動の40年をリンクさせることである。この**『聖書に生きる366日　一日一章』**に収録した366日分の聖句を選び編集する作業は、わたしの妻ジャンと彼女の数名の友人たちが行ってくれた。一方で、わたしは旧約聖書の本文のパラフレーズ翻訳を続けていた。各セクションごとに旧約聖書（「知恵文学」「預言書」「モーセの律法」「歴史書」）が分冊出版され、聖書全体が最終的に完成したのは2002年だった。旧約・新約の両方が完成し『メッセージ：現代訳聖書』として出版され、10年がかりの作業となった。

　こうして聖書の『メッセージ：現代訳聖書』のすべてが出版され、多くの読者が与えられたのである。こうした経緯を経て、今、わたしは**『聖書に生きる366日　一日一章』**を、新装版として再び世の中に送り出せたことは、時宜に叶ったことと思う。この出版に先立つわたしの人生は、この本を「書くために」に必要な道程として用意されたものである。40年間の道のりを歩み「生きてきた」日々に意識を向けるために、わたしは出来ることを何でも行ってきたが、そのことは非常に重要だったと思う。そうした歩みの結果、今ここに**『聖書に生きる366日　一日一章』**が完成したのである。

　というのも、聖書は（クリスチャンが信じている聖書は神の御言葉である）最初から最後まで、「生きるための」テキストである。ただ単に研究され、理解するためのテキストではない。わたしたちのほとんどは学校において間違った読書習慣を行ってきている。学校で

は「わたしたちが学ぶこと」と「わたしたちが生きること」との間に、何のつながりも不要だと言われている。小説家ウォーカー・パーシィーが書いた登場人物のひとりが、そのことを非の打ち所がないように「わたしは全科目で最高点を取りながら、人生では失敗した」と喝破している。

それではいけない。わたしたちが聖書を「入手する」目的は、**唯々、聖書に従い・聖書から祈るため**なのである。「まず初めに、御言葉を学び、それから、生活に応用する」ことは間違いである。わたしたちが御言葉を前にして、抱く最初の問いは「これはどういう意味なのだろうか」ではなく「**ここで従うこととは何なのか**」である。わたしの知っているラビが次のように述べている。「聖書がわたしたちの心に届くには、おもに、頭ではなく、両足からなのだ」として、わたしたちは主の道を「歩む」のである（申命記5章33節）。わたしたちは主の戒めの道を「走る」のである（詩編119編32節）。わたしたちはわれらの主に「服従する」のである(マルコ8章34節)。理解はその後について来る。聖書の御言葉がどれほど崇敬し褒め称えられても、その御言葉が祈られず、その御言葉に生きることがなければ、蓄積してマナが食べられなくなり、ただウジ虫を繁殖させてしまった、あの「荒れ野をさまよう神の民」のようなものである（出エジプト記16章20節）。

わたしはいつも、聖書について話したり、学ぶだけではなく、聖書のテキストに生きる仲間を持つことが重要だと考えている。わたしは『メッセージ：現代訳聖書』の多くの新しい読者を歓迎したい。この『**聖書に生きる３６６日　一日一章**』の新装版に記されていることは、わたし自身が聖書に生きた人生の記録である。あるいは、長い時間をかけて書き表してきたわたし自身の洞察であり、隠喩であり、服従の実践であり、確信であり、証しであり、祈りでもある。「メッセージ：現代訳聖書」が惜しみない歓迎を受けて、「この『**聖書に生きる３６６日　一日一章**』に生きる世界の仲間たちと、多様な言語での対話が始まっている」ことを、わたしは痛感している。

２００３年６月　ユージン・ピーターソン

序論

わたしにとって「書くこと」はほとんど「共同の作業」である。わたしは成人となってからほとんどの日々を教区の牧師として働いてきたのである。わたしはクリスチャンたちとノンクリスチャンたちが混在する状況に身を置きながら、教区の只中で書いてきたのである。彼らは痛み、喜び、罪や神聖さ、色々な祈りや色々な呪い、感嘆の叫びや呟き、それに真理と嘘を漏らしてきたのである。わたしは彼らに傾聴してきた、何度も、何度も、何度も彼らの声に耳を傾けてきたのである。丁度よい時間が来たと感じた時に、わたしは自分の意見を述べた。わたしが折に触れて、聞き、話したことを書いてきたのである。わたしの文書はわたしの証しでもある。

　普段の教区事務所等は書くことにおいて素晴らしい場所である。この世で起こるほとんどの現実（わたしは「全て」であると賛同したいのだ、が）に焦点を当てているのが教区である。すなわち、誕生や死、救いと天罰、色々な苦悩、色々な疑い、癒しと和解、戦争と平和、結婚と離婚などである。一人ひとりの人間の行動や感情や出来事などが、聖書や聖日や聖礼典や聖なる洗礼という一連の流れの中で、輝かしく包み込まれ、はっきりと見ることが出来る。いわば「この世」と呼ばれている中では、わたしたちが出会う全てのことや人間や出来事などは実際の文脈を無視して、役に立つか、立たないかという効用の霞で不鮮明になっている。このような世は言葉を使いながら、陳腐さや虚偽に満ちた言葉を使うため、何が起きているのか、「本当に」何が起きているのかを見出すことは非常に難しくなっている。

　キリスト教会は、一方で、教会に入る全ての人々を、本質的に機能不全に陥らせている。わたしたちは能力や価値ではなく、クリスチャンやノンクリスチャンという観点から互いに見ている。――そして、誰ひとりもそれを区別することは出来ない。教会はこの地球

で最も専門性の低い人間の集いである。一方では乳飲み子がいて、他方では居眠りしている80歳代の人々に囲まれ、それに自分の面識がある多くの人々と肩を並べることが出来る場所がキリスト教会以外にあるだろうか。そこで、あなたがたは、面識のある多くの方々と、不承不承に、兄弟姉妹として交流を深める。そこは、同じ人間であることを除けば、何も共通するものはない――共通しているのは、神だけである。他のどんなことよりも、神である。神は偉大で究極な真の文脈である。非常に偉大で、非常に真理である神だけがどの人間にも共通している。

作家にとっては、次のことはボーナス以外の何物でもない。キリスト教会ほど言葉が尊重される場所はない。神は言葉である。神は言葉を用いて、ご自身をわたしたちに啓示される。神の言葉と説教が宣べ伝えられ、読まれ、教えられ、歌われ、信じられ、守られる。あるいは、このようなことが起こらないかもしれない。だが、神の言葉と説教が抑圧されたり、信じられず、従わなかった時でさえも、否定的なことが肯定的なもので定義される。言葉の存在がその場を規定する。だが、それだけではない。神の言葉はわたしたちの言葉を呼び起こし、威厳を与える。わたしたちの人生にわたって持つ名前が洗礼式で授けられる。つまりわたしたちを神の慈愛に導く招待状が発行される。わたしたちに残された数少ない誠実な言葉の一つである祈りを、誰でもささげることが出来る。詩は（普通は、賛美という形を取るが）読まれ、多くの場合は歌われる。嘆きは合法化される。個人的な言葉が読まれる。キリスト教会は口頭の牙城である。言葉に興味がある人にとっては、言葉の複雑さに耳を傾け、その仕組みを観察するのにこれ程相応しい場所は教会以外にはない。少なくとも、わたしはそう考えている。

わたしは早くから、神の言葉とわたしたちの言葉が同じ場所や同じ人々に並行して起こる大きな不協和音が起きていることに気づいていた。そのために、わたしたちは言葉がどのように使われ、何が起こるのかに注意を払わなければいけない。言葉とは物ごとを明らかにするのが言葉の本質である。

だが、言葉は、ほとんどの場合、隠すために使われることが多い。わたしは地域で最も嘘をつかれる人物が牧師であることを直ぐに理解した。祝福と創造、救いと癒し、喜びと解放をもたらす言葉を管理する者として、わたしは偽りの海の中に自分がいることに気づいていた。わたしたちの存在そのものを明らかにするために装飾された言葉は、むしろ逆に自分たちの存在を覆い隠すためにしばしば利用されている。多くの嘘は意図的なものではなく、また意識的なものでもない。この友人たちは親や先生から教えられたように言葉を使っていただけであるが、わたしが片方の耳で彼らの言葉に耳を傾け、もう片方の耳で神の言葉を聞いていたのである。わたしはその違いに気づかずにはおられなかった。神は言葉を使ってご自身を完全に、そして十分に現すお方である。そして、神はわたしを恵みと愛に満ちた神の世界へと誘う。しかし、この人々は自分の真の姿を伝えるために言葉を使っていたのではなく、自分が美しく見えるために言葉を使っていた。わたしが、彼らの抱く「牧師像」から踏み出すことなく「牧師」の型に収まるために、言葉を使っていた。いつもそうではなかったが、おおむねそうだった。

もし、わたしが様々な形の「神の言葉」が常にそこにあり、全ての言葉が本当は何であるか、つまり啓示の手段であることは暗黙のうちに定義している教区で日々仕事を行っていなかったならば、これ程までに驚くべき違いに気づく機会はなかったと思う。

書くには二つの方法がある。一つはわたしたちの学校で学んだ方法である。この書き方は知識を前提としている。何かを学んだ後、書きとめ読者に情報を伝える。新聞や教科書で消費されているものの多くは、この書き方である。「消費される」という動詞はぴったりな言葉である。この言葉は取り込まれ、消化され、使われる。

しかし、もう一つの種類の文章がある。それはそれ自体を知る方法であり、言葉はわたしたちが既に知っていることを超えて、謎を探り、親密さが育まれ、契約が結ばれる真実の内部へとわたしたちを導いてくれるのである。これこそがわたしたちの聖書に書かれ

ている働きである。それは「**リアリティーについて**」語るのではなく、わたしたちをリアリティーに導き、わたしたちの中にリアリティーを「**創り出す**」のである。このような方法で、わたしたちが言葉を使っている時には、言葉を使っているよりも、言葉に依存している感覚がある。これは一種の祈りのようなものである。「お言葉どおりこの身になりますように。」（ルカ1章38節）このような書き方がわたしが常々願っていたことである。つまり、わたしが世界に蓄積している情報に何か言葉を加えたいだけではなく、世界にある命そのものに貢献したい。わたしの書いた言葉のうち僅かでもそのような効果があれば、わたしはそれだけで満足である。

ユージン・H・ピーターソン

この本について

わたしは孫たち一人ひとりのために、「名前」「生年月日」「体重」「身長」といった基本データを編み込んだ刺繍を作ってあげたことがある。この本の編集を依頼された時に、わたしは「これは、まさに、孫たちに作ってあげた刺繍と同じだ」と感じた。「ユージン・ピーターソンの書き残したものがカレンダーに沿って編み込まれている」と思ったのである。

この本でわたしが試みたことは、ちょうど刺繍をほぐして行くように、ユージンの「**基本的データ**」の思考と主題を解きほぐすことである。この本を日々読む度に、ユージンが彼の大人になってからずっと、牧会し、教え、著述し、生きてきた中で大切にしてきたことが、あなたの目の前に浮かび上がってくれれば、本当に素晴らしいと思う。

ユージンの話や著作の多くの場合は、荒れ野で呼ばわる者の声のようだった。時流に逆行し、一時的な流行を拒否する声であった。北米の教会は預言者ホセアにならって言えば「売春婦を追いかける」（ホセア書9章1節）ような状態になっている。わたしたちは最初の愛を捨てて、文化に身を売ってしまっている。多くの人々はユージンは時代遅れになっているという。というのは、彼は聖書に固執し、その物語を宣べるからである。彼は聖書と物語を骨の髄まで沈潜させるからである。彼の言葉の中には、人々に簡単な答えを示すようなものはない。人々をうわべだけ高揚させるものも一切ない。１９６０年代を通じて、多くの牧師たちは聖書を差し置いて、心理学や時事問題に目を向けていたのである。だが、ユージンは聖書そのものに留まった。わたしが彼に尋ねたことがある。「なぜ、低所得者用住宅について、説教で語らないのですか」と。（当時、わたしは地区の低所得者用住宅委員会で奉仕をしていた。）その時、彼は次のように答えた。「もし人々が神の御言葉を聞けば、その人々はいつか、低所得者用住宅を用意をする政策を実践するだろう」、と。他の牧師たちが「道徳」を説教していた時、彼はただひたすら「イエス・キリストの福音」を宣べ伝えていた。人々のニーズに応えるべく教会で多くのプログラムが提供されていた時にも、彼は人々に忠実に礼拝を守るよう試みていた。そして、近所や学校や家や仕事場で証をするために出掛けて行ったのである。

御言葉が重要なのである。真理が明確に正しく述べられることが決定的に重要なのである。御言葉は――

初めに言葉があった。創造の時、神は「光あれ」と言葉を発し、そして混沌と闇から秩序が現れ出たのである。「出発点に立ち戻れ」（公開講義のタイトルでした）と呼びかけられ、御言葉へと向かう必要が、わたしたちにはある。

初めに言葉があった。その言葉が、後に、永遠の重要性を全ての言葉一つひとつに与えられることになる。神は世界について語ることで、世界を存在するものとされた。だから、「**わたしたちの**」言葉は、「**神と**

共に創造するもの」となる。

37年間以上にわたって、特に、わたしたちの結婚記念日がまた巡りくる度に、わたしたちは次の一年を見据えて、互いに仕え合うだけではなく、「わたし」と「あなた」とは違う「第三者」を強く意識してきた。その「第三者」とは、「結婚」そのもののことである。この本の出版においても、同じことを意識している。その「第三者」とはこの本に書かれている全ての言葉である。――この言葉を、わたしはこの本で提供している。

そうした中で、助けてくださる方々が現れたのである。わたしは自分の好きな箇所を独り占めしたいとは願わなかった。それで、大好きな本の中から取り出して分かち合いたいという願いを込めて、国中から数名の忠実な読者やわたしたちを励ましてくれる人々に、仲間になってもらうことが出来たのである。わたしは次の方々に御礼をしたい。

ナンシー・ビリアット、カレン・ピターソン・フィンチ、ヘレン・マエル・ギラード、クレア・フォックス・アーチァ、ドロシー・ジェーン、シアーリー・クエンズラー、ステーブン・F・トローター、ラネル・サドー、それにコンピュータで助けてくれたダニエル・R・カーン。

さらに、この本に関して尋ねてくれた他のサポーターと彼らの関心と祈りで貢献してくれた人々にも御礼をしたい。リージェント大学の同僚やよき友人たちにも御礼をしたい。素晴らしいことに、リンデイ・ルイスは「バンクーバーで春の夕方、散歩しながら原稿を読もう」と申し出てくださり、わたしが慰めを必要な時に、丁度相応しいコメントを与えてくれた。最後に、ユージンに感謝をしたい。彼はここに記して言葉を話し、また書いたのである。だが、それだけではない。もっと大きなことは、ユージンは彼が書いた言葉に生き抜いてきたのである。

ジェニス・S・ピーターソン

もくじ

CONTENTS

もくじ

もくじ

もくじ

1月

January

1月1日

初めに言があった

初めに言があった。
言は神に存在していた。
神は言に存在していた。
言は神であった。
言は最初の日から神のために準備されていた。

全てが神によって創造された。
神を除いて創造されたものは
何もない――何一つもない！――
そして生まれたものは命であった
命は生きるための光であった。
暗闇の中から命の光が輝き
暗闇はそれを消すことが出来なかった。

昔、神から遣わされた一人の人がいた。その名はヨハネである。彼は命の光を示すために遣わされた。彼は全ての人々にどこを見ればいいのか、誰を信じるべきかを教えるために来た。ヨハネ自身は光ではなく、光への道を示すために存在していたのだ。
命の光は真実であった。
全ての人々が命に入るよう
ヨハネは彼らを光に導く。

言はこの世の中にいた。
言によってこの世が出来たが、
この世は気づくこともなかった。
言はご自身の属する人々に来たが、
彼らは彼を望まなかった。
だが、言を本当に望んだ人々、言を主張した通りの人であると信じた人々
言を述べたことを行う人と信じた全ての人々を
神の真の子どもとしたのだ。

これらの人々は、血によってではなく
肉によってではなく、セックスによってでもなく
神から産まれたのだ。

言は肉と血を取り
近所に引っ越してきた。
わたしたちは自分の目でその栄光を見た。
父と子のような唯一無二の栄光を。
内も外も寛大で
最初から終わりまで真実である。

ヨハネはこの方を指さし、そして言った。「この方がそのお方である。あなたがたに語ったお方はわたしの後から来られるが、実は前からおられたお方なのだ。そのお方はわたしのずっと前からおられるお方なのだ。そのお方は常に初めの言葉を持っておられた。」

わたしたちは彼の寛大な恵みを受けて生きている。恵みから恵みへ、恵みから恵みへという寛大な恵みを受けた。

わたしたちはモーセから基本を学んだ。
このいきいきと与えることや、受けることをモーセから学んだ。
この終わることがない知恵と知性——
これらは全ては救い主なるイエスキリストによってもたらされた。
いまだかつて、神を見た者は誰一人もいない。
誰一人も神を垣間見ることも出来ない。
このような唯一無二の独り子である
父なる神の正にふところにいるその子が
神を明白に示されたのである。

——ヨハネによる福音書1章1～18節

1月2日

言葉に関心を向ける

わたしたちのだれもが朝起きると、自分が人間と呼ばれる被造物に属していることを知る。そして、遅かれ早かれ、わたしたちは言語や単語で対応している者であることを知る。わたしたちは言語を使う素晴らしい唯一で巨大な被造物である。言語はわたしたち人間にとって固有なものである。蕪(かぶ)は言葉を用いることなく、極めて手間のかかる有益な生態系を完成させる。バラは言葉を発することなく、見事な美しさと香りをもって世界を美しく飾る。犬たちは言葉を使わずに数万人のわたしたちに、忠誠心と愛嬌のある交わりを通して満足させる。鳥たちは言葉の機能を持たずに、わたしたちの精神を高揚し、わたしたちを幸せにし、わたしたちの耳に申し分のない音楽を奏でる。わたしたちの身の回りが言葉なしで起こっていることは実に素晴らしいことである。すなわち、海の潮流、山の山頂、嵐の気候、変遷する星座、遺伝子コード、渡り鳥の移動など――わたしたちが見たり聞いたりする多くは、実際、言語を使わず、無言で、信じられない程に複雑なものである。しかし、わたしたち人間は言葉を持つ。言葉を使うことが出来る。絶えず変化する魅力的な地質学、生物学、天文学のデーターにおいても言葉を使うのは唯一わたしたちだけである。わたしたちは人間以外の被造物と多くのことを共有している。周りにある全てと共通するものが、わたしたちには沢山ある。わたしたちが踏む土壌、身の回りにある動物たち、天にある星々、わたしたちはこのような家族の一体性という繋がりに気づいている。わたしたちの人間性を理解するためには、わたしたちは巨大な物ごとの体系の中で自分が言葉に関心を向ける存在であることに気づく。つまり、わたしたちは言葉を話すという事実と、わたしたちが言葉を話すと何かが起こるという事実を理解する必要がある。

美しさと善とが
わたしの心の土手から　溢れ出る
王の前で、わたしの詩を　残らず一部始終歌おう
心の中の感情の川を　言葉へと作り変えながら
——詩編45編1節

1月3日

同胞たち

わたしの同胞たちは、わたしに何かを「**話す**」のではなく、何かを「**作りだす**」小説家、詩人、作家たちである。小説家たちは存在の生の情報を入手し、意味のある世界を作る。わたしもまた同じような物語を作りだす仕事をしている。神はわたしの周りの人々を、救いの計画に引き込んでいる。あらゆる言葉や所作や行動がその物語の重要な部分を形成している。このように現実の創造に関わることは、絶え間ない忍耐と留意を要する。わたしはいつも近道を選んでしまう。人格の向上を手助けする代わりに、わたしは直ぐに分類してしまう。活動的かどうか、救われているかどうか、弟子なのか信仰から遠のいてるか、リーダー格か座席埋めの価値しかないか、などとかと分類してしまう。わたしが自分の人生の中で一人ひとりが、決して真似できない恵みの物語の中でユニークで素晴らしいのである。わたしは恵みと罪がドラマのように緊張関係にある特別の方法で前例のないことを見る代わりに、日課を効率よく切り抜けることが出来るようにとレッテルを貼ってしまう。一度レッテルが貼られると、その男女をもう「**見る**」必要がなくなる。わたしは彼らを「**利用する**」方法を知っている。

それ以来、わたしはフョードル・ドストエフスキー、ウィリアム・フォークナー、アンネ・テイラーやウォカー・パーシィーの著書を読んできた。創造的な仕事に身を挺しているアーティストが如何にして最も平凡な人や全く見込みがない人に対応し、つまり、平凡

なことに予想もしない深さや、月並みに見えるような中に「善と悪」との可能性を見出しているかが分かるからだ。

わたしが今どう感じているかを、あなたがたは分かりますか？　もう一度キリストがあなたがたの内に形作られるまで、わたしが産みの苦しみをしていることを分かりますか？　丁度母親が子どもを出産する時の陣痛のように。

――ガラテヤの信徒への手紙4章19節

1月4日

詩人たち

詩人たちは言葉の管理人である。言葉の羊飼である。危害や搾取や悪用から護る羊飼い。言葉は何かを**意味する**だけではない。言葉そのものに独自の存在がある。それぞれがそれ独自のリズムと音色を持つ。

詩人たちは、第一に、試しにわたしたちに話しかけたりしない。彼らは、試しにわたしたちに与えるのでもなく、何かを試しに行うのでもない。わたしたちは陽気な規律（換言すれば、規律のある陽気さ）を抱き言葉に注意を払えば、詩人たちは、わたしたちの目の前にある言葉と現実に、より深い敬意を抱くよう導く。

わたしもまた言葉のビジネスに従事している。わたしは言葉を使い説教をし、教え、カウンセリングを行う。人々はしばしば、神がわたしの言葉を用いて人々に語る可能性に特別な注意を払う。わたしには言葉を正しく、上手に用いる責任がある。それは容易なことではない。ある人々は言葉を無頓着に使い、他の人は言葉を抜け目なく使う、わたしが住む所はそのような世界である。

話す時は品よくしなさい。会話において他者の長所をもたらすのが会話の目標なのだ。
他者を貶（おとし）めたり、切り捨てることをしないように。

――コロサイの信徒への手紙4章6節

1月5日

アーティストたち

友人たちが「読まねばならない読書で忙殺されている。それに、わたしは小説や詩を読む時間がない。」と話す時、わたしは悲しくなる。彼らが言うことは創造的な中心に注意を払わずに、日常の日課に注意を払うことを選ぶのである。

「ねばならない」という読書などはない。わたしが何を読むかを選ぶからだ。養われなければ、育たない。支えられなければ、立ち行かない。育成されなければ、向上しない。アーティストはわたしたちの創造の中心にいながら、軽視されがちな不可欠なものに、わたしたちを心開いて受け止め参加させてくれる人々である。だから、アーティストを軽視してはいけない。

これらのことを育みなさい。それらに身を浸(ひた)しなさい。そうすれば人々はあなたが成熟していく姿を見ることが出来る。自分の性格と教えとをしっかり把握していなさい。惑わされるな。それを保ちなさい。そうすれば、あなたと、あなたの話を聞いた人々も救いを経験することになるだろう。

――テモテへの手紙（一）4章15～16節

1月6日

公現日

今日は公現日である。命の光は先まで共有される。

イエスが、ユダヤの地、ベツレヘムでお生まれになった後――ヘロデ王の時代であった。――東の方から、学者たちの一隊がエルサレムに到着した。彼らは尋ね歩いた。「ユダヤ人の王としてお生まれになった方はどこにおられますか。わたしたちは、新しく産まれた王を拝みにきたのです。わたしたちは、その方の誕生を示す星を東方で見たのです。わたしたちは、そのお方を拝みにきたのです。」

彼らが王を捜していることを聞いたヘロデは怯(おび)えた。――ヘロデだけでなく、エルサレムのほとんどの人々も同様だった。ヘロデは直ぐに、民の祭司長たちや律法学者たちを皆集め、「メシアはどこに生まれることになっているか」と聞いた。彼らは言った。預言者ミカがはっきりこう書いている。

「ユダヤの地、ベツレヘムよ。お前はユダヤの指導者たちの中で決して最低のものではない。お前から指導者が現れ、わたしの民イスラエルの牧者となるからである。」そこで、ヘロデは占星術の学者たちとひそかに会った。ヘロデは彼らと同じように信心深いふりをして、メシアの誕生を告げる星が現れる正確な時期を教えてくれるよう伝えた。そして、ヘロデはベツレヘムの預言を学者たちに言った。「行って、あらゆる手段を尽くして、その子を見つけよ。見つけたら直ぐに、わたしに知らせてくれ。わたしもあなたがたと一緒に拝もう」と。

占星術の学者たちはヘロデ王の言葉を聞いて、出かけて行った。すると、学者たちが東の方で見た同じ星が再び現れた。その星は学者たちを導き、幼子のいる場所の上に止まった。彼らは自分たちの感情を抑えることが出来なかった。彼らはまさにその場所にいたのだ。彼らはまさに同じ時間に到着したのだ。

学者たちは家に入ると、彼らは母マリアに抱かれている幼子を見た。彼らは圧倒され、ひれ伏して、幼子を拝んだ。彼らは、荷物を開けて、黄金、乳香(にゅうこう)、没薬(もつやく)を贈り物として献げた。

学者たちは、ヘロデのところに戻って報告するなと、夢で警告された。それで、学者たちは、別の道を行った。そして、誰にも見られることなく、その地を離れ、自分たちの国へ帰って行った。

――マタイによる福音書2章1～12節

1月7日

親しい交わり

わたしの娘カレンが幼いとき、わたしはしばしば娘を老人ホームに連れて行った。カレンは、一冊の聖書以上の存在だった。カレンが老人ホームに入ると、彼女の笑顔や質問が高齢者を明るくさせた。高齢の入居者はカレンに触れ、髪を撫でたりした。そんな訪問のある日に、重度の認知症のヘア婦人がいた。彼女は話好きで、あらゆる話をカレンに投げかけた。彼女はカレンと出会ったことが契機となったのか、自分の幼少期の逸話を話した。その話を終えると、すぐに一言一言を、何度も何度も繰り返すのだった。わたしは、20分かそれ程経った後、カレンが気まづくなり、混乱しないようにと心配した。わたしはその話を中断させ、聖油を塗り、祈った。家に車で戻る時、わたしはカレンが忍耐強く聞いてくれたことを誉めた。カレンはヘア夫人の幾度も繰り返す話を何の苛々することなく、退屈もせずに聞いていた。わたしがカレンにヘア夫人の脳の働きとわたしたちの脳とは違うと言った時、カレンの言葉は「お父さん、知っているよ。ヘアさんは何かを話しているのではなく、ヘアさんがどんな人なのかを話しているのだよ」だった。

9歳のカレンが、ヘアさんはコミュニケーションのために話をしているのではなく、親しくなりたいために話すという違いを知っていたのだ。その違いとは、わたしたちの文化全体が全く注意しないことである。また、牧師たちが留意しなければならないことでもある。わたしたちが行う主要な仕事、つまり牧師の主要な仕事とは、コミュニケーションではなく、親しく交わることである。

言葉は人を殺し、言葉は命を与える。
言葉は毒か、あるいは果実でもある。
それを選ぶのは、あなただ。　――箴言18章21節

1月8日

コミュニケーション

この世界では押しボタンで言葉を打ち消してしまう巨大な情報産業（コミュニケーション）がある。言葉はテレビ、ラジオ、電報、人工衛星、コンピューターケーブル、新聞、雑誌などを通して伝達される。しかし、その言葉は個人的なものではない。この巨大な情報産業に潜んでいるのは巨大な嘘である。もし、わたしたちが情報を向上させるならば、生活も改善されるだろう。それは今まで起こったこともなく、今後も起こらないだろう。わたしたちは多くの場合、ある人が「何か言わなければいけない」ということが分かると、その人を好きになるどころか、嫌いになってしまう。深く緊密に情報交換することが、多くの場合、国際関係を悪化させる。わたしたちは歴史的にも以前経験をしたことがない程に、国々や宗教としても深く知るようになっているのだが、一方、お互いの親交が薄まってきている感じがする。カウンセラーは夫婦が交わりを深くすることを学ぶ時に、それが和解に導くと同じほどに離婚になることも知っている。

口先だけの信心深い話はしないように。(神の)御言葉は単なる言葉ではないことを、あなたがたは知っている。それらが神聖な生き方を裏打ちしていなければ、魂の中に毒として蓄積して行く。

――テモテへの手紙（二）2章16～17節

1月9日

言葉は贈り物

交わりのために言葉が贈り物として与えられている。わたしたちは交わりの本質を学ぶ必要がある。これは次のようなことが啓示されるリスクを伴う。――つまり自分自身の全てが露にされ、自分がどのような人間であるのかという秘儀がそれである。もし、わたしが無言でここに立っていれば、わたしに何が起きているかは、あなたには分からないだろう。あなたがわたしを見ることができ、身長を測ることができ、体重を量ることができ、試すことでができたとしても、わたしが話し始めなければ、わたしが実際どういう人物であり、わたしの中で何が起こっているかが分からないだろう。もしあなたが聞き、わたしが真実を話し始めると、何か素晴らしいことが起こり始める。――新しい出来事が起こる。以前にそこになかった、何かが生まれる。神がわたしたちのために行う。神が行ってくださるからこそ、わたしたちは学ぶことが出来る。そこから新しいことが起こる。救いが生まれる。愛が生まれる。聖餐式も生まれる。これこそ聖餐式が示す交わりである。このように使われる言葉は謎を定義するのではなく謎を深める――曖昧なものに入り、完全で知られたものを超えて、危険な未知なものへと導く。キリスト教の聖餐式は最も、単純な言葉を用いる。「これはわたしの体です。これはわたしの血潮です」（マルコ14章22節、24節）という言葉は、想像力を掻き立てる啓示の行動へと飛び込ませる。それは、わたしたちが参与するのだが、決して理解できないものである。この言葉は何かを説明してるのではない。この言葉は方向性を示し、手を差し伸べ、包み込む。わたしが病気の人々や危篤の人々や孤独な人々を訪ねる度に、すぐに明らかになることがある。唯一価値のある言葉は交わりの言葉だけである。残念なことは、交わりを深める言葉がまれにしか使われないことである。わたしたちは時折このような機会で、言葉を使いながら迷惑をかけているのは自分だけであることを知る。病気の人々、孤独な人々、瀕死の人々の色々な試練を少しも聞こうとせずに、彼らが聞き続けなければならないのは延々と続く中身のない言葉や決まり文句である。医師は部屋に入り診断のことを知らせ、家族は心配事を分かち合い、友人たちはその日の世間話を分かち合う。彼ら全員がもちろんそうする訳ではない。いつもそうする訳でもない。だが、悲しいことに、病気の人々や孤独な人々や危篤の人々や街角やオフィスや、職場や学校で、交わりが行われることは多くはないという現実である。そのためには、クリスチャンが「交わりの言語」の専門家になることが急務なのである。

適切なタイミングで語られる適切な言葉はオーダーメイドの宝石のようなものである。賢明な友人のタイムリーな叱責は、指にはめた金の指輪のようなものである。

――箴言25章11〜12節

1月10日

クリスチャンのスピリチュアリティー

わたしは詩人で農家であるウェンデル・ベーリーの本を読むのが楽しみだ。彼はケンタッキーに小さな土地を持ち、その土地を尊び、手入れする。アーティストが自分の素材に身を委ねるように、彼もその土地に身を委ねる。わたしはベーリーの本を読む時、ベーリーが「農業」「土地」に言及する度に、わたしは「教区」を加える。ベーリーが彼の農業に言及する時、彼はわたしが教会で実践しようと試みてきたことを述べる。というのも、牧会の醍醐味の一つが現場主義であるからだ。

牧師の問いは次のようなものである。「ここにいる人々は一体どのような人々なのだろうか。わたしは神が彼らを作り上げるように如何にして共にいることが出来るだろうか？」わたしの仕事は単純にそこにいて、出来るだけ上手に聖書の御言葉を説教し、教え、彼らに対して誠実であり、聖霊が彼らの中で作り出すことに何も妨害せずにいることである。わたしが今まで考えもしなかったことを、神は行っているかもしれない？　一日や一週間や一年間も、わたしは喜んで沈黙することを望んでいるだろうか？　ウェンデル、ベーリーのように、喜んで50年間もこの土地を再生するために過ごす覚悟があるだろうか？　ここにいる人々と一緒に？

キリスト教のスピリチュアリティーとは成熟した福音の全てに生きることであ。キリスト教のスピリチュアリティーとはあなたの人生の全ての要因を引き受けることである。——子どもたち、配偶者、仕事、気候、財産、人間関係など、を——それらを信仰の実践として体験することである。神は、わたしたちの人生の全ての要因を求めたもう。

その間、友人たちよ。主の再臨を忍耐して待ちなさい。農夫たちが大地の尊い作物が成熟するのを忍耐しながら待っていることを、あなたがたは知っている。雨が降りゆっくり、また確かに作物を生育してくれることを忍耐して待つように。そのように忍耐しなさい。堅実で強く保っていなさい。いつ主が再臨してもいいように。

——ヤコブの手紙5章7～8節

1月11日
転覆活動

イエスは転覆活動の名士である。最後の最後まで、弟子たちを含めて、全ての人々はイエスをラビと呼んだ。ラビたちは重要人物たちだったが、彼らは何も行動を起こすことはしなかった。イエスにテーマ以上のことが起こる可能性の疑念がある場合には、イエスはそれを誰にも話さないようにさせた——「誰にも話すな」と。

イエスの好む話の手法は譬え話で、それは転覆することである。譬え話は全くありふれたように聞こえる。土地や種についての普段の物語だ。食事やお金や羊、追剥や犠牲者たち、農夫や商人たちなどだ。それらは全て世俗に関するものだ。福音書に書かれている40程の譬え話はみなそうだ。その中で一つだけが教会に関していて、二つが神の名を言及する。人々はイエスのこれらの譬え話を聞いた時、彼らは譬え話が神について話していないことが直ぐ分かった。そのため、彼ら自身の主権が脅かされることは何一つなかった。譬え話は彼らが自己防衛することを緩和させた。彼らは譬え話が如何いう意味なのかを気にかけながら、戸惑いながら立ち去った。譬え話は彼らの想像力に留まった。それから時限爆弾のように譬え話は無防備な心の中で爆発する。深淵が彼らのまさに足元で開く。イエスは神について語っていたのだ。彼らは侵攻されていたのだ。

　イエスは普段の物語と並行して異常な物語を投げかけてきたのだ（**パラ＝並行して、ボレ＝投げられる**）。イエスは何の弁明もなく、回心の招きもなく立ち去ったのだ。譬え話を聞いた人々は次のような関係を見始める。神との関係、命との関係、永遠との関係などである。自明でないことや類似点がないことが、次の類似点を識別する刺激となる。つまり、神との類似点、命の類似点、永遠の類似点などだ。だが、譬え話はその効果を果たさなかった。――譬え話は聞いた人の想像力が働くようにしたのだ。譬え話とは物ごとを簡単にする例話ではない。譬え話は、わたしたちが創造力を働かせることで、物ごとを難しくさせる。だがもし、わたしたちがそれに気をつけないと、信仰の実践が必要となるだろう。

　弟子たちはイエスに近寄ってきて尋ねた。「なぜあなたは譬えで話をなさるのですか？」そこで、イエスは答えた。「あなたがたは神の御国を洞察する力が与えられている。それがどう働くかをも知っている。誰もがそのような賜物や洞察力を持っているわけではない。彼らにはそれらが許されていない。心の準備が出来ていれば、洞察力と理解力が自由に発揮される。しかし、準備が出来ていなければ、それを受け容れる感受性の痕跡が直ぐに消えてしまう。わたしが譬えで話すのはそのためである。わたしがそのように話すのは人々の準備を整えさせ、受容的な洞察力へと導くためである。」

――マタイによる福音書13章10～13節

1月12日

聖なるもの

次の2週間は都に上る歌の黙想である（詩編120編～134編）

わたしたちの世界では宗教的体験の大きな市場が存在している。美徳を辛抱強く手に入れようとする意気込みは見られない。以前のクリスチャンが「聖なるもの」と呼んだ長期にわたる徒弟制度に参与しようという傾向も見られない。

これら全てがどういう意味なのかを、あなたは知っているだろうか？――この道を切り開いた全ての先駆者たち、これほどの先輩たちが私たちを応援しているということがどういう意味かを知っているだろうか？　わたしたちは、それに関わらなければいけないのだ。裸になってレースを走り始めよ――走ることを決して止めるな！　余分な霊的な脂肪をなくし、寄生虫のような罪を捨てよ。このレースで走り始め、完走したイエスを見つめながら。わたしたちはそのレースに参加しているのだ。

――ヘブライ人への手紙12章1～2節a

1月13日

不満

色々な嘘や敵意に溢れる文化に身を置く人々はそのような文化に溺れているように感じる。彼らは聞いたことを何一つ信頼しない。彼らは出会う人々誰一人も信用しない。そのような世界に不満なことはキリスト教的な訓練に旅する備えとなる。そのような不満は平和と真理への憧れと相まって、神にある完全性の巡礼の道へとわたしたちを向かわせることが出来る。

人は徹底的に嫌けがささない限り、クリスチャンの道を始める動機は生まれない。次の選挙が犯罪をなくし、正義を確立するような可能性があるとか、あるいは別の科学的な打開策がその環境を救う可能性があるとか、または、昇給が不安感から平穏な人生に変えてくれる可能性があるとか、わたしたちがそう考えている限りは、わたしたちは信仰生活の困難な不確実性を冒すことはしないだろう。男性や女性であろうが、彼らの前にあるこの世の様々な方法に飽き飽きしている人は、初めて恵みの世界を求めるようになる。

詩編120編がそのような人のための歌である。色々な嘘にうんざりしている人、憎しみで不自由になっている人、この世で起きている事柄で二重の苦しみを感じている人たちの歌である。それは単なる叫びではなく、絶望を突き抜けた痛みであり、新たな出発を促すものである。——つまり、平和な人生になる神への旅でもある。

神よ！
わたしを偽る者たちから助け出してください！
彼らは愛想よく笑うが、彼らは白々しい嘘をつく。
——詩編120編2節

1月14日

悔い改め

アメリカの歴史の中で特に興味深いものは、19世紀にアメリカにやってきた移民たちの物語である。何千、何万もの人々がヨロッーパでの生活が卑しく貧しくなり、迫害され、惨めな者となって、そこを去ってしまった。彼らは環境が抑圧の代わりに挑戦の場所があるという情報を得ていた。この物語は多くの家庭で語り継がれ、ドイツ人、イタリヤ人やスコットランド人がアメリカを建国した出来事の記憶を守り続けている。
わたしの祖父は80年前に飢饉(ききん)の只中にノルウェーを離れた。祖母と10人の子どもたちは祖父が戻って来るまでノルウェーに残っていた。祖父は家族と共にピッツバーグに来て、家族を連れ戻すために十分なお金を稼ぐために製鉄工場で二年間働いた。祖父は最初の頃には自分の目的が満たされていたのだが、ピッツバーグに留まらなかった。しかし、祖父は戻ったが、よりよい場所を求めて新しい土地に飛び込みモンタナに旅した。

これら全ての移民の物語には逃避と冒険という相反する側面が混在している。居心地の悪い状況からの逃避である。新しいことに挑戦し、成長し、創造性を発揮するための、よりよい生き方を求める冒険でもある。クリスチャンなら誰でも、このような移民の物語をいくつか持っている。

「わたしは不幸なことだ。メシェクに宿り、ケダルの天幕の間に住むとは。平和を憎む者と共に、長くそこに住むとは。」【詩編120編5～6節】だが、わたしたちはもうそこに住む必要はないのである。クリスチャン移民の最初の言葉である「悔い改め」が、わたしたちを光の中を旅する道へと導いてくれる。それは拒絶であると同時に受容であり、到着へ発展する出発であり、この世に対する「否」であって、神に対する「然り」でもある。

わたしはメシェクに住む運命にある。
　呪われて、ケダルに家庭を持ち
わたしの全生涯は喧嘩をする隣人たちと共に
　キャンプをしながら暮らす生活である。
——詩編120編5～6節

1月15日

礼拝

礼拝とは、わたしたちの神への飢えを満たすものではない。礼拝はわたしたちの飢え渇きを刺激する。わたしたちの神への欲求は、礼拝に参加することで解消されるわけではない。その欲求は深まる。神への欲求は時間と共に溢れ出て、その週に染みこんで行く。その必要性は平和と安全を求めることを通して示される。わたしたちの日々のニーズは、礼拝に参画することで変わる。わたしたちは卑しい存在から可能な限りベストな存在になるために貪欲に人間の猛烈な出世競争を駆け上るように、もはやその日暮らしをするのではない。わたしたちの根源的な必要性は突然「神の似姿」に創造された被造物の威厳に値する存在となる。つまり平和と安全である。**シャローム shalom** と**シャルヴァ shalvah** という言葉は礼拝の場所「エルサレム」ジェルシァロム jerushalom の音で奏でられる。

シャローム shalom「平和という意味」は聖書の中で最も豊かな意味を持つ言葉の一つである。あなたが社会保障番号で、ある人を定義するのと同じように、辞書で調べてシャロームの意味を定義することはもはや出来ない。単語シャロームとは神の御心がわたしたちの内で成就することから由来する全きものが蓄積している言葉である。それは神の御業である。それが完結すると、わたしたちの中に生ける水の流れを放出させ、永遠の命と共に波打つのである。イエスが誰かを癒し、赦し、呼び招く度ごとに、わたしたちは**シャローム shalom** を実演しているのである。

シャルヴァ shalvah とは「安全」という意味である。それは保険契約や多額の口座残高や武器の備蓄とは無関係のものである。その言葉の根源は余暇を意味する。神がわたしたちの上にいて、わたしたちのためにイエス・キリストがおられるので、全てが大丈夫だと知っている人のリラックスした状態を意味する。それは十字架が中心にある歴史の中に身を置く安心感である。それは、わたしたちの存在全ての瞬間が神の御心のままになり、神の恵みの元で生かされていることを知っている人の余暇でもある。

礼拝とは平和と安全に、広くかつ日々参画することを始めることである。そうすれば、神がイエス・キリストによって始められ、継続していることを、わたしたちは日々分かち合うことが出来る。

「神の家に行こう」と人々が言った時
わたしの心は喜びで踊った。
わたしたちは今エルサレムにいる。
ああ、エルサレムの壁の中にいる！
——詩編122編1〜2節

1月16日
子どものような信頼感

キリスト教信仰とは神経症的な依存ではなく、子どものような信頼感である。わたしたちの信じる神とは自分たちを尽きることなく気まぐれに甘やかす神ではなく、運命までも託す神である。クリスチャンとは慰められ、守られ、世話をさせられる以外には、そのアイデンティティーが持てない純真で無垢な幼児ではない。クリスチャンとは神への自発的な信頼を通して、最もよく楽しむことが出来る、神から与えられたアイデンティティーを見出す者である。わたしたちは恐れや不安から、必死に神にしがみつくのではない。わたしたちは、信仰と愛をもって、自由に、神の御許に赴くのである。

わたしは目を上げてあなたを仰ぎ見る。
天に座したもう神を
助けを求めて見上げる
主人の命令に機敏な僕のように
女主人にお世話するはしためのように。
わたしたちは目を注ぎ、待っている。
かたずを飲みながら
神の恵みの御言葉を待つ。
——詩編123編1〜2節

1月17日

期待を抱いて

この人やあの人に神が今日何を為してくださるのだろうかという期待を抱き、わたしたちがお互いを見る時に、信仰共同体は花開くのである。わたしたちがキリストに愛され、贖われた人々との共同生活にいる時、わたしたちは常に新しいことを発見し、その可能性は尽きることはない。わたしたちは彼らとの友情の魅力的な深淵さを探求し、彼らの探求の秘密を分かち合う。このような共同体では、退屈することはあり得ないし、このような人々の中で疎外感を感じることもあり得ない。

なんと素晴らしいことか！　なんと麗しいことか！
兄弟、姉妹たちが共に座っていることは。
それは、ヘルモン山にある露のようだ。
シオン山のスロープを流れ落ちる露だ。
——詩編133編1～3節a

1月18日

わたしたちの間で跪いている

神はわたしたちの中で跪いている。わたしたちの目線に立ち、わたしたちと共に神ご自身を分かち合う。神は遠く離れたところに住むのではなく、外交的なメッセージを送ることもしない。神はわたしたちの間で跪いている。そのような神の姿勢こそが、神の特徴である。これを見出し、理解することが、わたしたちが神について知っていることを「よきおとずれ」と定義することなのである。——神はご自身を惜しみなく、恵み深く分かち合ってくださる。

時が満ちた時に、イエスは神の権利を捨てて、
僕(しもべ)の姿を取られ、人間となられた！
イエスは人間となられ、人間に留まられた。
これは信じられない程の謙遜な経緯である。
——フィリピの信徒への手紙2章7～8節

1月19日
クリスチャンの喜び

詩編126編を書いた著者とその詩編を歌った人々は、物ごとの闇を全く知らない人々でないことが明らかである。彼らは骨身にしみついた追放の記憶と抑圧の傷跡を背負っていたのである。彼らは心の砂漠と夜毎に涙を流すことや、涙をもって種を蒔くことの意味をも知っていたのである。

クリスチャンが学ぶ最も興味深く注目に値することの一つは、笑いが泣くことを排除しないことである。クリスチャンの喜びとは、悲しみから逃れるためのものではない。痛みと困難は依然として襲って来るが、贖われた者の幸せを追い出すことは出来ない。

喜びを獲得する中でよく知られ、かつ、役に立たない戦術は痛みを排除しようとすることである。神経を麻痺させることで痛みを取り除くことである。リスクを排除することで不安を取り除くことである。人間関係を非人格化することで失望を取り除くことである。それからさらに、そのような退屈さを、休暇や娯楽という方法で、喜びを手に入れ軽くしようとする。詩編126編には、そのようなものは微塵もない。

さあ神よ、再び行ってください——
　干ばつに苦しむわたしたちに
雨を降らしてください。
　絶望の中で作物を植えた人々は
収穫の時には歓声を上げるだろう。
　重い腰を上げて出かけた人々も
祝福を腕に携えて

1月20日

堅固な神の喜び

笑いながら帰ってくるだろう
――詩編126編4～6節

詩編126編は喜びとは、パッケージ化されたものだったり、公式化されたものではない。けれどでも、この詩編が与えてくれるものは間違いなくある。この詩編はこの世の喜びのちっぽけさを示し、神の喜びの堅固さを明言する。この詩編はわたしたちに喜びに至る道として快楽を追求する時、コストは加速的に高くなり、見返りは逓減（ていげん）（だんだんに減らすこと。）していくことに気づかせてくれる。それは、わたしたちに結果的に喜びをもたらす弟子としての道を紹介している。それは、わたしたちに喜びを分かち合い、喜びを経験する信仰への道を推奨している。それは人々の口に笑いを与え、舌に叫びを与える神の御業の物語を告げる。それは、次のようなことを為さる神の約束を繰り返し述べる。神は、さまよい、泣いている子どもたちが元気よく「束ねて穂を背負い」【詩編126編6節】家に戻るまで、同伴するのである。それは神を礼拝するために集う人々や、神の栄光に生きる四散する人々がいることを示している。一方では、神の行いの記憶、もう一方では神の約束への希望が人生を縁取っている人たちである。彼らは他に何が起ころうとも、中心では「わたしたちは嬉しい」ということが出来る。

それはちょうど夢のようだった。余りに素晴らしい話であった
　主がシオンの捕らわれ人を帰還された時
わたしたちは笑い、歌った。
　わたしたちは自分たちの幸運を信じることが出来なかった。
わたしたちは国々のうわさの種だった。
――「神は彼らに対して素晴らしかった！」

神はわたしたちに対して素晴らしかった、と。
わたしたちは一つの幸運な人々である。
――詩編126編1～3節

1月21日

証し

クリスチャンに相応しい仕事は証しであって、言い訳ではない。詩編124編はその最高のお手本である。その詩編は神の助けを論証せず、神の助けを釈明もしない。詩編は神の助けを歌の様式で証言している。その歌は非常に勢いがあり、非常に自信に満ち、現実としか言いようがないもので埋め尽くされている。わたしたちのアプローチや疑問等が根本的に変えられる。「何故それが自分に起こったのか？　何故わたしは見捨てられていると感じるのか？」という問いは、もはや最優先事項とは思えない。それどころか、「神がわたしたちの助けである」と自信満々で歌う人々がいるのは何故だろうかと問いたい。この詩編には説明されなければならないデータがあり、そのデータは非常に強固で、非常に重要で、わたしたちが一日中聞いている他のものよりも中身があり、非常に興味深いので、それらを処理してからでないと、泣き言のような愚痴には戻れない。

「主がわたしたちの味方でなかったなら、さあ、イスラエルよ言え。――主がわたしたちの味方でなかったなら、わたしたちに逆らう者たちが立ったとき、そのとき、わたしたちは生きながら敵意の炎に呑み込まれていたであろう。そのとき、大水がわたしたちを押し流し、激流がわたしたちを越えて行ったであろう。」【詩編124編1～4節】その証しはいきいきとして人から人へと広がる。一人の人がテーマを発表し、皆がそれに参加する。神の助けは個人的な経験ではなく、共同のリアリティーである。――それは孤立無援の見知らぬ人の中で起こる例外なものではなく、神の民の間では当たり前のことである。

神がわたしたちの味方でなかったなら
——全てのイスラエルよ今歌え。
神がわたしたちの味方でなかったなら、
全ての者がわたしたちに逆らい立った時
わたしたちは生きながら、敵意の炎に呑み込まれていたであろう……
——詩編124編1～3節

1月22日

信仰に託す

クリスチャンとして働くことが、わたしの人生で危険なことである。わたしは、毎日、信仰に託している。わたしたちは神を一度も見たことはない。ほとんど全てのものが計量され、説明され、数値化され、心理学的分析や科学的管理の対象となる世界で、目で見たこともなく、耳で聞いたこともない、その意志を誰も探ることができない神を、自分の人生の中心にしていると固執し続けている。それは危険なことである。

もし、あなたがよい時も悪い時も、
わたしとずっと一緒にいてくれなければ、
わたしにふさわしくない。
自分のことだけを考えていては、
自分を見つけることは出来ない。
自分のことを忘れて、わたしを見つめるならば、
あなたは自分自身とわたしを見出すことになろう。
——マタイによる福音書10章38～39節

1月23日

希望に託す

わたしは、毎日、希望に託している。わたしは将来

について何も知らない。一時間後に何が起こるかは分からない。病気や個人的なことや世界的な大惨事が起るかも知れない。この日が終わる前に、死や痛みや、喪失や拒否に遭遇するかも知れない。わたしは将来自分にとって、何が起こるかは分からない。わたしや、わたしの愛する人々や、自分の国やこの世界で未来がどうなるかも分からない。それでも、自分の無知やちっぽけな楽観主義者や臆病な悲観主義者たちに囲まれていたとしても、わたしは神が御心をなしてくださると言い、キリストの愛からわたしを離すものは何もないという希望を抱いて、明るく生き続けている。

わたしたちの助けは神の強い御名にある
　天地を造られた同じ神にある。
――詩編124編8節

1月24日

愛に託す

詩編124編に基づく

わたしは、毎日、愛に託している。愛ほど苦手なものは何もない。愛するよりも、他人と競争するほうが得意である。他の人をどう愛するかを考えるよりも、自分の本能や野心や出世に応えようとするほうがずっと得意である。わたしは、学校では自分の能力を如何に獲得するかという方法を教えられ、訓練されている。それなのに、わたしは、毎日、自分の最も得意とすることを脇に置き、非常に不器用なことに挑戦している。――すなわち、愛することの挫折や失敗を受け入れながら、プライドで成功するよりも、愛で失敗したほうがいいと敢えて信じている。

それら全ては危険な業である。わたしは何時も敗北の危険と隣り合わせとなっている。わたしはそのようなことの一つでも自分の（あるいは他の誰かの）満足のために行ったことは一度もない。わたしは竜の口と洪水の淵に生きている。

しかし、この詩編は「危険」ではなく「助け」について書いている。弟子としての危険な業が、この詩編の主題ではなく、その設定に過ぎない。主題は「助け」である。「主をたたえよ。主はわたしたちを敵の餌食になさらなかった。仕掛けられた網から逃れる鳥のように、わたしの魂は逃れ出た。わたしたちの助けは、天地を造られた主の御名にある。」【詩編124編6～8節】危険があろうが、なかろうが、わたしたちが生きている根本的なリアリティーは「主はわたしたちの味方であり……わたしたちの助けは主の御名にある。」【詩編124編1～8節】にある。

わたしたちは彼らの牙から自由になり
彼らの罠から自由になり、鳥のように自由に飛び立ちました。
彼らの支配は解かれました
わたしたちは飛び立つ鳥のように自由になった。
——詩編124編7節

1月25日
人生の中身

詩編124編は悩みを深く掘り下げ問題を深く探究し、そこにもわたしたちの味方である神が存在することを見出している一人の人物の実例である。……信仰とはわたしたちの存在の最も困難な側面から展開するものであり、最も容易な側面からではない。信仰の人とは運がよく、消化器系がよく、明るい性格で産まれてきた人ではない。教会の外部の人がクリスチャンは天真爛漫（てんしんらんまん）で守られていると考える想定は真実とは正反対である。クリスチャンは他の誰よりも人生の葛藤や罪の醜さをよく知っている。

天を見上げると、息を呑むような驚きと荘厳さをもたらすことが可能となる。もし、信者であれば、天地を創造した神に対して賛美の念を抱くことが出来る。しかし、詩編は別な方向を見ている。詩編は歴史の問題や個人的な葛藤や心の傷の不安を見つめている。さらに、詩編はそこにもわたしたちの味方となっている神がおられ、神がわたしたちを助けることが出来ることをも見ている。近くで見ると、また、顕微鏡で見るように竜の恐怖や洪水の水や投獄する罠を見る時、そこにも開放してくださる神の御業を見ている。

わたしたちは地獄のような世界でも、賛美の言葉を発する。わたしたちは物ごとがはちゃめちゃになっている世界でも、わたしたちは勝利の賛美の歌を歌う。わたしたちは自分たちを理解せず、励ますこともしない人々の間でも、喜び生きて行く。というのも、わたしたちの人生の中身は神であって、人間ではない。

わたしたちは艱難（かんなん）に囲まれていても賛美を叫び続ける。というのは、その艱難がわたしたちの中にある激しい忍耐を生みだすことをわたしたちは知っている。さらに、その忍耐が徳を鍛えられた鋼を鍛え、神が次に何をしようともわたしたちを警戒させることを、わたしたちは知っている。

――ローマの信徒への手紙5章3、4節

1月26日

祈り

祈りとは政治的な行動である。祈りは社会的エネルギーでもある。祈りは公共の財産である。わたしたちの国の歩みは法律で形成されてるよりも遥かに祈りで形成されている。無政府状態に陥らないのは、警察の力よりも祈りによっている。祈りとは、広い意味では持続的で複雑な愛国心の行為である。――すなわち、祈りはスローガンで語られる愛国心よりもはるかに正確で、愛に満ち、持続可能なものである。そのような社会は住みやすい状況が続く。そのような希望が継続するのはビジネスの発展や芸術の繁栄よりも遥かに祈りによることが大きい。わたしたちの国の健全さと強さに寄与してくれる唯一の、最も大事な行動は祈りにある。もちろん、それだけではなく神はご自身の絶対的意志を成し遂げるためには何でも用いる。そして、その「何でも使われる」というのは明らかに警察や芸術家や、上院議員や教授や、医師や鉄鋼従業員なども含むのである。それにもかかわらず、祈りには行動の源泉がある。

この世の国は、今や
　我らの神と、そのメシアのものとなった！
神は世々限りなく統治される。
　――ヨハネの黙示録11章15節

1月27日

賢い者たち

聖書の**「馬鹿げている」**の反意語は**「賢い」**だ。**「賢い」**とは生きるためのスキルを意味する。第一に「賢い」とは課題に対して正しい答えを知っている人を意味しない。そうではなく、他の人や神に対して正しい答えや関係を身に着けている人を指すのだ。賢い人々はこの世が如何に動くかを知っている人々だ。忍耐と愛、耳を傾けることと恵み、崇拝と美について知っている人々だ。他の人々が尊敬に値し、助けるに値する程に素晴らしい被造物ということを知っている人々だ。地球が丁寧に扱われ、満喫する程に見事で複雑な贈り物であるということを知っている人々だ。神が常に臨在し中心にあり、神が現実を一度も貶すことがなく、全てを取り囲む愛の神であることを知っている人々だ。わたしたちのために置いた神の国や王国や共同体や神に対して喜びを持って、上手く対応することが出来ない生き物はどこにもいないことを知っている人々だ。

賢い人々は愚かな人々に対して唯一つだけの癒ししかないことを知っている。自分自身の救いを願うように、他の人の救いを強く願う祈りだ。「どうか、イスラエルの救いが、シオンから起るように。」（詩編14編7節a）全ての人々が祝福の場に回復するまでは心身の健全さはないと納得するまでは、祈りにならない。「主が御自分の民を、捕らわれ人を連れ帰れるとき」【詩編14編7節b】さらに、共同体を獲得の場ではなく、祝いの場として捉える祈りである。「ヤコブは喜び躍り、イスラエルは喜び祝うだろう」【詩編14編7節c】

親愛なる友よ、わたしの知恵に注意深く耳を傾けよ、わたしの英知に。
　わたしが見る方法で身近に耳を傾けよ
そうすれば、分別の感覚を入手しよう
わたしがあなたに話すことがあなたを問題から守るだろう。——箴言5章1~2節

1月28日

わたしたちの真のホーム

わたしたちは自分で人生を始めるのではない。自分で人生を終えるのでもない。わたしたちが特に複雑な創造や救との相互作用を信仰を通して体験する時、人生は自分自身の遺伝的な木材や文化的な倉庫で作り出されるものではない。人生は人間の思想、夢、感情や幻想の厚板や釘と共に打ちたたき作られるものではない。わたしたちは自己完結してはいない。わたしたちは神によって創造され、既に豊かな歴史を持ち、献身的に参与している人々が大勢いる世界に足を踏み入れる。——すなわち、動物たちや山々や政治や宗教の世界である。その世界で人々は家を建て、子ど

もを育てる。そこでは火山が噴火して溶岩を噴出する。そこでは川が海に流れ込む。だがしかし、その世界を注意深く観察し、観て、学ぶと、驚くべき事柄が継続して起きる。（ちょうど岩石が水のため池に変化するように。）わたしたちが驚き続けるのは、頭で考える以上のものや、自分たちの管理を遥かに超えるものに、わたしたちが存在しているからである。

祈りを通して、わたしたちは、それがどんなに遠くにあるように見えても、あるいはどんなに無関心であっても、存在するもの全てが複雑に関り合っている自分の役割を自覚し、実践している。この祈りとは、わたしたちの本業が終わった後に、楽しむ感情的で美的な副業ではない。祈りとは、わたしたちが遠く離れ離れになっている存在を結び合わせるものでもある。創造の世界は、贖罪の世界に浸透している。贖罪の世界は、創造の世界に浸透している。贅を尽くした天空や豪奢な大地は、神のようなエゴの周辺の上にある小さな美しさを提供する背景ではない。天空と大地とは、わたしたちが真のホームを見出す大きな美の極致である。そこで、わたしたちは十字架とキリストを心を広く生きるための部屋であり、賛美をもって心を開く場所でもある。

地よ、身もだえよ！
あなたは主なる方の御前にある！
ヤコブの神の御前にいます。
主は、岩を冷たい水のみなぎるところとし
火打石を新鮮な泉となす。
――詩編114編7～8節

1月29日

多方面につながる人間関係のネットワーク

祈りとは、わたしたちを次のようなものと繋ぎ合わせ、また最も包括的な人間関係を育成する行動でもある。――自我、神、共同体、創造、政府、文化など、を。わたしたちは人間関係のネットワークに生まれ、生涯を通じてそこに生き続ける。しかし、わたしたちはそれをしばしば好きになれない。わたしたちは孤立し、切り離され、粉砕され、連絡が途絶えたように感じる。そのような孤立感をどうしても耐えられないために、わたしたちはそれを克服する行動を起こすのだ。隣人に電話をし、社交クラブに入り、手紙を書いたり、結婚をしたりする。共通点のない試みが蓄積していく。自己の孤立が少なくなる。社会は分断されなくなる。事実はつじつまが合う。しかし、わたしたちが祈らなければ、それだけでは不十分である。唯一祈りを通して初めて、わたしたちはダイナミックで相互に関連する全体の複雑さと深みに入り込むことが出来る。祈らないことは無害な怠慢ではなく、自己と社会に対する積極的な冒瀆である。

わたしたちのために祈ってください。わたしたちは今何を行っているか、その理由も疑う余地のない程によく分かっている。そちらに行くのは困難なのだ。わたしたちはあなたがたの祈りが必要なのだ。わたしたちが大切に思っていることは神の御前で健やかに生きることである。わたしたちが直ぐに一緒に会えるように祈ってください。

——ヘブライ人への手紙13章18～19節

1月30日
自己の問題

アメリカは自己中心思考からの脱皮を明らかに必要としている。この事情を見て懸念を抱いている人々は、心理学、社会学、経済学、神学の診断項目を応用し、公共生活の腐敗とプライベート生活の解体の原因を人間自我に置いている。

わたしたちには自己の問題があり、その問題のため他の全てが上手く行っていない。アレクサンダー・ソルジェニーツィンが1978年にハーバード大学でアメリカに対して語られた、広く報道され有名な説教の中で、彼は次のように述べた。「わたしたちは政治や社会的な変革に余りにも多くの期待を託してきた。その結果、わたしたちの最も貴重な財産である精神的な生活が奪われていることに気づいている。それは東からはお祭り騒ぎの暴徒に踏みにじられ、西から商業の暴徒に踏みにじられている」、と。

ジャーナリストたちが報道しなかったことは――専門家も誰一人として触れることすらしなかったことは――アレクサンダー・ソルジェニーツィンの心配に対して、実際には多くの人々が行動をとっていたことである。……その行動とは祈りである。

イエスは言われた。自分を救うことは全く助けにはならない。自己犠牲こそがその道であり、わたしの道であり、自分自身やあなたの真の自分を救うことである。人があなたが得たい全てを得ても、自分をなくしたら、何の意味があるのか？

――マルコによる福音書8章35、36節

1月31日

神の国

わたしたちが祈りささげる雰囲気は暴力が蔓延している場所とは対照的だが、神の国の存在は議論対象外の現実的なものとして書かれている。神の国は「**文明的な**」場所で、礼儀正しく信頼に足る場所である。わたしたちの経験の中に独占的に「ここに」あるのではなく、特質上にはそこにあるのだが。（報道されることは例外なのだ、が）この神の国は未来への設計図ではない。また希望に満ちた願望や、適切な法律で実現可能な約束でもない。神の国はここにある。今ある。神はこの場所に住み、この世界に住む。神はわたしたちの国に時折来る観光旅行者ではない。神はこの場所に、この世界に住まわれる。神はわたしたちの海岸に時々訪れる観光客ではない。神はキャンプをするお方ではなく、住民としてここに住まわれる。そこに神の「**国**」がある。そこは暴力が起こる同じ場所でもある。それは、静かで人里離れた渓谷に神を探しに行く必要がないことを意味している。

アウグスティヌスはこの町のイメージを用いて、人間存在と人間の業の只中に、神が現存しご自身の御業を行っているという解説を展開している。神の道の歴史が、わたしたちの生き方の歴史に浸透している歴史でもある。アウグスティヌスは『**神の国**』を、アラーリック一世【西ゴート族の王、紀元410年にローマを占領した】と野蛮人の大集団が北方から雪崩込み、ローマ文化を破壊した時代、歴史で最も暴力的な時代の一つ、無秩序で粗暴な時代に書いたのだ。神の国とは現実逃避の神学ではなく、むしろ報道の形をとった祈りのようなものである。

　聖なるよく行く場所たまり場。
神がここに住めば、通りは安全だ。
神は夜明けとともに、
神はあなたがたの役に立ってくださる。
——詩編46編4~5節

　川の噴水が喜びをまき散らす、
神の町を平静にしながら
いと高き神がいます

2月

February

2月1日

主の御業

次の4日間は詩編46編に基づく黙想である。

次の二つの命令は、自立という狭量な世界から神の助けという広大な世界にわたしたちを導く。第一の命令は「さあ、見よ主の御業を！」（詩編46編8節）である。神が行うことを、じっくり凝視せよ。これには忍耐強い気配りとエネルギッシュな集中力が求められる。全ては神よりも騒々しい。新聞の大見出し、ネオンサインや世を増幅させるシステムなどは人間の業を知らせる。だが、神の御業はどうだろうか？　神の御業は宣伝されることはないが、わたしたちがただ見ているだけでは、避けては通れないものでもある。神の御業はいたるところにある。神の御業は素晴らしい。それに、神は広告代理店も持たない。神はわたしたちの注意を惹くために広告キャンペーンを始めることもしない。神は単純に、神を見よと招く。祈りとは主の御業を見ていることである。

手を伸ばし、神の広大さを実感せよ！
その高さを試せ！
その深さを知れ！
その高さを知れ！
満ち溢れる神の豊かさに満たされ充実した人生を歩め！
――エフェソの信徒への手紙3章18～19節

2月2日

創造的な行動

神は世界中の武装解除に従事しておられる。男女が彼らの意志を隣人や敵に無理やり課すような全ての試みはゴミの山に投げ捨てられる。暴力は役に立たない。かつて一度も役に立つことがなかった。今後も決して上手くいかないだろう。兵器は実用的ではない。

　暴力の歴史は失敗の歴史でもある。戦争で勝利することは一度もない。勝利した闘いは一度もない。暴力の行使は名誉や真理や正義であったとしても、真実の利益のために行使される真実そのものを破壊する。罪人であるわたしたちが為すことや罪人として住んでいるこの世では、わたしたちは時折暴力を避けることが出来ない。だがしかし、暴力が避けられない時でも、それは正しくない。神はそのようなことに関わらない。

　地道に、持続的に神の様々な御業を見て行くと、わたしたちが必死になって愚かな軍備増強（個人的であろうと国家的であろうとも、精神的や物質的であろうとも）をしていることが組織的で断固とした軍縮の対象となっていないことが分かる。暴力行為は創造的な行為のアンチテーゼである。わたしたちがもはや創造的になる忍耐力や意志を失う時には、わたしたちは強制的に意志を示そうとする。この世の暴力のほとんどが、怠惰と未成熟がその原因である。しかしながら、祈る人は、広く流布している暴力はこの世では上手くいかないことを知っている。祈る人は神の御業が効き目があることを知っている。そのためには神の御業を見出し、その幻を維持するエネルギーと成熟さが求められる。

注視せよ！　全てのものよ！
神の驚くべき御業を見よ！
神は地球上のいたるところの木々や
　花々を植えられた。
神は世界中のいたるところから戦争を禁じる。
神は戦争の全ての武器を破壊する。
――詩編46編8～9節

2月3日

静まれ

詩編46編の最初の命令の後、二番目の命令が次のように続く……

第二の命令はこう記す。「静まって、わたしこそ神であることを知れ」（詩編46編11節）、と。静まれ。小さな自助自立の企てよりも人生には多くのことがあることに気づくために、長い距離を慌てて通ることは止めなさい。わたしたちが騒がしく、急ぐ時には、親密な関係を持つことは出来ない。――深く、複雑で個人的な人間関係――もし、神が贖いの生きた中枢であるならば、そのような人との意思に応え連絡を取り合うことが不可欠である。神はこの世に対して意図があり、わたしたちがそれに加わりたいと願うならば、わたしたちは長い間如何いうことかを知るために静かにしていなければいけない。（夕方のニュースを観るまでは確かなことは分からないからだ。）ほとんどの話題で賢明な意見を持つバロン・フォン・ヒューゲル（Baron von Hügel, 1852 – 1925）はいつも「人々が右往左往する時には、何一つも達成したためしがない」と述べている。

渋滞から抜けだせ！
　あなたのいと高き神である。
わたしを見ることを愛おしみながら
　じっくり見つめよ。
政治や全てを超える、いと高き神を。
――詩編46編9節

2月4日

知ることと知られること

「そして知ること」「知る」という言葉はしばしば聖書的記述では性的な意味合いがある。アダムはエバを知った。ヨセフはマリアを知らなかった。これらの表現は、多くの人々が考えるように、内気な婉曲語法ではない。それは大胆な隠喩なのだ。最良の知識は完全で個人的な知識の情報ではなくて、それは分かち合う親密さである。——知ることと知られることが、創造的な行為になる。二人の人間がお互いに心を開き、傷つきやすさという性的関係に似ている。その結果として新たな命の創造となるのだ。スペイン人哲学者ウナムノ（Miguel de Unamuno y Jugo, 1864 - 1936）が次のように詳細に述べている。『知ること』は事実上生み出すことなのだ。この意味で、全ての生きた知識は知っている男性や知られているものの最奥の存在の融合である。」（クリスチャンの苦闘。ウナムノの引用）。知ることとは新しい存在を生み出す。この新たな存在は両者のパートナーとも異なり、それ以上のものの存在を生み出す。子どもは単なる両親の合体ではない。子どもは父親か母親かの生き写しではない。両者には特有なものがあるが、新しい命は予想できず色々な驚きに満ちている。それぞれの独自の人生がある。

この新しく創造された命をもたらすことを性的に知ることとは、わたしたちが祈る時に、何かが起こることを示すために用いられる日常的な体験でもある。すなわち、喧騒から身を退くこと。外の世界に対してドアを閉じ、ゆったりとしたプライバシーを強く主張することである。これは反社会的な行動ではない。利己的な放縦でもない。公の責任を逃れることでもない。それどころか、それは公的な責任の実現であり、文明世界の健全さに貢献することでもある。それは正に創造的なことなのだ。あなたは交通渋滞している車の中でセックスは出来ない。

ミケランジェロはその素晴らしい創造性のために、新生児と匹敵するような絵を描いたり、彫刻することは決してしなかった。

ルネッサンス期におけるレオナルド・ダビンチはその旺盛な創意工夫によって、農民の夫婦が一緒に寝ることだけで、何を生み出すのかを微塵も考えていなかった。

祈る人々とは、この同じ要素で、世界を豊かにし驚きと喜びで自分を超える場所で、創造的なプロセスに身をささげるのである。

わたしの劣(おと)ったもの全てを手放した。わたしはキリストを個人的に知り、キリストの復活の御力を経験するために……

——フィリピの信徒への手紙3章8節

2月5日

プライベートな祈りはあり得ない

アメリカで最も普及されている祈りについての誤解の一つは、祈りはプライベートなものということである。聖書的にかつ厳密に換言すれば、プライベートな祈りはあり得ない。**「プライベート」**の語源は盗みを意味する。それは盗むことである。わたしたちが祈りを私物化すると、全てに属する公的な通貨を横領することになる。時間や空間の意味で**「身近にある」**王国の広く包括的な願望や意識なしに、わたしたちが祈りをする時、神が完成しようとしている社会的な現実を貧しくしてしまう。

祈りにおける独りとは、プライバシーを意味するのではない。プライバシーと独りの違いは極めて大きい。プライバシーとは自己を干渉されることから守る試みである。独りとは相手の話をより深く聴き、相手を意識し、相手に仕えるために、暫くの間、相手との付き合いを離れることである。プライバシーとは他人に迷惑をかけないように、彼らから遠ざかることである。独りとは、群衆から離れて、多くの人々の賛美で御座につく神の静かで、小さな御声で教えられることである。プライベートな祈りは利己的で薄っぺらい。独りで行う祈りとは多くの声が存在する数世紀にわたる共同体に加入することである。わたしたちは天使や大天使たちや天にいる全ての仲間たちと共に賛美する**「聖なるかな、聖なるかな、聖なるかな、主なる全能の神」**

朝早くまだ暗い時に、イエスは起きていつもの所へ出て行き、そこで祈っておられた。シモンとその仲間たちはイエスの後を追った。彼らはイエスを見つけると「みんなが捜しています」と言った。イエスは言われた。「他の村に行こう。そこでも、わたしは宣教する。そのために、わたしは出てきたのである」

――マルコによる福音書1章35〜38節

2月6日

宗教と政治

クリスチャンにとっては、**「政治的」**とは広い聖書的な関連と聖書的次元が求められる。腐敗と邪悪に汚染されていないもう一つの方法を見出す代わりに、**「政治的」**という言葉をそのまま使うことが重要なのである。そうすることで、わたしたちは恵みに強く固執するような場所で神を見るように訓練されて行く。「宗教と政治は両立しない」と警告する人々は何を話しているかがよくわかっている。その結果、様々な問題が発生した。――十字軍、宗教裁判、魔女狩り、搾取(さくしゅ)などである。同じように神は**「両立せよ」**と告げる。しかし、どう両者を両立させるかには非常に慎重にしなければいけない。唯一で安全な方法は祈ることである。人生を宗教と政治の行動に分けることは非聖書的であり、また非現実的でもある。あるいは神聖な分野と世俗的分野に分けることも同じことなのだ。では、政治が宗教的な倫理を大事にし、宗教が政治のような規律と秩序を持つことが望ましい中では、どのようにして宗教を**「利用する」**政治や、政治を**「利用する」**宗教を、一方を他方の無節操な手法の中に手渡すことなく、両者を協働（きょうどう）するように導けるのだろうか？　二つのこの正反対なものを相互活性的な関係といった偉大な目標へと導く唯一の適切な手段は祈りである。詩編は行動を伴う祈りを示す最も広範囲な原始資料である。

だから、反逆の王たちよ、頭を使え。
　新進気鋭の審判者たちよ
あなたがたのレッスンを学べ。
　神を抱擁しながら崇拝せよ、
震えるような畏敬の念を抱きながら祝杯をあげよ
　救い主に口づけせよ！

——詩編2編10～12節

2月7日

助けはそこにある

「わたしは祈り助けを求め叫んだが、助けはこなかった。」という答えの反論は「助けはきた」である。助けはそこにあった。助けは身近にあった。多分、あなたは全く違ったものを求めていたのだろう。神はあなたの人生を健全に変え、永遠のための完全性に変える助けをもたらしてくださった。さらに、その助けはあなたの人生を変えるばかりでなく、国々や社会や文化も変えてしまう。何故、助けが来てくれなかったのかを尋ねる代わりに、祈る人は自分の人生、歴史、指導者たち、民族の中で実際起こっていることを注意深く見つめ、これが神が提供する助けなのだろうかと尋ねることを学ぶのである。わたしは**「このこと」**を「助け」という言葉で一度も考えたことはなかったが、これが助けなのかもしれない。祈りは新聞を読むよりも遥かに現実を正確に読む方法をわたしたちに与えてくれる。田舎司祭のベルナノスは「考えて見よ！」と叫ぶ。「言葉は肉体となった。当時の新聞記者の誰一人も知らなかったことが起ったのだ。」（『田舎牧師の日記』）

神よ！　わたしはあなたを呼び求める
答えを確信しているからだ。
だから、――答えてください！
　耳を傾けてください！
　注意深く聞いてください！
家の柵に慈しみの落書きを描いてください。
近所のいじめっ子から
あなたに直接逃げてきている　恐怖に怯えている
子どもたちを受け容れてください。
――詩編17編6～7節

2月8日

祈りは単純素朴なものである

不勉強状態では、祈りとは立派な人々が最善を尽くしている時に行うものだと、考える傾向がある。祈りはそういうものではない。経験不足な中で、わたしたちは次のように仮定する。祈りとは、神がわたしたちを真剣に受け容れる前に、獲得しなければいけない**「内輪の」**言葉であるに違いない、と。祈りには、そのようなものはない。祈りとは高度な言語ではなく、単純素朴なものである。祈りとは、わたしたちの言葉が神への応答において、誠実で、真実で、個人的な言葉になる手法である。祈りとは、神の御前にわたしたちの全てが明らかにされる手段である。

わたしが呼び求める時に

わたしに答えてください。
神よ、わたしの味方になってください！
わたしがかつて窮地に陥った時に
あなたは余裕を与えてくださいました。
わたしはまた悩みの中にある。
わたしに恵みを！
わたしに耳を傾けてください！
——詩編4編1節

2月9日

教会の愚かさ

聖パウロは説教の愚かさをについて述べている。わたしは教会の愚かさを引き継いでいきたい。教会という団体として活動する様々な方法の中で、これは最も馬鹿げている方法に違いない。つまり、場当たり的な人々は、なにげなく日曜日に会衆席に集い、気乗りせず、好きでもない数曲の歌を歌い、理解の程度や説教者の声の大きさなどに従って、説教に耳を傾けたり、聞き流したり、献身でも不器用で、祈りもたどたどしい。

だが、会衆席に座る人々は深く苦しんでいる人々でもある。彼らはその苦悩の中で神を見出している。この人々たちは愛に献身する男性であり女性でもある。彼らは試みや誘惑を通して、それに誠実であり、義の実を結実し、周りの人々を祝福する霊の果実を実らせる。希望に溢れ、喜びにある両親や友人たちに囲まれた赤ん坊たちは、父と子と聖霊という御名で洗礼を授けられる。福音を通して回心した大人たちは旧知の人々全員を驚かせ、同じように洗礼を受ける。亡くなった人々は、涙と悲しみの只中で、復活への厳粛で喜びに満ちた証をなす葬儀において神の御元へとささげられる。罪人たちは正直に悔い改めをし、信仰を抱いてイエスの肉と血潮に与り、新しい命を受ける。

そして、彼らは他の人々と入り混じり、ほとんどの場合、見分けがつかない。これ以外の形で、聖書的には、わたしは教会を見出すことはできない。

友人たちよ、あなたがたが召された時、あなたがたが如何いう者たちであったかをよく考えて見なさい。あなたがたの間では「最も賢く、ベストな人々」ではなかった。多くは影響力のある人々ではなく、上流階級の出身ではなかった。神は敢えてこの世の文化が見捨て、搾取し、虐待したそのような人々を選んだのは明らかではなかったか？「偉い人」の中身のない見せかけを暴露するために「社会的地位の低い人」を選んだのだ。

――コリントの信徒への手紙（一）1章26〜28節

2月10日

地質学的である

福音は全く地質学的である。次のような地名――シナイ、ヘブロン、マクペラ、シロ、ナザレ、エズレル、サマリア、ベツレヘム、エルサレム、ベトサイダなどという地名は福音に根付いている。全ての神学は地質学に根付いている。聖地への巡礼は往々にしてダビデがキャンプを張った場所や、イエスが住んだ町などが人々がかつて住んでいた故郷と余り変わらないことを発見し驚くことがある。

もし、わたしたちの超自然現象を信じる悪影響がこれらの小さな価値のない町を軽蔑することや、霊的に鈍い市民たちに耐えられないならば、わたしたちは何を信じているのかを再度吟味すべきである。というのも、聖書の原典における超自然とは、野暮な偶然性とは関係なく豪華でカラフルな浮遊する熱気球ではなく、洗面器を持ち、ほこりを洗い流すタオルを持ち、たこが出来ている足を持つ僕（しもべ）としての神である。

フィリポはナタナエルに出会って言った、「わたしたちはモーセが律法の中にしるしており、預言者たちがしるしていた人、ヨセフの子ナザレのイエスに今出会った」ナタナエルは言った。「ナザレ。冗談だろう?・」だが、フィリポは言った「来て、自分の目で見て確かめなさい」

——ヨハネによる福音書1章45~46節

2月11日
救い

神がわたしたちのために行ったことは、わたしたちが神に賛成したり、背いたりしたことのどんなことよりも遥かに勝っている。この過剰で、受けるに値しない、予期せぬ神の業を要約すると**「救い」**という言葉になる。

祈りとは、救いの国を探検することである。祈りとは、その地を踏みしめ、花々の香りを嗅ぎ、露になっている地層に触れることでもある。また、救いの事実を認識することや、救いを証しする以上にやるべきことがある。感謝して、味わうべき細かい恵み、慈しみ、祝福が数え切れないほどある。祈りとは、これを実践する手段である。

天が地を超えて高いように
慈しみは主を畏れる人を超えて大きい。
日の出が日没から遠いほど
神はわたしたちを罪から遠ざけてくださる。

——詩編103編11~12節

2月12日
この新しい共同体

聖霊によって創られた、この教会と呼ばれる共同体では、人間関係を表す語彙の多くは、わたしたちが既によく知っている家族から由来している。それらは、兄弟、姉妹、父親、母親などである。話の大筋はこのようなものである。自分たちの家族の中で自然にどうにもならなかったことが、この新しい共同体では超自然的に出来るかも知れない。エデンで失われたもの全てがゲッセマネの園で再び取り戻される。キリストの十字架で学んだ人間関係とそこで学んだ愛する方法や赦しの技能などは、あなたたちが待ち望んでいた兄弟姉妹や息子や娘に与えられる。あなたがたが信仰の共同体で学んだことを、息子たちや娘たち、父親や母親という生まれ育った家族に持ち帰ることが出来る。

イエスは言われた。「あなたはわたしの母と兄弟たちを誰だと思うのか。」周りに座っている人々を見まわして言われた。「あなたの目の前を見なさい。ここにわたしの母、わたしの兄弟がいる。服従は血筋よりも強い。神の御心を行う人が、わたしの兄弟、姉妹、また母なのだ」

——マルコによる福音書3章33～35節

2月13日

愛

これは詩編45編の解説である。

もし、わたしがある人と深い恋に落ちて、何年間も他の人々から気づかれず無視された事柄を情熱的に話し始めるならば、周りの人々は明らかに「愛は盲目だ」とわたしを見捨てるだろう。彼らが意味するのは、愛はわたしの欲望に合わせた幻想を他の人に投影し、その結果、その人を恋人として受け入れることが出来るようにするために、実際そこにあるものを見る能力を低下させる。だが、冷笑的ではあるが、次のことが自然に言えるだろう。わたしが他の人の真実を見るならば、わたしは決してその人と深く関わろうとすることはないだろう。更に、皮肉なフォローは、それが起こらなかったならば、あるいは、わたしが他の人の真実を見たならば、わたしは彼らと決して関りを持たないということである。なぜならば、誰でも実際の所、目に見える所や目に見えない所でも相当醜い存在なのだから。また、極めて不運な場合は、誰もが外側や内側も醜い存在である。愛は真実を見ず、幻想を作り出す。愛はわたしたちが人生の過酷な現実と関わることを無能にさせる。

しかし、一般によく言われる諺は、しばしば間違いを犯すのである。盲目なのである。盲目とは憎しみである。愛は目を開かせる。習性や見下しや冷笑が盲目なのである。愛は目を開かせる。愛があればずっとそこにあったものが急いだり無関心だったために見落とされていたものを見ることが出来る。愛は乱視を矯正し、自己中心で歪められたものを正確に感謝しながら認識できるようになる。愛は近視を直して、ぼんやりしか映らない遠く離れた他者が、今や美しいほどに鮮明に見えてくる。愛は遠視を治し、親密になる機会がもはやぼんやりとした脅威ではなくなり、祝福された招きとなる。愛は「見るべき面影はなく、輝かしい風格も、好ましい容姿もない」【イザヤ書53章2節】方を見つめ、そこに「人の子の中で最も美しく……あなたの仲間の上に喜びの油を注がれた」方を見るのである。

もし、わたしたちが他の人をありのままに見ることが出来るのならば、わたしたちが「あなたの衣は……ミルラ、アロエ、シナモンの香りを放つ」【詩編45編8節】人として見ない人は誰もいないだろう。愛は拒絶や嘲笑や軽蔑から守るために建てられた防衛を突き破り、神が愛のために創造した命を見る。

もし、わたしが貧しい人々に自分が持っている全てを与え、たとえ殉教者として火あぶりにされたとしても、愛がなければ何の得にもならない。だからこそ、わたしが何を言おうとも、何を信じようとも、何を行おうとも、愛がなければ、わたしは破綻者なのだ。

——コリントの信徒への手紙(一)13章3節

2月14日

人を離れ離れにしないように

神の掟と自分の習慣に従って
誠実を固く守り
ダブルベッドとベッドフレームに囲まれた
居心地よき、安心感あるこの結婚生活。
それはまるで　ダンスを踊るようにして。
二人が交わす誓約に従う　日々のあれこれ
家の間取りによって、日々の日課が自然と決まる。

ここにあるのは　たぐいまれな　共同生活。
日々、驚きを受け入れ、または　驚きを与え
手放せない金庫の中に　隠し、
ため込んだ自らのエゴは
十指に余る　繊細な矛盾へと
未練なくまき散らす。

無数に絡まる　日々の親密な出来事は
腐敗に強い煉瓦をつくる藁の様。
なんと不相応なもので
ありきたりの芝の上に　人生を建て上げてきた。
そして、やっと年を重ねて行く
わたしの愛は女神ではなく、神でもない。

「離れ離れに」という　この言葉だけは
結婚した者の世界にあって
「一つの肉体」という死ぬべき定めの
人間の間で見る奇跡。
唯一、誰も口にできない言葉である。
　試しにちょっと　書き始めたのは
下手で不器用な
ラブレター（billet doux= ビレドゥ）で
　始まったことが
それが今では寄り添い合い絡まり見事に整い

結婚という華麗な対舞（pas de deux= パ・ト・ドゥ）に昇華した。

――マルコによる福音書10章1～2節

天地創造の初めから、神は人を一体とするために男と女を創られた。だから、人は父と母を離れ、結婚をする。その時、男は女と一体となる――もはや「二つの個人」はいない。「一つ」の新しい家庭が作られて行く。神が二人から一つの有機体を創造された。従って、誰一人もその二者を切り離して神の御業を冒瀆すべきではない。――マルコによる福音書10章6～9節

2月15日

成長することは愛すること

自我は成長をしなければ、自我であり続けることはできない。神の像(かたち)として創造された存在にとって「成長すること」は「愛すること」である。命あるものが静止していることは出来ない。古代生物を琥珀の中に閉じ込め保存するようには、自我は保存されたりはしない。愛に基づく新しい行為の全ては、もはや古く小さ過ぎる土台からの脱却が必要であり、いつまでもわたしたちを幼いままに留まるよう助長するものから離れなければならない。グラーフ・フォント・デュルクハイム【Karlfried Durck-heim 1896–1988. 禅の研究をしたドイツ人。ナチス党の外交官となる】はかつて次のように主張していた。「自我を抹殺することは出来ない。あなたが考えている以上に大きな家に自我が住んでいることを、発見するだけだ。」自我が自我になるためには、「みんなが甘やかしてくれる家」や「気まぐれをいつも聞いてくれる家」よりももっと立派な家を見出さなければならない。「人はその生家を去り、結婚生活に入る」と聖書は述べる。この言葉は「快適に世話を受ける自分」から「骨を折って世話をする自分」へと移行する一つの原型である。

自己愛とはどういうものだろうか。それは「持っているもの」をどう保つかに頭を悩ませ「同じものを、もっと、少しでも」で頭が一杯になることである。だから、非常に退屈なのである。新しく語られることは一つもない。見出すべき何か新しいものは何一つない。「自己愛」は「何を持っているか」で自らを評価する。その「持っているもの」を一つでも失うとパニックになる。誰かと新しい関係に入らなければならない時がある。新しい状況に立たせられることがある。その時、「愛の新しい領域」があることを考えずに「ぞっとする喪失感の予感」だけに思いが向いてしまう自己愛にしがみつき、握りしめ、そして駄々をこねる。

人が人らしく結婚するためには分離が欠かせない。「離別」によって、わたしたちは愛の内に全面的に成熟するのである。「過去」を何度も繰り返し乗り越えて、わたしたちは命を繋いで行く。「もはや配偶者でなくなる時」、「もはや親ではなくなる時」、「もはやサラリーマンではなくなる時」、「もはや健康でなくなる時」という一つひとつの時が巡って来る。「極めて価値があり、楽しく、役に立つ時期」が人生にはある。でも、まさにその性質上、その時期は永続することは出来ない。皮肉なことだが、もし「愛」のために、その時期を長続きしようとすると、わたしたちは「愛」を破壊することになる。

離脱は「背信」ではない。「離脱」は「次」へと愛が進むために、どうしても必要なものである。そうして「愛」はより完全なものへと進むのである。愛がそのように変化するとき、しばしば「喪失」と「剥奪」の痛みが最初に来る。だが、「離別」は「喪失」ではない。

——「離別」は「新しい創造」の前提条件である。

善意にあふれた家族が、最悪な敵になることがある。もし、あなたがたが父や母をわたし以上に大切にするなら、あなたがたはわたしに相応しくない。息子や娘をわたし以上に大切にするなら、あなたがたは、わたしに相応しくない。わたしと共に最後まで行かないのならば、よい時も悪い時も共に過ごさないならば、あなたがたはわたしに相応しくない。まず自分自身に気を配っている限り、決して自分自身を見出さないだろう。しかし逆に、もし、あなたがたの最大の関心事が自分自身に気を配るのであるならば、あなたがたは決して自分を見出せないだろう。もし、あなたがたが自分を忘れ、わたしに目を向けるならば、あなたがたは自分とわたしを同時に見出すであろう。

――マタイによる福音書10章36~39節

2月16日

結婚

あらゆる結婚とは、血筋という境界線を超えている。別々に存在した歴史が結びつくのが結婚である。その際、「侮辱」や「拒否」の出会いではなく、「感謝」と「賛美」の出会いが起こる。結婚とは「他者というものは一人ひとり全て、敵やライバルではなく、友であり、仲間であり、もしかすると愛してくれる人である」という証拠となるのが結婚である。

人々は可能性と期待に賭けて結婚に飛び込むが、その可能性や期待の全てが結婚を通して確証されるわけではない。結婚は「失敗するもの」でもある。結婚相手が「競争相手」となり、結婚相手を嫉妬し、脅威を感じ、互いに拒否し合ったりする。裏切りも起こる。それでも、この社会で何度も起こる愛の業が結婚である。エズラ・パウンド【Ezra Weston Loomis Pound 1885~1972. 米国で生まれ欧州で活躍した詩人・音楽家・批評家】が結婚に関して次のように過激な主張をする。

慈悲深い家族が一つあれば、
国家を一つ礼儀正しくすることが出来る。
貪欲なひねくれ者が一人いるだけで
国家は混沌へと落ち込むことが出来る。

……男は父や母を離れてから、その妻に愛情を注ぐ。その時、夫婦はもはや二人ではなく「一体」となる。これは巨大な神秘である。「それの全てを理解している」などというつもりはないが、一つはっきりしていることがある。その神秘を理解するためには「キリストがどう向き合っておられるか」を考えればよいということである。そこから「夫たち一人ひとりがその妻とどう向き合うべきか」が分かって来る。つまり「妻を愛すること」の内に「自分自身を愛すること」を見出せばよいということが分かる。そうすれば、妻たちは一人ひとり、その夫たちにとって、実に素晴らしい存在となるだろう。

――エフェソの信徒への手紙5章31～33節

2月17日

自由の典型的な行動

結婚とは「自由行為」の原型である。結婚する二人は、持って生まれた家族の絆を捨てて、「必要だから」とか「そうなるだろうから」というネットワークを破り出て、自由を行使する第一歩を歩みだす者となるのである。「お見合い結婚」の場合でも、自由意思に基づいた出会いと語らいによって合意を得ることがないのが「お見合い結婚」だが、それもまた**「他者の選択」**の結果である。それは「生物学的に必要だから」というだけで成り立つものではない。そのために、全ての結婚は社会に「愛」と「自由」という新しいエネルギーを導入するものである。そのエネルギーは互いに愛し合うカップルだけでなく、アメリカそのものにも利己心を乗り越える力を与えてくれる。しかし、このエネルギーは単に導入されるだけでは不十分なのである。そうでなければ、わたしたちはもう既に理想郷になっていた筈なのだから。その力は引き続き必要とされ成し遂げられなければならない。キリストを除いて、わたしたちはどこでそれを獲得出来るのだろうか？キリストによる以外に、それは不可能なのである。祈り、そして祈られる誠実さは、わたしたちを愛に充ち溢れた人生に導いてくれる。この愛の内にあって、また、この愛によって世界が滅びることはない。

愛は決して諦めない。

愛は自分自身よりも他者を気遣う。

愛は手許にないものを求めない。

――コリントの信徒への手紙（一）13章4、5節

2月18日

神と愛

人生で正しく理解することが最も難しい事柄は「愛」と「神」である。人々が自業自得の滅茶苦茶な人生は「神」か「愛」の片方か両方の領域における失敗か愚かさか醜さに起因していると言える。

クリスチャンの確信は、基本的・聖書的に言えば、「愛」と「神」という二つの主題が複雑に関わり合っている。わたしたちが「神」と正しく関わり合いたいと願うならば、「愛」を正しく学ばなければならない。わたしたちが正しく「愛する」ことを願うならば、「神」と正しく関わらなければならない。神と愛とは切り離すことは出来ない。


わたしの親愛なる友人たちよ、お互いに愛し合うことを続けよう。愛は神から来るのだから。愛する者は神から生まれ、神と共にいることはどういうことなのか、体験するのだ。愛することを拒む人は神についての初歩すら分からない。というのも、神は愛である。

――だから、あなたが神を愛さなければ神を知ることは出来ない。

――ヨハネの手紙（一）4章7～8節

2月19日

貪欲という問題

スイスのジュネーブの教会の人々に説教していた

ジョン・カルヴァンは、「幸せ」について語っていた。「幸せな人生は『安易さ・名声・大きな財産』によって作り上げられると、あなたがたは考えている。この世界の風潮に流されて、そう考えている。もっとよい幸せ・もっと深い幸せがある。それを知って欲しい」と、カルヴァンは自分が担当する教区の人々に説教していた。

詩編128編は、カルヴァンの願いを行う手助けとなる。「誰かから何かを取り上げることによって、何とか自分だけは幸せになれる」ということが、この世界には余り多すぎる。そのために、他人を満たしてあげることがとても難しくなっている。自分の生活水準を上げるために、この世界のどこかにいる他の誰かの生活水準を下げなければならない。そのような「幸せの追求」の結果、わたしたちは今、世界的な飢餓の危機に直面している。「もっと、もっと豪華に」「さらに、さらに、高い水準で」と、生活の向上を目指す欲求があり、それに応えて工業化した国々が競い合っている。その結果、貧困と飢餓に苦しむ人の数が増えて行くのである。でも、そのようにする必要はないのである。「今、この世界には、十分に行き渡るだけの食料がある」と、世界の飢餓問題の専門家は述べる。農業生産の能力に問題はない。食べ物を配給する技術もある。ただ、わたしたちには貪欲の問題がある。今の内に自分のものを手に入れておかないと、幸せになれないかもしれないと考えてしまう。飢餓の問題は政治や経済で解決されるものではない。この問題は教会で解決するものである。「もっと違う、別の方法で幸せを追求すること」を学んでいるクリスチャンの間で、飢餓の問題は解決されるだろう。

……全ての信者たちは、全てを共有し、見事な調和の中で生きていた。自分たちが所有しているものであれば、それを全て売り、資産を互いに出し合った。そうして一人ひとりの必要が満たされた。

――使徒言行録2章44～45節

2月20日

祝福されたこの人生

下記は詩編128編に基づく

キリスト教の祝福とは「受けるよりも与える方が幸いである」（使徒言行録20章35節）ということに気づくことである。「与えること」と「分かち合うこと」を学びを始める中で、わたしたちの活力は増し、周りの人々が「実り豊かな葡萄の枝」【詩編128編3節】や食卓を囲む「オリーブの芽」【詩編128編3節】となる。

クリスチャンには約束された祝福がある。クリスチャンに宣言された祝福がある。クリスチャンは祝福を経験する。しかし、それによってさまざまな困難がもちろん取り除かれるわけではない。聖書は決してそう述べていない。「信仰には必ずさまざまな困難が伴う」ということでもない。ただ、さまざまな困難が「外部」から襲って来る。それは「世の誘惑」や「肉の欲」や「プレッシャー」という形でやって来る。この三つの脅威は古代からあったものである。それらの脅威がなかった日は一日もなかったのだ。中世のクリスチャンはそれらを「この世」と「肉体」と「悪魔」という言葉で要約したのである。

まず「この世」がある――高慢で傲慢な人間社会が、歴史の中に置かれた神の法に歯向かい、歴史の中から神の臨在を消し去ろうとするのである。また「肉体」がある――人類は堕落しているために、罪がわたしたちの欲望と本能を導くのである。また「悪魔」がある――悪意にみちた意志があり、神の意志からわたしたちを退けようと試み誘惑するのである。わたしたちはそれら全てと戦わなければいけない。わたしたちは闘いの只中にある。戦わざるを得ない信仰の闘いがある。ただし、信仰の道そのものは「神が為してくださったこと」と「神が為しつつあること」と調整が取れている。わたしたちの旅路は、多くの先人も通ってきた、神の弟子としての道である。「退屈な道」や「絶望の道」や「混乱の道」でもない。「暗中模索の惨めな道」ではなく、「祝福の道」である。

この祝福の歩みに関わるコツは何も要らない。「運がよくなければ駄目だ」ということもない。わたしたちは単純にクリスチャンとなり、信仰の道を歩み始める。わたしたちの「創り主」であり「わたしたちを愛してくださる方」である神に感謝を覚え「神と共に生きる者」となる道を拓いてくださったキリストを頂いて生きるのである。「神がわたしたちの存在の中心にある」という真理が伝えられ、宣言された。それを受け容れるわたしたちは、「神がこの世をどのように組み立てられたのか」について（つまり「神の創造」について）理解し、「神がどのように贖う道を拓いたのか」が分かるようになり、その道を歩み続けることになる。詩編の端的な言葉を用いて言うならば、**「いかに幸いなことか、主を畏れ、主の道を歩む人よ」**。

この極めて気前のよい神が、農夫に種を与え、そしてその種からあなたたちのパンの種が作られるようにしてくださった。この神が、あなたがたと共にいる。その恵みは限りない。それで、あなたたちはよい物を喜んで手放し分け与えることが出来るようになる。あなたがたが手放したそのよい物は、完全な命へと成長し、神の内に堅固な足場をもって、あらゆる道において豊かに増えて行く。そのように、あなたたちは、あらゆる方面で気前のよい者となることが出来る。そうして、あなたたちは、わたしたちと共に、神を大いに称える者となって行く。

――コリントの信徒への手紙（二）9章11～12節

2月21日

畏敬の念

「主を恐れよ」という言葉がある。**「主を畏れよ」**がより適切な言葉かもしれない。「畏れよ」「わたしたちが神を信じるのかどうか」については、聖書は興味を示していない。聖書においては、「程度の差こそあれ誰でも神を信じている」を前提としている。「神への応答」に聖書は関心を寄せている。わたしたちは神を「神ご自身」として・尊厳と聖性を帯びた存在として・壮大で驚嘆すべきお方として考えていないだろうか。それとも、わたしたちは神を常に「わたしたちの思いの枠内」に収まるように矮小化していないだろうか。「自分の居心地のよい枠内」に閉じ込めようと努力していないだろうか。領域に閉じ込めようと断言していないだろうか。わたしたちのライフスタイルに合うイメージだけで神を考えてはいないだろうか？　もしそうであるならば、わたしたちは「創造者である神」や「十字架のキリスト」と向き合っていない。自分達の想像で作り上げられた程度のものと向き合っているのだ。その上、ほとんどの場合は商業的な理由でそうするのである。

偉大な神との関係において、以上ような冒瀆的（友達レベルの）親交関係へと陥らないために、聖書は主への畏れを言及している。これは、わたしたちを怯えさせるためではない。圧倒させられる神の壮大さの御前で畏敬の念をもって神を見つめさせるためである。わたしたちの泣き言と愚痴を黙らせ、むやみに走り回ったりくよくよしているのを止めさせ、神の本当の姿を見、語られる慈しみ深く、人生を変える神の赦しの言葉に耳を傾けることができるためである。

神の然りに畏れを持って立て！
ああ、神を畏れる者は
何と祝福されていることだろうか！
——詩編128編4節

2月22日
待ち、そして望め

詩編130編には次のような二つの大きな現実がある。

苦しみは本当に存在し、神も本当に存在するということである。苦しみはわたしたちの実在の真正性の印である。神は、必要不可欠であると共に永続するわたしたちの人間性の証拠である。わたしたちは苦しみを受け入れる。わたしたちは神を信じる。苦しみの受け入れることと神への信仰の両方は、この二つの事柄に存在する深みから生まれる。

しかし、ここにはリアリティーの描写だけでなく、それに参加するための手順がある。そのプログラムは二つの言葉、「待つこと」と「希望」である。この言葉は詩編の中心にある。「わたしは主に望みをおき、わたしの魂は望みをおき、御言葉を待ち望む。わたしの魂は主を待ち望む。見張りが朝を待つにもまして、見張りが朝を待つにもまして。イスラエルよ、主を待ち望め。」

「待つ」と「希望」という言葉は、夜明けを夜通し待つ見張りのイメージと結びついている。このつながりは、問題を抱えながら「でもきっと、わたしにできることがある筈である！」と問う人に、重要な示唆を与えてくれる。その答えは、「然り！　あなたにもできることがある」、もっと正確に言えば、「あなたにも成れるものがある。見張りの者だ！」と。

見張りの者は大切な人だが、たいした業務をこなすわけでもない。地球の大回転も、太陽が放つ巨大なエネルギーも、すべて彼とは無関係に進行しているのだ。彼はそのようなことに影響を与えたり、コントロールしたりすることは何もしない、ただの見張り番だ。彼は夜明けが来ることを知っている。そのことに何の疑いもない。その間、彼は危険にアンテナを張り、再び日の光の下で働いたり遊んだりする時が来るまで、落ち着きのない子どもや動物を慰める。

また、詩編の作者が神を確信していなければ、「見張りの者」として満足しなかったことだろう。詩編の作家とクリスチャンの待ち望むこととは、神が被造物に積極的に参与し、贖いのために力強く働いておられるという確信に基づいているのだ。

待つということは、何もしないということではない。「運命だ」と諦めることでもない。神が意味と結論を与えてくれると確信しながら、与えられた仕事をこなしていくことを意味する。インチキなスピリチュアリティーで体裁を取り繕う必要性を感じない。「待つ」とは「絶望とパニックによって人を操作すること」と正反対の事柄である。「心配で居ても立っても居られず、あちらこちらと歩き回ること」と真逆の事柄である。

そして「望む」ことは「夢を見ること」ではない。退屈や痛みからわたしたちを守るために空想的な幻想を紡ぐことでもない。「神が言われたことを神は為される」ということをアンテナを張り続けた状態で確信に満ちた期待を意味する。「望む」とは、信仰というハーネス（馬具の意味。転じて、馬の力を利用するための道具、あるいは安全ベルト）の中に収められる想像力なのである。神の方法とタイミングを受け入れることである。「望む」とは、人間が神に向かって、いつどのように何を行うかを指示し、人間が立てた計画を実行するように求めることの真逆のことである。それは自分の意志を神に押し付けているだけである。

わたしはここで主を待っている。
わが魂は　主を待っている。
主の御言葉に　信頼をおく。
わが魂は　見張りの者が
　朝を待つにも　まさって待つ。
見張りの者の　朝を待つにも　まさって待つ。
イスラエルよ　主を待ち望め！
（詩編130編5～6節）

わたしの主、神の御前で、わたしは命を託している。
朝が来るまで　待って、見張っていよう。
朝が来るまで　待って、見張っていよう。
――詩編130編6節

2月23日
恵みと感謝

「恵み（カリス）は常に感謝の応答を求める（ユーカリステイア：つまり、恵みは常に感謝の応答を求める）。恵みと感謝は、天と地のように、セットで存在するべきである。声がこだまを呼び出すように、恵みは感謝を喚起する。稲光には雷が続くように、恵みには感謝が続く。」（カール・バルト『教会教義学』）。神とは喜ばれる人格的な存在である。神を喜べるようなものとしてわたしたちは創造され、贖われたのである。弟子としてのすべての行為は、喜びを経験する場所に到達する。神への同意の一歩一歩が、楽しむ心の余裕を育て行くのである。楽しむべきことが益々増えていくだけでなく、それを楽しむための能力も着実に身に付いて行くのである。

何より、終わりの時にある楽しみを味わうために終わりの時まで待たなければならないわけではない。そのため、「来たれ、主を祝福し給う……主があなたがたを祝福し給う」。

神よ、わたしはあなたを心を尽くして感謝している。あなたの御業について、わたしはこの書を書いている。

――詩編9編1節

2月24日
強烈な想像力

毎週の月曜日、わたしはいつもの仕事を離れて、メリーランドの森や小川に沿ってハイキングをする。最初の数時間はただの散歩である。疲れ果てているので、動きも緩慢で、周囲をよく見てもいない。その内、わたしは鳥のさえずりに気づき始める。樫の木の葉とアスター（エゾギク）の間をちらちら遊ぶ日の光がわたしの興味を惹きつける。木々が生い茂る中で、一本のアメリカスズカケノキ（プラタナス）の堅固な根が、わたしを圧倒させる。その木の上へ上へと伸びる姿に沿って、わたしの目は天へと吸い上げられて行く。何年もこの森の小道を歩いているのだが、何度も今でも、これまで見たことのない虫を目にする。いつも驚かされるのは、その虫はどれも獰猛（どうもう）さと脆い部分を併せ持っている。そのような驚きが、どれ程そこにあるのだろうか？　威容を誇る岩石は、先史時代から続く100万年余りの日々を今の時代へと突きつけて、今その全く新しい姿を見せてくれる。色や形や香りが、種々に絡まり合ってどこまで入り込み、とても豊かに織りなしている、何と素晴らしい被造世界だろうか！　耳も聞こえず、口もきけなく、目も見えないままに、その森を通り抜けるわたしは手探りで道を進み「馬鹿の一つ覚え」という具合に一歩また一歩と足を進めることだけに没頭して、そこにあるものの断片しか見ることができない。それでもとにかく、月曜日の散歩によってわたしは少しずつ目覚めて行き「いつもの仕事」の中で眠りこけて見逃していたものに気づき始める。その覚醒した状態は、時々だが、木曜日まで続くことがある。あるいは、時折、日曜日までずっと続くことがある。この毎週の逍遥を、わたしの友人は「エマオの散歩」と呼んだ。――「彼らの目が開けて、それがイエスであることが分かった。」（ルカ24章31節）

以上のように、メリーランドの森の中を散歩することは、わたしの身体的感覚に影響を与える。それと同じように、「ヨハネの黙示録」を読むことは、わたしの信仰的識別力に影響を与える。神が創造した世界に向き合う時と同じように、キリストの契約の素晴らしい御言葉に向き合うわたしは、極めて愚鈍な者となっている。「ああ主よ　聞いてください　この思い。わたしはなおも　この貧弱な　死すべき姿で生きて行かねば　ならないと　それがあなたの　御心だろうか？」【アイザック・ワッツの讃 Come,Holy Spirit, Heavenly Dove の一節】「ヨハネの黙示録」の理路は思い通りにはいかない。「ヨハネの黙示録」に記されたほんの数か所を読むだけで、わたしの信仰の動脈にアドレナリンが勢いよく流れ始め、わたしはしっかり立って活き活きと元気になる。「ヨハネの黙示録」を読む時には、必ず想像力が駆り立てられる。わたしの目の前に展開しているものについて、「ヨハネの黙示録」はわたしの目を開き、新しい目で見ることが出来るようにさせる。この書の力には実に抗しがたいものがある。というのも「ヨハネの黙示録」は聖書の最後にあり、この書を除いては聖書の物語を読み終えることは出来ないからである。この書によって、わたしは新しい力を与えられる。というのも「ヨハネの黙示録」が「黙示文学的な幻」という馴染の薄い言葉を用いるために、わたしの想像力は刺激され活き活きと働きだすことになる。

このように「ヨハネの黙示録」には「はっきりとした利益」と「どうしても必要な回復」があるが「そんなものは読まない」と頑固に拒否する多くの人々がいる。あるいは「そこには悪いことが書いてある」と思い込み「ヨハネの黙示録」に書かれている言葉は読まないと決めている人がいる。そういう人は、ちょうど「おとぎ話は禁書にすべきだ。なぜなら、それは暴力的で、子どもたちに悪い夢を見させることで満ちているからだ」という人と全く同じような人である。あるいは「チョーサー【Geoffrey Chaucer 1343? –1400. イングランドの詩人。当時の教会用語であったラテン語や支配階級の言葉であったフランス語を使わず、世俗の言葉である英語を使って物語を執筆した最初の文人とも考えられる。The father of English poetry: 英詩の父とも呼ばれる】の本は余りに難しく分厚い。だから要らないところは削除しよう」とする人々と全く同じ人である。「想像力も、知性も、どちらも要らない」と考える人である。速読術を使ってメトロノームのようにページを繰って素早く目を走らせる――そうしたことが出来ないと知ると、遅読の努力を放棄して、漫画やコマーシャルに目をやって、受け身の姿勢でも大丈夫なものの中に沈み込んで行く、そういう人が多いのである。

しかし「そのような無味乾燥なものではしのぎ切れない」という人々にとっては「ヨハネの黙示録」は贈り物である。天使と獣の空戦、派手な罰と輝かしい救済、万華鏡のようなビジョンと宇宙的な賛美の世界に読者を引き込む、強烈な想像力の作品である。

それは、子どもが本能的に自分の家であるかのようにくつろげる世界であり、大人が小さい子どものようになることで、道徳的な存在に浸透している根本的な葛藤や闘争への本質的な関与を取り戻す世界でもある。そして、神がわたしたちを創造した時の目的であった高々とした崇拝心を持つことと、人間的原初的欲求が承認されることを再発見する。

誰一人もこのようなことは見たり聞いたりしたことは一度もなかった。
誰一人一度もこのようなことを想像すらもしなかったものを――
神は神を愛する者たちに備えてくださったのだ。
だが、あなたがたはそれを見て聞いたのだ。
神は聖霊においてあなたがたに全てを明らかにしてくださったのだから。

――コリントの信徒への手紙(一) 2章9～10節

2月25日

語るための新しい方法

キリストを信じる人生についての追加情報を得るために、わたしはヨハネの黙示録を読むことはしない。わたしは既に、律法、預言書、福音書、書簡類を読み、その中にクリスチャンとしての人生に必要な全てを読み取ってきたのである。ヨハネの黙示録に書かれている一つひとつ全ては、聖書の「ヨハネの黙示録」の前に置かれた65冊の中に見つけることが出来る。つまり、わたしたちが既に知っていること以上のことは、ヨハネの黙示録には書かれていない。福音の真理はイエス・キリストにおいて既に完全なものとして啓示されている。この点に関して新たに付け加えるべきものは何もない。ただ、それを新しい方法で語る方法がある。「ヨハネの黙示録」を読む際、わたしはさらなる情報を得るために読むのではない。そうではなく、わたしの想像力を再活性化するために、わたしは「ヨハネの黙示録」を読むのである。

「あなたの耳は眠っていないだろうか? 聞きなさい。風のような言葉を聞きなさい。教会を吹き抜ける御霊に聞きなさい。」

——ヨハネの黙示録3章22節

2月26日

聖ヨハネ

聖ヨハネは特別に魅力的な神学者である。聖ヨハネは、燃え盛る炎の下で神についての思索を巡らせている。「わたしは島にいた。その島はパトモスと呼ばれていた。」(ヨハネの黙示録1章9節)その島は監獄である。彼はいつでも瞬時に対応する人だった。または、目的に向かって走る人でもあった。それらは最も偉大なる神学者の姿勢の特徴である。歴史を振り返ると神学者とは「象牙の塔」に住み「硬く分厚い本」を書くことに没頭していると思われていた時代があった。しかし、重要な神学者たちはこの世の只中で、色々な活動の渦中で、神について書いたり考えたりしてきたのである。パウロは獄中から緊急に口述筆記で手紙を書いたのである。「コントラ・ムンドゥム(世界ノ敵)」と呼ばれたアタナシオス【295?—373.「三位一体論」に当たり決定的な役割を果たした】は実に、三人の皇帝によって五回も国外追放されたのである。アウグスティヌス【354—430. 初期キリスト教における最大の思想家と言われる】は、ローマの秩序とそのキヴィタス(都市)が解体する混沌を体験した人々の牧師であった。トマス・アクィナス【1225?—1274. 中世西欧最大の神学者】は、議論されることもないままに間違いや異端がはびこる中で、ヨーロッパが霊的にも知的にもジャングルのようになりかけていた状況に挑戦したために、その知力を傾注したのである。カルヴァン【1509－1564. 宗教改革期最大の神学者と言われる】はジュネーブで改革者の波に乗る暴徒の中から神の人々を引き出し共同体を形成させようと、弛みなく尽力したのである。カール・バルト【1886－1968. 20世紀前半を代表する神学者】は労働争議を仲裁し、囚人たちを訪問して説教をしたのである。ボンヘッファー【1906－1945. 20世紀後半から大きな影響を遺した神学者】はナチス時代に逃亡生活を生きた人々の指導者となったのである。聖ヨハネは固い岩だらけのパトモスに島流しとなったが、その時、キリストにある友に、異教徒の凄まじい攻撃が恐ろしい勢いて迫っていた……。

キリスト教共同体は、わたしたちに神について考え続けさせる神学者を必要とする。当てずっぽうにただ何かを語るだけの神学者は必要とされない。わたしたちの人生の最も深い次元で、心を尽くして、思いを尽くして、精神を尽くして礼拝できる神が必要なのである。遺伝学は今、全てを世俗化させる道具となっている。遺伝子が世俗されようとも、わたしたちから永遠の感覚が排除されることは決してない。わたしたちの存在は神に由来しており、神のため運命づけられている。そして「神」を見つめ、それを「学ぶ」ことを続けねばならないと確信している思想家がいる。その人々は「わたしたちは神が創造された世界に生きているのだ。「神：theos」と「ロゴス：logos」は両方とも切り離せない存在である。聖ヨハネは、わたしたちが秩序ある被造世界の中に生きているのであって、狂気の世界の中に生きているのではないことを、自らを律した精力的な思考によって聞き手・読み手を説得できる神学者たちの先頭集団の中にいるのである。

わたし、ヨハネは、試練に満ちたその歩みを進めるあなた方とどこまでも同伴し、共に神の国へと進み、イエスの内にある忍耐という情熱の全てを分かち合っている。そのわたしは今、神の言葉とイエスの証の故に、パトモスと呼ばれる島に閉じ込められている。今日は日曜日。わたしは御霊に満たされ祈っている。

——ヨハネの黙示録1章9～10節

2月27日

想像する言葉

詩人は何かを説明するためではなく、何かを描写するためでもなく、何かを作りだすために、言葉を使うのである。詩人(poetes)という言葉はギリシャ語で「作りだす人」を意味する言葉に由来している。詩は客観的に説明する言葉ではなく、想像する言葉である。想像力を刺激しながら、詩は、リアリティーを作り出し、そこに参与するように、わたしたちを招くのである。詩を読む時、わたしたちは沢山の情報を得るのではなく、より深い体験をする。「詩とは、何が起こるかを確かめるものではない。そこで起こっているものの中に身を浸すことである。」デニス・レヴェルトフ【1923—1997. 英国出身の米国の詩人・エッセイスト。政治活動家】が『この世界の詩』で述べている。詩人でもある神学者によって書かれたのが「ヨハネの黙示録」である。もしそうであるなら、わたしたちは「ヨハネの黙示録」を「いつ、その出来事が起こることになるのか」という「年鑑」として読むべきではない。あるいは「年代記」のように「そもそも一体何が起こったのか」を読み取ってもいけない。

「ヨハネの黙示録」という聖書の最後の言葉は、詩人である聖ヨハネが担っている。このことは適切なことと思う。わたしたちが聖書を読み進む時、この最後の書に辿り着くまでに、わたしたちの前に置かれた神の完全な啓示をすでに受け取ることになる。救いのために必要なことの一つひとつが、この書の前に十分に書かれている。信仰生活をどう進めばよいのかに関して、人生に沿って教え導く全てが、この書の前までに書かれている。十分な情報が与えられていないということもない。ただし、慣れや倦怠感によって、モーセやイザヤやエゼキエルやマルコやパウロという人々の素晴らしいものがわたしたちを取り囲んでいるのに、わたしたちがそれらに注意を払わなくなってしまう危険性はある。そのために、聖ヨハネはよく知られた聖書の言葉を選び、意表を突くようなリズムにアレンジして、わたしたちを目覚めさせるのである。そのように、わたしたちは「イエス・キリストの啓示」を全体像を、まるで初めて見るかのように、見ることとなる。

栄光と力はキリストにあるように。
わたしたちを愛してくださるキリストに。
その血をもって　この生涯を　罪から洗い清めた方に。
わたしたちをも　神の御国に招き入れ　御父の前に仕える祭司とした方に
とこしえまでも――そうだ今、キリストはここに向かいつつある。

――ヨハネの黙示録1章5b～6節

2月28日

目標

小説を読む時、わたしたちは同じような経験をする。まず、読み始める時にはすでに、終わりがあることを知っている。一冊の本を手にした時の満足感の一つは、その本には確実に終わりがあることを知っていることである。読み進んでいくうちに、わたしたちはしばしば困惑し、はらはらし、通常は期待が裏切られ、しばしば登場人物の評価を誤解してしまうこともある。でも、わたしたちが理解できず、納得もできず、満足できなくても、普通は読書を止めたりはしない。わたしたちは、たとえそれを体験していない時でも、意味や関連性やデザインを想定する。わたしたちが確信していることは、小説の最後で、一連の意味を示すことが出来ることである。その物語が恣意的に終わるのではなく、納得のいく終わり方をすると信じている。混沌とした紀元一世紀との一体感を再認識させることが聖ヨハネの牧会者としての召命であった。ざわざわとした社会の中、善と悪の識別が混同する中、祝福と呪いの中、安らぎと葛藤の中で、聖ヨハネはパターンと設計を判別している。彼は世のリズムを聞いている。聖ヨハネは配置とバランスを見出している。圧倒的な勢いで迫る「終わりの感覚」を伝えている。（フランク・カーモード著『終わりの感覚——虚構理論の研究』国文社、1991年参照）わたしたちはただ単に終点を目指しているのではなく、目的があり達成される目標を目指して進んでいるのである。当事者が神の中に身を置きながら、何か善い計画に携わっている確信を得る書き方で、聖ヨハネは終わりの感覚を説明している。

そうだ、わたしは向かっている。直ぐにそちらに行くだろう。支払い総額を記した明細書を、わたしが持ってそちらに行く。全ての人々の人生をかけた働きに見合った金額が、ここに記されている。わたしがそれを全部支払おう。わたしが「AからZ」である。最初であり、最後である。初めであり終わりである。

——ヨハネの黙示録22章12～13節

2月29日

死体防腐処理液

著された言葉が時間の経過と共に元々の響きが、消え失せてしまう歴史的事例には枚挙に暇がない。語源の探求が第一目的となった名詞もあれば、文法構造分析が主な目的となった動詞もある。聞き手に感動を与えることが主目的となった形容詞もあり、詳細について議論することが主な接し方になった副詞もある。聖書の言葉がこのような宿命から逃れたことは一度もない。イエスの最大の論敵は律法学者たちとファリサイ人だった。この人々は一世紀の世界で、聖書の言葉をよく知っていた人々である。しかし、この人々は神の声を少しも聞こうとはしなかった。聖書の知識においては、隅々までよく知っていた。この人々は聖書を畏敬していた。聖書を全て記憶していた。この人たちは、生活の全てを規制するために聖書を用いていた。では、どうしてイエスはこの人々を激しく非難したのだろうか？――それは「研究するために聖書を用いるばかりで、聖書に聞くことをしなかった」からである。

律法学者やファリサイ人にとって、聖書は「使うための道具」であり「神に聞く手立て」ではなかった。彼らは「契約に基づく命令」と「福音が示す約束」という神的な語りから聖書を切り離した。信仰、忠実、愛へと繋がる「聖書」に聞くという人間的行為から切り離してしまった。【邦訳者追加：人を生かす言葉を印刷するために元々使われた】印刷機のインクが【邦訳者追加：命がない死人の中の】死体防腐処理液になってしまった。

> 神の計画は紙とペンで書かれたようなものではない。神の計画には人間の魂を疲弊させる脚注が何ページも続いてはいない。神の計画では、神の霊が私たちの霊に書き込み、神の命がわたしたちの命に書き込みをする。
>
> ――コリントの信徒への手紙（二）3章6節

3月
March

3月1日
黙示録の預言

預言を誤解する読み方が、広く共有されている。特にその読み方は「ヨハネの黙示録」に記されている預言を誤解する原因となっている。その読み方とは「預言を予告として理解する読み方」である。この読み方は聖書的なものではない。預言者は「占い師」ではない。「主はこう告げる」と宣言するのが預言者である。預言者は神が告げていることを語る。預言者は神の言葉を今ここにある世界へ運び、神の言葉は今ここで聞かれるべきだと力説する。「神は語っている。昨日語ったのではなく、今、語っている」と預言者は言うのである。「神は今語っている。昨日語っていたのではない。神は今語っておられる。明日語るのではない」と預言者は言う。預言者の言葉とは分析して、その後に無視できるものではない。また、現実逃避のために夢想できる未来の言葉でもない。預言は個人の「今」について言及している。「時が迫っている」（黙示録1章3節、22章10節）と語られるのが、預言者の言葉である。「迫っている」とは「すぐそばにある」という意味である。「遠く離れた未来ではなく、わたしたちのすぐ目の前にある言葉」である。ただ、「不信仰・無視・臆病風」というものだけが、この預言の言葉からわたしたちを引き離してしまう。イエスもまた「神の国は近づいた」（マルコ1章15節）と宣教の言葉を述べた。この差し迫った預言の言葉を宣言された。ヨハネの黙示録の「迫っている」とイエスの「近づいた」の言葉はギリシャ語で同じ言葉を使っている。この言葉は「語る神」と「聞くわたしたち」の間にある距離を取り除く力を持っている。「預言の言葉」を「予告の言葉」に変えてしまうと、預言の言葉を後回しにし、自分と預言の言葉を応用する間に距離を置き、預言と向き合う時を「そのうち、いつか」と先延ばすことになる。

もう時間だ！　神の国はここにある。あなたがたの生き方を変えよ。メッセージを信ぜよ。
——マルコによる福音書1章15節

3月2日

聖書を語り直して示す書

聖書の最後の書（ヨハネの黙示録）は聖書の啓示の全体像を取り上げ、人を惹き付ける力があり、説得力を持ち、そして福音的であるヴィジョンに語り直している。このヴィジョンは、何世紀にもわたって、クリスチャンに、忍耐力とスタミナと喜びと訓練をもたらしてきた。今でもそれは続いている。この書に全てが事細かに書かれているわけではない。だが、わたしたちのための神の愛や、神の救いや神に対するわたしたちの応答などを示す神の意図全てがこの書に書かれている。律法と預言者と諸書がこの書の中で、イエス・キリストのうちに現れた「神の受肉」という教理の下に整理され、わたしたちの救いに役立つものとして提示されている。つまり、「受肉」という教理が聖書の他の箇所の全てに遡って働きかけ、最終的なヴィジョンとして提示し直したもの、それが「ヨハネの黙示録」なのである。既にある御言葉への追加として「ヨハネの黙示録」があるのではない。そうではなく、聖書全体が教会と世界の中に置かれて機能している、それを示すのが「ヨハネの黙示録」である。「神の救いの計画の中で上手く行かないことが分かってきた部分があり、それが一部変更された」結果が「ヨハネの黙示録」だと捉える人がいる。「もともと神の計画が、力強く、輝きながら、勝利の歩を展開する」ということが「ヨハネの黙示録」に書かれている。

ヨハネは自分の目で見た全てを語った。それは神の御言葉——イエス・キリストの証しだった！

読者は何と幸いなことだろう！　ここに、神が告げた御言葉がある。それはこの本に全て書かれている。それを開き、その御言葉を保持する人々は、何と幸いなことだろう！　時はまさに、今、迫っている。

——ヨハネの黙示録1章2～3節

3月3日

浮浪者のように生きる

想像力を駆使して、イエスを捉え直すことは、非常に難しい。イエスはご自身を「人の子」と呼び、十字架に架けられ血を流した姿を示したのである。そこには矛盾がある。その矛盾は、それほどドラマチックなものではない。それはむしろ、侮辱的なものであった。自称「人の子」というイエスは、娼婦と夕食を共にし、徴税人と昼食をするために立ち寄り、子どもたちを祝福して時間を浪費していた。その時、故郷から追い出そうとローマ軍が徒党を組んで迫っていたのである。にもかかわらず、イエスはつまらない負け犬たちの病を癒し、名高いファリサイ人たちや影響力のあるサドカイ人たちを無視していたのである。考えられる限りにおける最高の肩書を受けたイエスは、文明の中で最も卑しいとされる生き方を選んで生きたのである。王のように話し、奴隷のように行動したのである。イエスは高い権威をもって説教し、浮浪者のように生きたのである。


祭司長と律法学者たちも一緒になって、代わる代わるイエスを小馬鹿にしながら愉快に過ごしていた。「他人を救えたくせに——自分は救えないのか！　これがメシアか？　イスラエルの王か？　さあ、十字架から降りてみろ。そうすれば、俺たちはみな、信じてやる！」実にその時、十字架につけられた他の者たちもまた、一緒になってイエスを嘲笑した。

——マルコによる福音書15章31～32節

3月4日

聞く耳

「聞くこと」についてのたとえ話は「聞く耳のある者は聞きなさい」という唐突な結論で終わる。「聞くこと」についての譬え話を、全ての譬え話の最初に持って来ることにおいて、聖マタイと聖マルコと聖ルカは合意している。神の言葉が最優先ならば、人間が聞くことは不可欠である。わたしたちは「聞くこと」が求められ、「聞き方」が重要なのである。「耳」を土の譬えにした話がある。それは自分自身の「聞く力」を確かめるための素晴らしい道具として、わたしたちに提供されている。わたしの聞く能力はどれほどのものだろうか？　わたしの耳は色々なタコで一杯になっていないだろうか？――つまり、どうしても通り抜けが出来ない渋滞した道路のように、わたしの耳はなっていないだろうか？　わたしの耳は岩地のように、浅薄な聞き方にとどまっていないだろうか？――つまり、何でも直ぐに発芽するが、どれもが根を張ることがない、そのような耳になっていないだろうか？　わたしの耳は無分別に生え出てきた雑草が重なり合っているような耳になっていないだろうか？――つまり、真理であるか・質はどうか・美しいか・実り豊かであるか、ということに全く興味を持つことなく、やかましく、繰り返しだけが占めている畑のような耳になっていないだろうか？　わたしの耳は、よい土のようになっていないだろうか？――つまり神の言葉を受け入れる準備が整っていて、深く根を張ることが出来るようよく耕され、注意深く神の言葉を選び出して世間の嘘を拒み、聞くという賜物を沈黙と敬虔と集中力をもって保持し活用し、聞いたことに関しては強い責任感を持っている、そのようなよい土のように、神の言葉を聞き取り、理解し、信じて行く、そのような耳になっているだろうか？

このことを、きちんと聞いているか？
本当に聞いているのか
――マルコによる福音書4章9節

3月5日
取り散らかした家族の部屋

黙示録に記されている教会は「ビクトリア時代の応接間」のようなものではない。つまり「お客を迎えるべく全てが常に整理整頓されている場所」ではないのである。教会とは、「取り散らかした家族の部屋」である。他人が急に家に入る時には、時折色々な弁解を聞かされる。でも、黙示録の著者である聖ヨハネは弁解しない。確かに、無秩序であるが、それが教会で起こり、わたしたちが住んでいる教会でもある。教会は「ショールーム」ではない。教会は「リビングルーム」である。そこに住む人々は罪人である。「衣服がちらかっており、木工品は手垢にまみれ、カーペットは泥まみれ」である。というのも、イエスが「回心するために招いたのは罪人であって義人ではない」と主張するからだ。――その点に関して、イエスの側で変更した記述はない。――つまり教会とは気難しくこだわる人にとっては「困惑させられる場所」でもある。きちんとした人にとっては「無礼な場所」である。黙示録の中で、聖ヨハネは端的に教会を「ランプ台」と見ている。それらはキリストの光に照らされる場所である。教会自身が「光」ではない。教会には特別に魅惑的なものは何もない。一方、教会には、特別に恥ずべきものは何もない。単純に、教会は「ある」のである。

「立ちあがれ！　深呼吸をせよ！　まだ命があるかも知れない。
わたしはあなたの忙しさを見ていると、それが分からない。
神の仕事は何も完了してはいないのだから。」
――ヨハネの黙示録3章2節

3月6日

裏切られた期待

「期待が裏切られた」といって、教会への大きな怒りを覚える――そんなことがある。教会への失望のほとんどは、教会への期待が裏切られたことに起因する。「この世の力に勇敢に立ち向かい、それを包囲し攻撃する、訓練された献身的な人々で編成された軍隊」をわたしたちは期待している。しかし、実際のところ、芝生に生えている雑草をどうして取り除こうかと一生懸命に話している人々が教会にいる。あるいは「愛や慈悲など徳において成熟した聖人の共同体」を教会に期待するが、実際のところ、食卓のキャセロールの数以上に、陰口やゴシップの数の方が多い教会の夕食会の中で働いている人を目にする。あるいは、聖書の偉大な真理とリズムによって形作られた考えの人に出会えることを期待するが、実際のところ、新聞の漫画欄から始まり、なんとかスポーツの記事ぐらいまで読める人を目にする。そのような時には「教会」を変えようとしても上手く行かない。むしろ、わたしたちの側の「期待」を変えること、あるいはその「期待」を吟味することが、とても重要なのである。というのも、教会とは「わたしたちが作るもの」ではなく、「神が与えてくれるもの」である。教会とは「わたしたちが一緒にいたい人々」ではなく、「神が一緒にいるように、わたしたちに与えてくださった人々」である。教会とは「聖霊が降って創造してくださる共同体」である。その教会で、わたしたちは聖霊による肯定・変革・動機付けに自分を委ねる。教会の理想化はすべきではない。

もし、わたしだけを見てしまうと、本当の輝きを見損ねてしまうかもしれない。わたしたちは実に「日常的生活」という質素な土の器の中で、この高価なメッセージを持ち歩いている。神の比類なき力とわたしたたち自身とを、誰も混同することがないためだ。実際には今のままでも、そうした混同が起こる可能性はほとんどあり得ない。わたしたちが余り見栄えのしない存在であることは、あなたがたも知っているのだから。

――コリントの信徒への手紙（二）4章7節

3月7日

生ける神に目を注ぎ

クリスチャンは神の臨在の内に自分もいると確信して礼拝をする。生ける神が支配し、語り、啓示し、創造し、贖い、命じ、祝福しておられる――その神に目を注ぐことが礼拝なのである。だが、部外者はこの礼拝の様子を観察するが、全くそのようには見ない。部外者は、何人かの人々が人気のない歌を歌い、時折調子はずれに歌い、誰かが古い本を読み、誰かが演説する、そして、その演説は聴き手が興味あるなしに構わず延々と続く……そのように考えている。さらに、部外者は次のことを目撃する――小さなパンと、小さな器に入ったワインがあって、それを「永遠の魂に栄養を与えるもの」として、人々が口にする。それはまるで「いつかは死ぬべき肉体に栄養を与えるもの」として牛肉やポテトを食べるように、それを食べたり飲んだりする。部外者は礼拝をそう考えている。クリスチャンと、教会の部外者とは、果たしてどちらが正しいのだろうか？　神が導いてくださるその御手に従い、神の臨在によって祝福され、神の救いの御業に応える信仰者がいて、神の呼びかけに応じて実際に集っている――礼拝とは、そのようなものなのだろうか？　あるいは、礼拝とは「神の目をこちらに向けさせて何かをしてもらおう」と試みる人々による、惨めな、そして時には必死な見え透いた見せかけだろうか？（「列王記上」18章参照）

わたしを見よ！　わたしは戸口に立っている。戸を叩いている。あなたは、わたしが呼ぶ声を聞いて戸を開けるならば、わたしは中に入り座してあなたと共に食事をしよう。勝利を得る者は、わたしと共に上座に座ることだろう。わたしが勝利を得て後に、わたしの父の傍で栄誉ある座を占めたのと、全く同じようにだ。

——ヨハネの黙示録3章20～21節

3月8日

礼拝の怠り

神は礼拝の中でその民を集める。礼拝の中心にいます神ご自身の所へと、民は呼び集められる。「主は支配したもう（詩編93編1節）」とある通りに、だ。礼拝とは、この「中心」で行われる集いである。この礼拝によって、わたしたちの人生は神に「中心」を持ち、正道を歩むようになる。わたしたちの生活が極端にぶれて常軌を逸することはなくなる。生ける神の中に、あるいは生きる神へ応えることができるように、わたしたちは礼拝をする。礼拝の怠りは、その場しのぎで思慮に欠ける生き方へと引っ張り、その生き方は、わたしたちをあらゆる広告、あらゆる誘惑、あらゆる（世俗的）警鐘の奴隷にさせる。礼拝なしでは、わたしたちは操られる人生を生き、また操る人生を生きることになる。わたしたちは恐怖に駆られてパニックに陥るか、あるいは欺かれ無気力になってしまう。——今、わたしたちはそのようになっていないだろうか。そして次第に、見張られ脅かされながら、偽薬によって慰めを受けるようになる。中心がない所には、周辺もない。礼拝をしないと、人は確固とした方向付けや目的も失ってしまう。そして、人はこの世で流行している巨大な不安に押し流されてしまう。

わたしはたちまち深遠な礼拝に心を奪われた。そして、ああ！——天には玉座が据えられていた、そこに一人の方が座しておられた……

——ヨハネの黙示録4章2節

3月9日
神の民は歌う

聖書のいたるところに歌がある。神の民は歌う。神の威厳、キリストの憐れみ、リアリティーの完全さを見つめる神の民は、その中に自らも入り新しい基盤の上にしっかりと据えられて、胸に溢れる思いを歌で表現するのである。歌は歌を呼び、広がって行く。男声、女声、子どもたちの声が、時代を超えて重なり合っている。何世紀にもわたって積み重ねられたその声は、見事な聖歌隊を編成し、聖書の中に賛美を響かせている。モーセが歌う。ミリアムが歌う。デボラが歌う。ダビデが歌う。マリアが歌う。天使たちも歌う。イエスとその弟子たちも歌う。パウロとシラスも歌う。「神とは誰か」「神は何をなさるのか」――このことに気づく時、信仰者は歌う。この歌声を抑え込むことは出来ない。

天にあるもの、地にあるもの、地の下と水の中にあるもの、その被造物の一つひとつが、一つになって、全ての場所ですべての声を上げ、歌っていた。わたしはそれをこう聞いた。「王座に座っておられる方に！その子羊に　いざ、賛美、誉れ、栄光、権力が　世々限りなく、いつまでも。」
――ヨハネの黙示録5章13節

3月10日
教会は罪人を集める

キリスト教を信じる人々が教会に集うと、遅かれ早かれ上手くいかない事態が起こったりする。教会の部外者はこれを見て「教会はビジネスと少しも違わない」と結論付けるかも知れない。――つまり「教会は、結局、いかがわしい生業（なりわい）と同じだ」と考える。しかし、教会内部の人であれば、それとは違った見方をする。丁度、教会は「病院」と同じだと考える。つまり「病院」は一つの屋根の下に患者を集め、その人々を「病人」として取り扱う。それと同じように「教会」は「罪人」を集めるのである。「病院」の外には多くの人がいるが、そのほとんどが「病院」の中の人々と同じように「病人」である。ただ、その「病気」が診断がされていないか、あるいは隠されているに過ぎない。同じように、「教会」の外にいる人々も、教会の中の人々と同じく「罪人」である。

もし「自分たちは罪と無関係だ」と言い張るならば、その時、わたしたちは、自分を馬鹿にして騙しているに過ぎない。それは常軌を逸した無意味な言葉である。しかし他方、もし、「自分たちには罪がある」と認めるなら――つまり罪を完全に打ち明けるのなら――神はわたしたちを失望させる方ではない。神はご自身に誠実であり続ける。神はわたしたちの罪を赦し、あらゆる悪行を全て洗い流してくださる。

――ヨハネの手紙（一）1章8～9節

3月11日

明確な自己理解

「よき死を迎えられる備えの支援」は、もう何世紀もの間「牧師の任務」とされている。それは今も変わらず、牧師が目指すべき大切な目標である。しかし、「死そのもの」が真の不条理なものではない。むしろ、大勢の人々が送っている「悲惨な人生」こそ、真の不条理なのである。牧師は人々の力となり、その悲惨な人生を話す手助けをする。牧師は、人々が自分達の人生の出来事を上手に話し、その人達の明確な自己理解に気づくことを手助けする。

人々はそれぞれ、その人生の一時一時を生きる中で、実際の出会いや出来事を体験している。その中で、その人生が意味を持ち、意義深いものがあったことに気づくよう、わたしたち牧師は支援している。ベツレヘムにおいてさえ、「日常的」な事柄に渇望している牧師は、他者においても同様の欲求を生み、思いもしない所に意味があると気づかせ、家の中や大衆の目に触れない近所の場所でドラマを発見させ、自分たちの親と子どもたちにも救いの絆があることを知っている。

ヘロデは町にいる祭司長や宗教学者を全て集め、そして彼らに尋ねた。「メシアは何処に生まれることになっているのか」彼らはヘロデにこう言った「ユダヤの領地ベツレヘムです。」預言者ミカがこう明確に記している。

「それはあなただ。ユダの地にあるベツレヘム
もうこれからは
人の後について行く　つまらぬ役から解放されて
あなたの中から指導者が出る。
わたしの民の　牧者が出る
わがイスラエルは　指導者を得る。」

――マタイによる福音書2章4～6節

3月12日

応答としてのスピーチ

言語とは、そもそも対話であって一方通行のものではない。神は救いの物語の中で救いを登場人物に押し付けることはしない。その物語の中に生きる登場人物たちからの応答を受けるために、神は語る。その物語の登場人物の一人ひとり（わたしたち一人ひとりもその中にいる）の性格は、その内側から湧き上がる「思い」によって形成される。その「思い」は受け答えをする「対話」の内に湧き上がってくる。それぞれの登場人物のリズムとペースで湧き上がってくる。神がわたしたちに語りかける救いの世界の中にわたしたちがいる。それでは、わたしたちはどう応えたらいいのだろうか？――実は、わたしたちはこの言葉が上手く使え

ないのである。神への応答の言葉を学ぶ際に、詩編が役に立つのである。詩編に没頭することで、わたしたちは教えと訓練を受けることが出来る。その時、わたしたちは神との対話の中に引き込まれ、わたしたちの言葉はその一部となる。その過程を通して、わたしたちは成熟する。わたしたちは「神の像（かたち）」を持ち「キリストの血によって贖い」を受けていると、教会は教えている。わたしたちが詩編に没頭する時、その事はわたしたちの内側で事実となり、そのようにしてわたしたちは成熟するのである。

耳を傾けてください。
神よ！　わたしに目を留めてください！
このうわごと、
　わたしの呻きや叫び声を理解できますか？
王なる神よ！　わたしはあなたの助けを求める。
毎朝、あなたはわたしに再び聞いてくれるだろう。
毎朝、
　わたしは自分の人生の断片をあなたの祭壇に並べ
火が降りてくるのを待つ。
——詩編5編1〜3節

3月13日
自分の声は対話の中で

どこでも、いつでも、祈りは応答のスピーチである。祈りとは、わたしたちが決して話しかけるスピーチではない。祈りをそう考えることは不遜である。聖書にとってヘブル語の「ミクラ miqra」という言葉の正確な意味は「呼びかける」である。——神がわたしたちに呼びかけることを意味する。「神が人間とならなければならない」とは「わたしたちが神に応答するために、神がわたしたちを人間にしなければいけない」からだ。わたしたちは、神がどのように世界を支配しているかについて、時には怒りをもって神に異議を唱え、時には感謝と信頼をもって神の前に遜るように応答することで自分自身となるのである。祈りとはわたしたちに語られた全てに応答するための言葉であり、わたしたちの中にある全てのことを話す可能性を秘めた言葉である。祈りとは言葉を成熟させることであり、わたしたちに包括的な話しをしてくださった方に応答するに最適な言語である。祈りとは特別な機会のために限定された言語の手段ではない。そうではなく、祈りとはあるゆる場所の全ての人々を含む公同の言葉である。この対話は大胆でかつ敬虔なものである。――すなわち、全てで劣っている者が、全てで完全な方に応答するのである。この方法で、わたしたちは人間となる。信仰生活の全が対話なのである。詩編を用いることで、わたしたちは対話の中に自分の声を発見する。祈りを通して、わたしたちはただ単に自分の感情を語るだけでなく、わたしたちの応答を語るのである。わたしたちは応答ができ、わたしたちは応答することも許されている。もし、わたしたちが本当に神に応答するならば、わたしたちが神に言ってはならないことは何もない。

わたしは神に何を与えることが出来るだろうか?
というのも、神はわたしに祝福を注ぎだしてくださったのだから。
わたしは救いの杯を高らかにあげる
――神に乾杯!
わたしは神の御名で祈る。
わたしは為すと神に約束したことを成就する。
わたしは神の民と共に行う。
――詩編116編12～14節

3月14日

言葉と定型句の練習

神は言葉を通して働くのである。言葉を使って、神は救いの物語を語っている。神はわたしたちを物語へと引き込んでくれる。信仰を持つとき、わたしは神が組み立てる筋書きに自発的に参加することになる。「嫌々ながら」または「最小限」に参加することもできる。あるいは、神の筋書きにある行いや他者との諸々の関係に自分を投げ込み、大胆にそして盛んに参加することもできる。そうした時に、わたしたちは祈る。神が作られる「救いの物語」の中心にある「対話」で使われる言葉遣いに流暢になるよう、わたしたちは言葉や定型句を練習するのである。わたしたちの内とわたしたちの周りで救いの物語を作っている神の創造的言葉への返事としての自由自在の応答を育むのである。

あなた方のことを心に思い浮かべる度ごとに、わたしは神への感謝の叫びが沸き上がる。その叫びが祈りを引き起こす引き金となる。その時、わたしは喜びをもってあなた方のことを祈る自分の姿を見出すのである。

――フィリピの信徒への手紙1章3〜4節

3月15日

ただ偶然に起こったことなど、何一つもない。

全てのこと、一つひとつは、神が創造された作品である。一つひとつ全て、その形態も素材の中に創造者である神のサインが記されている。物質的な世界の何一つも神と無関係なものは何もない。たとえば、細胞の一つひとつが救いの器官として位置づけられている。聖書的宗教は物質――つまり、目で見られたり、口で味えたり、鼻で嗅ぎ取れたり、そして耳で聞き取れたりできる被造物から切り離されては、生きて行くことは出来ない。

実に、全てが**「創造の御業」**なのである。ただ偶然に起こったことなど、何一つもない。チョークチェリー【バラ科サクラ属の落葉低木。北アメリカの中部、カナダ南部からアメリカ中部に広く分布】とツンドラ【凍原、寒地高原。地下に永久凍土が広がる降水量の少ない地域である】とイタチと、例えばこの三つは、たまたま偶然にそこに存在しているのではない。一つひとつ全てがデザインされている。全てが神のデザインによるものなので、神の創造の中で私たちの創造主と可能な限り豊かな関係の中で生きたければ、目を留めなくてもいい創造の部分は一つもない。どれも、我慢を強いるような都合の悪いものではない。「神を褒めたたえようと、その敬虔な眼差しで神を見上げる人たち」の足を躓かせるために、悪魔が置いた「躓きの石」がある——そんなことはあり得ない。創造の御業の中に、わたしたちは神と出会う場を見出すのである。そこで、わたしたちは神と対話する。ベヘモット【ヨブ記40章15節などに登場する怪物】やレビヤタン【ヨブ記40章25節に登場する海の怪物。「ねじれた」「渦を巻いた」という意味のヘブライ語が原義】は、神の御声によって、この世に存在するようになった。その同じ御声が「あなたの罪は赦された」と告げるのである。この同じ御声がわたしたちに呼びかけ「苦難の日に神を呼べ」と励ますのである。わたしたちの外側と内側にある世界は、同じ一つの現実である。天と地は神の一つの意志によって形作られたのである。

　祈りとは、神の創造の御業が展開する舞台の前にすえられた特等席である。祈る時、わたしたちはそこに座り周りを見わたすのである。山々は巨大で、その巨体を空へと放っている。小川は岩々の間を流れ落ち、ヘムロック【カナダツガ（栂）とも呼ばれる。米アラスカ州、カナダ・ブリティッシュコロンビア州西海岸から米ワシントン州、米内陸のアイダホ州に分布。米国で最も美しい樹形と言われる】の林の下で、豪華なライトショーを披露している。湖面には青空が映り込み水面を満たして、まるで地上にある天国の趣を呈している。ライオンの口が獲物を引き裂き、燕は巣を作っている。ソロモンとシバの女王は抱擁している。鷲は雲の中からまっすぐ急降下して、平原にいる兎をその爪で捕らえ、ほんのしばらく、その二つの被造物は恐ろしい格闘をして、そして一つの調和へと落ち着いて行くので

ある。母親の胸に抱かれる赤ちゃんが、お腹一杯母乳を飲んでいる。物質は現実である。肉（肉体）はよいのである。

何と野性的で素晴らしいこの世界だろうか
神よ！
あなたは　全てを創造された。
あなたにある英知で
この地をあなたの被造物で
溢れさせてくださいました。
――詩編104編24節

3月16日

わたしたちの側で始めるのではない。

祈るように促されることによって、わたしたちは祈りを学ぶのである。一般に、祈りとは「自分の必要にかられて」あるいは「自分自身の意志に従って」と考えられている。神を慕い求める切なる思いを経験して、わたしたちは祈り始める。神への感謝の気持ちが湧き上がり、わたしたちは祈り始める。神の御前に、トラック一台分の罪に押しつぶされる自分の姿を見出すと、わたしたちは祈り始める。しかし、聖礼典の中では、事情は異なる。聖礼典の中では、わたしたちが主導権を握ることはない。「何かを経験し、そして祈りが促される」ということにはならない。誰か前に立って、そして「祈りましょう」と呼びかける。わたしたちの側で始めるのではない。誰か他の人が祈り始めてから、その後に続いて、あるいはその祈りの歩調に合わせて、わたしたちは祈りへと引き込まれて行くのである。その時、わたしたちの自我はもはや祈りの最前線や中心ではない。

これはとても大切なことである。というのも、祈りとは本質的に「応答の言葉」である。キリスト教の共同体は総じて「神の言葉が全てに優先する」ということで意見が一致している。そのために「創造」「救い」

「裁き」「祝福」「慈悲」「恵み」など全てにおいて、神の言葉が優先権を握るのである。

……礼拝する会衆の中に身を置く時、わたしたちには何の主導権もない。他の誰かが祈りの場所を定め、他に誰かが祈りの時間を設定し、他の誰かが、わたしたちに「祈り始めなさい」というのである。神の言葉が聖書と説教の中で聞かれ、神の言葉が洗礼と聖餐式で目で見られる。——その時、「全てに先立つ神の言葉がある」ということが全体を貫く基調にあり、その上で全てが展開するのである。この場が、わたしたちが祈ることを学ぶ中心である。

わたしたちがキリストについて初めて聞いたその時よりも遥か以前、キリストに希望を見出してその時よりもずっと前に、キリストはその御目をわたしたちに注ぎ、輝く人生に向けてわたしたちの命をデザインされた。全ての出来事、全ての出会い、その全てを目指して、神の働きは展開する。その総体の一部として、わたしたちの人生は最初から、神の御手によって位置づけられているのだ。

——エフェソの信徒への手紙1章11~12節

3月17日

愛に富む神よ——お恵みください！

愛を惜しまない神よ
恵みを　わたしに示してください！
憐れみが深い神よ　わたしの前科を　拭い去り
わたしの罪科を　こすり取ってください。
あなたの洗濯機で
わたしの罪を　洗い落としてください。
わたしは知っている。
わたしは実に　悪人でした。
わたしの悪事は　今ここで
わたしを睨み　すくませている——

わたしはあなたを　穢してしまった
あなたはそれを　よくよく知って　おられる。
わたしの邪悪な手の業の
　隅々まで　知っておられる。
あなたの前に　全ては知られ
それに基づく　あなたの裁きは
そのまま全て　正しいのだ。
わたしはあなたが好きになれず
ずいぶん長く　あなたを嫌った。
結局わたしは　生まれる前から　間違っていたのだ。
裏表ない　真実こそ　神よあなたは　お求めになる。
ですからどうぞ　お入りください。　わたしの内に。
そして新たな　真の命を
　わたしの内に　お創りください。

あなたの洗濯機で洗濯し
　すっかりきれいにしてください。
汚れをこすり落としてください。　そうすれば
雪の白さを取り戻すでしょう。

タップシューズの　軽快な音
それによく合う　楽しい歌の
その調べのように　整えて
かつては折れた　この骨が
踊り出て行く　もとの姿を　取り戻すように。
この身の傷に　目を止めず
「健やかだ」との　証明を
神よ、わたしに与えてください。
まっさらな　あの出発点に
もう一度　立たせてください。
わたしの歩みの　混沌の中に
創世の　奇跡の御業を
起こしてください。神よ。

ゴミと一緒に　捨て去るような
　そんなことなど　なさることなく
その聖なる　あなたの息を
　入れそこなって　しまうことなく
わたしを御許に　連れ返し

さすらいの　灰色の日々から　救ってください。
海は泥のように凪いでいる。
あなたの息を　新しい風を　送ってください。
あなたに逆らう者たちに
あなたの道を　教えたい。
そういう迷う人々に　やり直す道を　教えたい。

ですから神よ、こう願う。
死ぬべき定めを　消し去って
わたしに救いを　与えてください。
そうしてわたしに　あなたの歌を
あなたの称える賛美の歌を
命を与えるあなたの道を
歌う機会を　与えてください。
わたしの神よ、わたしの口を　開いてください。
きっとわたしは　賛美の歌を　歌いますから

立派にやって　みせたとしても
それであなたは　喜ばれない。
完璧に　やって見せても　意味がない。
礼拝するとは　どういうことか
それをわたしは学んだのだ。
自意識過剰が打ち砕かれて
粉々になった　わたしの心が
愛を目指して　立ち上がる
その時わたしは　一瞬たりとも　逃さずに
見つめていよう　神の眼差し――

シオンの山を　満たしてください。
み旨にかなう悦びで。
エルサレムの城壁は　壊されている。
あなたの御手で　直してください。
その時ついに　あなたは受けてくださる。
わたしたちが　ささげる祈りを。
小さな礼拝　大きな祭儀を
あなたの好む場所とせよ。
雄牛もそこに引かれ行き
人々はそれを　その時ついに

ささげることが　出来る！
――詩編51編

3月18日
忠実であり続ける

ある一つの陰謀がある。極めて多くの人々が、その陰謀に引っかかている。その陰謀は「祈りと聖書と霊的な指導をわたしたちの生活から消し去る」というものである。その陰謀に引っかかって、とても多くの人が「自分たちの価値観で評価できるもの」に関心を寄せるよう仕向けられている。つまり、膨大な人々は「牧師のイメージや立ち振る舞い」や「教会形成を成功させるための計画」そして「目覚ましい出席者数を示す統計表」あるいは「社会的インパクト」と「経済的な実現可能性」などに関心を寄せている。人々はこうした事柄の会議を設定し、予定表を満たすよう全力を傾ける。その結果、牧師は一人で過ごして自分自身を取り戻すゆったりとした時間を失い、神の御前で過ごすことも、聖書に沈潜することも、誰かとじっくり向き合うことも出来なくなっている。

わたしち牧師は、神に注意を払うことなく、牧師としての基盤も失いながら、教会と信徒たちの支えで牧会の仕事をこなしていく。しかし、だからと言って牧師が（この「陰謀」の）責任逃れをするわけにはいかない。ある定義では、「専門職」とは人々の好みに迎合することなく、また人々が支払う代償によって態度を変えることなく、その専門領域全体と実践に関わる人々だという。今日、このようなプロ意識はあらゆる場面で姿を消しつつある。すなわち、医療、法律、政治、そして牧師からも……。

しかし、プロ意識はまだ完全に失われてしまったわけではない。今なお時代の要求する安易なわざを頑固に拒み続ける「専門職」は、無視できないほど存在している。自分たちがその召命感に対して忠実であり続け、困難な働きを遂行している「専門職」たちが、この世の様々な分野において数多く残っている。

……神の御言葉を手に取って、それを水で薄め、路上で安売りする——そんなことを、わたしたちはしない。神の言葉を話す時、わたしたちはキリストの臨在の中に立っている。神は真正面から真剣な目でわたしたちを見る。わたしたちは、自分たちが語る言葉を神から直接受けとり、可能な限り誠実に語るのである。

——コリントの信徒への手紙（二）2章17節

3月19日

優れた職人は素材を知っている

信仰とは、人生における冒険に乗り出すこと、そのリスクを取ることである。「聖なるもの」に自分自身を向き合わせることが信仰というものである。神の大きさ・その見えない偉大さ・について、わたしたち牧師は、実にあちらこちらで気づかされる。自分の腕や足の不思議・パンや葡萄酒の神秘、わたしたちの頭脳や道具の素晴らしさ、山や川の美しさ——そのような中にある神の大きさと偉大さはそれに「意味」と「運命」と「価値」と「喜び」と「美しさ」と「救い」を与える。聖礼典を通してこの現実を伝える呼びかけに応答する。そして、この共同体に属する男性、女性、子どもや若者が仕事と遊びの中で行っている事柄を神が憐れみと恵みの中で行っていることに結びつける方法で信仰の共同体にリーダーシップを与える。

それで、わたしたちはこの牧師の仕事に励んできたのである。その仕事に従事する中で、わたしたちは「専門職」や「職人」と「仕事」との違いを学んだのだ。「仕事」には「果たすべき職務」が割り与えられる。「仕事」を設定した人と「報酬」を支払う人が——それが誰であっても——重要である。まずは、とにかく、その人々を満足させなければならない。何が期待されるかを学び、それを行うのが「仕事」である。「仕事」することは何の問題もない。程度の差こそあれ、わたしたちは誰でも「仕事」をする。ある人は皿を洗い、誰かがゴミを出すという、それぞれの「仕事」の役割を果たすこととなる。しかし、「専門職」と「職人」は、それとは異なるのである。「専門職」と「職人」には「誰かを満足させ喜ばせる」という以上の責務が課せられている。つまり、わたしたちは「専門職」あるいは「職人」として牧師の仕事に励んでいる。その際「リアリティー」というものの本質を追求し、それを具体化しようとしている。自分の職責に忠実であろうとする時には、どうしても、より深い水準で語られ「利益」を与えることとなる。その「利益」とは、人々がわたしたちに求めてくるものよりずっと深いものである。「職人」と「専門職」を比較するとこうなる――「職人」は「目に見えるリアリティー」に関り「専門職」は「目に見えないリアリティー」に関わるのである。たとえば、木工職人という「職人」は、材木やその木目など「木それ自体」を深い次元で取り扱う職責がある。優れた木工職人は、自分の素材を知り尽くし、敬意を払いつつ木を取り扱うのである。彼の関心はただ単に消費者を喜ばすよりも遥かに広い視野を見ているのである。優れた職人は「どうしたら完璧に素材を使い切るか」と考える。「専門職」の場合は「職人」と同じような突き詰めた意識が、目に見えないものに向けられる。たとえば、医者は「健康」という目に見えないものを取り扱う。（つまり、ただ単に人々を気分よくさせるだけではない）「健康」を完全な形でもたらすことが求められる。弁護士であれば「正義」という目に見えないものを取り扱う。（つまり、ただ、人々がただ単に人々の我儘を助長するだけではない）大学教授であれば（試験勉強と称して色々な情報を学生の脳に詰め込むだけではない）「学習」の意味を完全に理解させることが求められる。そして、牧師という「専門職」は「神」という目には見えない対象を取り扱うのである。（つまり、ただ単に不安を和らげたり、慰めを与え、宗教的組織を経営することではない）

あなたの生き方で信者たちを教えよ。つまり言葉、態度、愛、信仰、誠実さをもって教えよ。聖書を読み、相談に乗り、教えという、あなたの持ち場に留まりなさい。

――テモテへの手紙（一）4章12B～13節

3月20日

神に注意深く聞き従う訓練

わたしは牧師として召命を受けている。叙任されて宣教の業に従事している。わたしの人生に神の言葉が臨み、神の恵みが注がれているので、わたしはその神の御業に参与しているのである。そして、神の御言葉はわたしが向き合う人々にも臨み、その神の恵みはわたしが共に生きる人々にも注がれているので、わたしはその人々に説教をし、聖礼典を執行し、「他者のために生きよ」とイエス・キリストの聖名によって命じている――そんなわたしの仕事のためには、どんな具体的な手段があるのだろうか？「神の偉大なるリアリティー」と「救いの偉大なるリアリティー」がある。それをどうして、この教会が置かれた地域に結び付け、今週という時間の流れに結び付けることが出来るのだろうか？　わたしが相談する師匠たちの間で答えは変わらない。

その「答え」とは「神に注意を集中する訓練」である。特に「祈ること」と「聖書を読むこと」そして「霊的な指導を得ること」の三つにおいて、神に注意深く聞き従う訓練を積むことが重要なのである。この訓練は有効である。「試みたが、効果がなかったため、放棄した」というのではない。しかし、やってみると、これは難しい（というか、いささか退屈である）ために、「牧師の忙しいスケジュールには合わない」という理由で棚上げにして先送りされてきたものである。

わたしは次のことを敢えて単純かつシンプルなままにした。第一にイエスとは「どういうお方なのか」ということ。それから次に、「イエスは何を行った方なのか」ということを守ってきた――つまり「十字架に架けられたイエス」を。

――コリントの信徒への手紙（一）2章2節

3月21日

祈りは危険である

「祈りは危険」ということを十分に知らなければならない。祈りとは、わたしたちには馴染みもなく、備えようがないような秘められたものに向かって自分の言葉を発する営みである。――そのことを思えば思うほどに、実際の多くの祈りが気が抜けたようで、しばしば全く陳腐な事実に、わたしはいつも当惑させられる。祈りにおけるこうした「気の抜けた状態」と「陳腐さ」は信徒と同じく牧師でも共通している。現実には、牧師の方が公の場で祈る機会が多いだけに、余計にそれが目立つことになる。

問い：力を尽くして発せられる言葉であっても、その牧師の口から出るよどんで生気を失っている――そのようなことが、どうして起こるのだろうか？

答え：それは、祈りが神の御言葉の土壌から「根こそぎ」引き抜かれているからである。そうしたものも「祈り」と呼ばれるだろうが、その祈りとは、所詮は装飾用の「切り花の言葉」にすぎず、テーブルを飾るために小さな花瓶に入れられただけの言葉となっている。手数をかけ、水をつぎ足してやる限り、それらは確かに美しく見える。しかし、その美しさは長続きはしない。その「切り花」は直ぐしおれ、そして捨てられてしまう。そのような「切り花」がしばしばディナーテーブルの目玉商品の飾りとして使われる。そういう場では花々は快い雰囲気を作り出す。けれども、その花が、テーブルにおける本当の主役、つまり一日の激しい仕事の後で人々の腹を満たし、カロリーを供給する牛肉やジャガイモに取って代わることには決してならない。

聖書の全ての御言葉は神の息吹を受けている、それは、いずれにせよ、何とか役に立つのである。——御言葉はわたしたちに真理を示し、わたしたちの反抗を露見させ、わたしたちの間違いを直してくれる。神の道に生きるように、わたしたちを訓練してくれる。その御言葉を通して、わたしたちは共に生きるものとされる。そして、わたしたちは、神がわたしたちのために考えている仕事を担う者へと変えられる。

——テモテの手紙（二）3章16〜17節

3月22日

「祈り」とは「ライオンの巣穴」に入り込むこと

牧師たちが日常的に晒される不愉快な出来事の一つは、大勢の人々が会合や会食のために集っている時に、「牧師さん、ちょっとお祈りをお願いできませんか？」という求めを受けることだ。そのような時に、牧師が（ウィリアム・マクナマラが思い描いたように）次のような言葉でその求めを断ることが起こったとしたら、その場は一体どうなるだろうか。「だめです！　祈りというのは人間がライオンの巣穴に入り込む行為であって、わたしたちが神聖な場の御前に引き出され、生きて帰れるか、正気で帰れるかが分からない出来事である。『生ける神の手に落ちるのは、恐ろしいことです。』（ヘブライ人への手紙10章31節）」と聖書に書いてある。

聖なるものに向かって軽薄な言葉をきくな。冷やかしとふざけたことは神に敬意を表さない。聖なる秘儀をスローガンに矮小化するな。関係性を高めようとしている中で、可愛いだけで、神への冒瀆を招いてしまう。

——マタイによる福音書7章7節

3月23日

詩編を祈る

……教皇ピウス10世は次のように述べた。「人は神をどう褒め称えることができるか――このことを詩編は教える。特に、礼拝の日々を送るべく誓願を立てた人々たちに、詩編は大切なことを教えてくれる。」余りにも多くのものが今、危機に瀕している。――たとえば「神の御言葉に成熟すること」や「牧師の働きの誠実さ」「礼拝の健全さ」などだが危機に瀕している。――牧師たちが（大なり小なり陥りやすい）「祈りのカリキュラム」に手を出し選択して、祈りを学ぶことが出来る風潮である。医師が裏庭からハーブや雑草を取り出し薬を調合することが認められているように、牧師が自分の主観的な思い付きを組み合わせて祈りを学ぶことも許されている。しかし、祈りは情緒的な断片や職業上の義務感から作り出されてはならない。きちんとした教育や訓練がなければ、わたしたちの祈りは、まるで「わたしたちは食事の時に感謝をささげます。大きな罪を犯した時には罪を告白します。ロータリークラブのピクニックを祝福します。そして時宜に叶った導きを祈ります」という類いの、まるで旅行者が外国語の熟語集から覚えたような、ぎこちないものになるだろう。わたしたちは祈りを、ほんの数キロ「宗教的な国」を通過する僅かの間、何とか切り抜けるための特殊で付随的な言葉と考えてはいないだろうか？　断じてそうではない。祈りの言葉は、わたしたちの全生涯に関わる言葉である。わたしたちは自分が生活して行く国の言葉を流暢に使いこなせるようにならなければならない。牧師が、あたかも職業上の義務として一週間ごとに提出を求められたレポートを作成するかのように、祈りを組み立てるために改めて言葉に注意を向けるようでは、お話にもならない。牧師は、「神への応答としての言葉」である祈りの複雑な文章と、その言葉を語るために必要なあらゆる点に関する「祈りの文法における修士資格者」であることが求められる。わたしたちは詩編を祈ることによって、牧師と周囲の人々に賞賛と愛と信仰について語りかける、いくつもの魂と肉体の断片を発見する。もちろん、詩編は牧師だけに与えられたものではない。クリスチャンであろうとユダヤ教徒であろうと、すべて祈る者は詩編の中に自分自身の祈りの「声」を発見する。しかし、他者のために祈る責任を持ち、人々に祈りを教える立場にある牧師が詩編について無知であったり、詩編を顧みないとすれば、それは職務怠慢と言われても仕方がない。聖アンブロシウス【340?—397. 四世紀のミラノの司教（主教）。正教会・非カルケドン派・カトリック教会・聖公会・ルーテル教会の聖人】は彼独自の隠喩を使い詩編を次のように述べる。全ての魂にとって、詩編はある種の体育館である。美徳を競う場所、ある種の競技場である。そこでは人々の目前に色々な種類の訓練が繰り広げられており、人々はその中から栄冠を手に入れるために、自分にもっとぴったりした訓練を選び取ることが出来る。と語っている。

……あなたは神の御言葉に
わくわくし
あなたはそれを
昼も夜もしゃぶる
——詩編1編2節

3月24日

恵みのリズム

ヘブライ人の「夕べがあり朝があった」（創世記1章5節）という一連の流れは、わたしたちを恵みのリズムに整えさせてくれる。わたしたちが眠る。そうすると、神がその働きを開始される。わたしたちが眠っている時、神はご自身の契約を展開する。わたしたちが目覚めると、今度は神の創造的な御業に参与するよう招かれる。わたしたちは信仰によって神に応答し、働くことによって神に応答する。しかし、先行するのは神の恵みである。この恵みこそが第一のものである。わたしたちは自分が造り出したのではない世界の中で目覚め、わたしたちが受けるに値しない救いの中で目覚めるのである。「夕べ」……神はわたしたちの助けなしに、その神の創造的な一日を開始される。「朝」……神はご自身が始められた御業を共に喜び、分かち合い、さらに、推し進めている業へと、わたしたちを招かれる。創造と契約は全くの恵みである。そこで、わたしたちは、朝毎に、その恵みに迎え入れられる。ジョージ・マクドナルドは「眠りとは、わたしたちが目ざめている時には受け入れることが出来ない援助を、神が人間に与えるための神の発明である」と述べている。

朝早く起き、夜おそく寝る
指先まで　心配事をいっぱいにして
骨休みすら　忘れて励む　あなたはむなしい。
知らないか　神は愛する人々に
一息つく場を　お与えになる。
それを与える　御業に神は
こよなく愉悦を　楽しませてくれる。
——詩編127編2節

3月25日
安息日を守ること

一週間のリズムを維持するためには自覚的に行動することが求められる。安息日を守る定めはしばしばわたしたちの日常生活に対する一種の妨害のように感じられることがある。安息日遵守の命令は、世界の運営にあたって人間の日々の働きに欠かせないと思い込んでいる、わたしたちの姿勢に挑戦するものである。しかし、安息日の遵守は妨害ではなく「夕べと朝」という基本的なツービートを確かなものとし、それを拡張させ、より包括的なリズム感覚を生み出すものである。それは「夕べがあり、朝があった」「夕べがあり、

朝があった」「夕べがあり、朝があった」（創世記1章5節）という日毎のリズムを刻む「ティンパニー」の響きのもとで、下から、上から、四方八方から深い音色を響きわたらせる「銅鑼」の音なのである。安息日とは創造を褒めたたえ、それに注目する日であり、贖いの業を想起し、それを分かち合う日なのである。

　聖書の中で安息日遵守を命じている二つの箇所を見ると、その命令内容は同じであるが、その理由が異なるものであることが分かる。出エジプト記によれば、わたしたちが安息日を守る理由は、神ご自身がそれらを守られたからだと説明されている。（出エジプト記20章8～11節）。神はその業を六日の間に行い、その後で休まれた。神が一日を休みの日として取り分けられたのだから、人間もまたそれに倣うべきだというのである。「働き、休む」というリズムは神ご自身が創造された世界と関わり合う中で生み出されたものである。神ご自身が前例となられたように、何かを「する」（行為する）ことを止め、ただ「ある」（存在する）ということ自体が神聖な出来事なのである。出エジプト記においては、わたしたち人間が「する」ことから「ある」ことの神聖さを習塾するために、安息日の遵守が命じられているのである。

　安息日の遵守を命じる申命記における第二の理由は、エジプトにおいてイスラエルの先祖たちが４００年の間、一日も休みなく過ごしたという事実に由来するものである。（申命記5章15節）。そこでは一日たりとも休みがなかった。その結果、もはや人々は人格をもった人間ではなく、奴隷とみなされるようになった。人手として、または労働力として見なされるようになった。神の似姿に創造された人間ではなく、レンガを作り、ピラミッドを建設するための機械に過ぎなかった。人間性ははなはだしく貶されていた。

　わたしたちの隣人、夫、妻、子ども、または雇人など、誰に対してであろうとも、そのような人間性の否定が起きないようにするために、安息日を守ることが命じられているのである。

神の民にとって「到着」と「休み」の約束は依然としてそこにある。神ご自身休まれたのだ。旅の終わりに、わたしたちが必ず神と共に休むのだから。

――ヘブライ人への手紙4章9節

3月26日

神が語ることを聞く

クリスチャンの聖書への関心は常に「神が語ることを聞く」ということである。聖書を「道徳の覚書」として分析するためではない。

「わたしがあなたがたに語っているこの言葉は――とイエスが言った――「単なる言葉ではない。わたしは自分の言葉を語っているが、それはそれにとどまるものではない。父がわたしの内におられる。この父が、このわたしの一つひとつの言葉を御手に取られ、その聖なる御業へと仕立てておられる。

――ヨハネによる福音書14章10節b

3月27日

ゴミと化したオーディオ

「両耳がない人間の頭」を想像してください。でくの坊である。両目、鼻、口はあるが、両耳はない人間を想像しください。本来、両耳の穴が開いているはずの所がすべすべしている。耳も口も鼻も、それぞれ穴が開いているその頭蓋骨の両脇が、穴を開けることの出来ない花崗岩のようになっている。そこに向かって神は語っても、応答が出来ないような「頭」である。この隠喩は騒々しい宗教的祭儀の中で、人々が神の声に耳を傾けない文脈のもとで起きている。聖書には「あなたはいけにえも、穀物の供え物も望まず、焼き尽くす供え物も求めず。」（詩編40編7節）とある。人々はいったいどうしてこのような供え物のことを知り、またそれをささげる方法を知ったのだろうか？　彼らは出エジプト記やレビ記の記述を**「読んでいて」**それを知ったのであり、そこに記されていた前例に従ったのだ。それによって彼らは宗教的な方法を知ったのである。彼らは律法で書かれていることを目で見て、それを様々な儀式に形成して行った。彼らは聖書の言葉を正確に読み取り、正確な儀式を行ったのである。それにも関わらず、いったいどうして「神が求めておられない」というメッセージを見過ごすようなことが起きたのだろうか？　律法の内容には、清い動物とか石の祭壇とか聖別された火に関する指示に従うこと以上の何かが含まれていたのだと考えねばならない。それは「神が語りかけるのであり、神の語りかけには聞かねばならない」ということである。しかし、神が語りかけたとしても、それを聞き取る人間が聞く耳を持たなければどうなるだろうか？　神はツルハシやシャベルを手に取り岩のような頭を掘り抜き、人間の内なる深みを貫き、その精神と魂までその言葉を示そうとされる。あるいはまた、色々な不純物が湧き出したために埋もれてしまった井戸のようなものを想像した方が分かりやすいかも知れない。文化的な雑音、さりげない噂話、つまらないお喋り……。わたしたちの耳はそういったもので塞がれていて、神が語ることを聞き取ることが出来ない。神は、ちょうどペリシテ人に井戸を埋められてしまったイサクが、その井戸を再び掘り返したようにゴミと化したオーディオで塞がれているわたしたちの耳を再び掘り返してくださるのである。

宗教的で敬虔な　このたたずまいとふるまい
あなたが求めるものはそのようなことではない。
わたしがあなたに聞くことができるように
わたしの耳を開いてください。

――詩編40編6節

3月28日

違法な密造酒

聖書から何らかの「真理」や「道徳」や「教訓」を捻出したいという大きな誘惑がある。それは「怠惰」以外のなにものでもない。怠け者の牧師はいつしか「人名」や「町々」や「半端で些細な厄介ごと」や（現代的な生活感覚に適合しないので）「扱いにくい奇跡」などで頭を悩まそうとしない。アメリカ全土で、牧師は聖書の豊富な物語から「理念」や「道徳」を抽出する「違法な酒造所のアルコール蒸留器」の研究に身を入れるようになってしまった。もちろん人々がそれを好んでいるからである。聖書についてであれ、自分自身の人生であれ、いずれにせよその微細なものを取り上げなくともすむように、人々は純粋な真理が詰まったメイソンジャー【食品貯蔵用のガラス瓶】を手にいれようとする。この透明で純粋な刺激物を飲むことによって、人々は畑仕事で汗を流したり、ジャガイモを掘り出したり、食事の用意を調理したり、食べたり、消化したりする煩わしい問題を回避しようとする。この蒸留された液体は血液に直接作用し、あっという間に、陽気な気分にさせる。しかし、それは、実は、毒薬なのである。わたしたちは生物学的にも霊的にも、このような「ブルースピリット」【アルコール度50パーセントの蒸留酒】を100％安全に摂取するように作られてはいない。わたしたちは非常に多様な言葉や言語や文章や物語や歌に気づき、それらを味わい、熟考しつつそれらを取り入れ、健康な生活を可能にするビタミン、酵素、カロリーなどあらゆるものを消化吸収するという複雑な相関性を持った心理的な消化システムを備えた存在なのである。

このような多くの物語を通して、イエスはそのメッセージを人々に語った。彼らの経験や成熟に合わせて語ったのだ。物語を用いずに語ることは一度もなかった。

――マルコによる福音書4章33節

3月29日

水のように注ぎだされ

放り出された　わたしはまるで
　打ち捨てられた水のよう
どこにも力は入らない　わたしはまるで
　全身が　脱臼し果てた　屍のよう
形もなくし　定まらぬ　心はまるで
　蠟のよう。
わたしの胸で　ただ溶けてゆく。

――詩編22編14節

イエスは十字架の上で、まさにこの詩編に書かれた敵意と痛みを味わわれたのである。一つひとつ、冷酷なことが、我らの主の体に刻み込まれて行きました。それが十字架である。しかし、十字架は復活を生み出しました。人間がなしうる最悪な事柄が、神がなしうる最善の事柄を生み出したのだ。それは信じられない出来事を生み出す機会となったのである。

祈り：十字架の上におられる　主なるイエスよ。あなたはこの世界の（そしてわたしの）全ての敵意と苦難を引き受け、そしてそれらを救いと解放という強大な御業に変えてくださいました。あなたの御名を褒めたたえます。アーメン

わたしたちが信じることとはこれである。それは、もし、わたしたちが罪を克服する「キリストの死」の中に入って行くならば、命を救う「キリストの復活」の中に入って行くということである。

――ローマの信徒への手紙6章8節

3月30日
聖書を読む

ヨハネの黙示録はわたしたちに「何とかして具体的に応えなければならない」という思いを抱かせる。聖書とは「わたしたちへの神の言葉」であり「神についての人間の言葉」ではないということに読者が向き合わせられる。――それが「ヨハネの黙示録」である。「聖書を読む」とはどういうことなのだろうか。もし聖書を色々な人が歴史の中で見つけた「神についての理念や経験」が書かれたものと見なしているのならば、その時あなたは聖書を読む時に陥りやすい最もありふれた過ちを犯しているかも知れない。それに、この間違いは最も致命的である。

「神」が言葉を語るときには、それを真剣に語っている。神が語ったことは遂行される。神の力強い言葉は外科医のメスのように鋭く、あらゆるものを貫き切り裂いて行く。疑いでも頑なさでも切り分けて、わたしたちの心を開き、聞き従う者へと変えて行く。

――ヘブライ人への手紙4章12節

3月31日
「彼らのために願う」

ヨハネによる福音書17章9～11節

わたしは彼らのために願う。世のためにではありません。あなたがわたしに与えてくださった人々のために願う。この人たちは、あなたのもの、あなたのものだからだ。わたしのもの全てはあなたのもの、あなたのものはわたしのものである。わたしはこの人たちによって栄光を受けました。

（ヨハネによる福音書17章9～10節）

イエスは神の御言葉を告げた。イエスは神の臨在を体現した。しかし、それでわたしのために展開したイエスの使命が終わったわけではない。「わたしたちに代わって」祈る、その「執(と)り成(な)しの御業(みわざ)」を通して、イエスはわたしたちの人生を導き、形作って行かれる。その使命は今も継続している。イエスの祈りはあなたに対してどのような影響を及ぼしているのだろうか？

祈り：祈っているうちに何となく分かってきました。父よ、イエスがわたしのために祈っておられます。わたしはあなたに祈ります。この祈りは「わたしのためにささげられるイエスの祈り」に包まれています。そのことに気づく時に、わたしの祈りは何と違っていくことだろうか。わたしは「イエスの聖名によって祈りたい」といよいよ願うようになりました。アーメン

わたしは彼らのために祈る。あなたを拒否しているこの世のために祈っているのではありません。ただ、あなたがわたしに与えた人々のために祈る。まさにこの人たちこそ、あなたのものなのだから。

——ヨハネによる福音書17章9節

4月

April

4月1日
イエスの御言葉

「宗教」という枕がある。人はそれを使い眠る。その「枕」には「敬虔」という彩り豊かな刺繡が施されている。でも、イエスの御言葉は、そのような「刺繡」のようなものではない。イエスの宣教は、革新的で、究極を究めるものである。死の境界線を打ち砕き全ての人々を復活へと呼び出すものである。

祈り：あぁ神よ、あなたの御言葉の中に雷鳴が聞こえます。あなたの御業に稲妻のような閃(ひらめ)きが見えます。大嵐のように、わたしのこの魂を襲ってください。わたしの眠っている所を目覚めさせてください。わたしの死んでいる所を甦らせてください。自分の二本足でわたしを立たせてください。あなたの御前で機敏な心をもって賛美しながら。アーメン

あなたがこれを正してくれることは緊急なことである。時が来た。――今がその時――死んだ男性や女性たちも神の声を聞く時がくるだろう。聞いた者は生きるであろう。

――ヨハネによる福音書5章25節

4月2日
霊的な指導

「霊的な指導」とは、按手を受けた教職者（牧師や司祭）の特権ではない。最も優れた「霊的な指導」は実に「友人」から受けることが出来る。「霊的な指導」ということで最も名の知れた幾人かは「信徒」であった。ただ、誰でも「霊的な指導」が出来るとか、また「霊的な指導」が時や場所も選ばないために、それは偶然

にまた当たり前に出来ると思ってはいけない。神聖を追い求める歩みに没頭する人生があって、そこから生み出される日常の営みを通して初めて「霊的な指導」は可能になるのだ。

講演や説教の準備をし、病と死の痛みを分かち合い、誕生と結婚を祝い、企画を立てて実行し、ヴィジョンがふつふつと湧き上がってくる――そうした当たり前の事柄の中の一つひとつの中へと、等しく訓練された祈りを持ち込むこと。そして、その一つひとつを同じ深さで見つめ、理解すること。それが「霊的な指導」に求められる。誰もそこにスポットライトを当てることなどない、実に地味で日の目を見ない人生の一つひとつの局面と向き合い、祈りをもってそれを見つめ、スポットライトを当てること。それが「霊的な指導」のために必要なことである。当たり前の退屈で平穏無事な局面が人生にはある。そうした局面に向き合う時にも、大きな出来事として回心と証が立ち上がってくる人生の大局面と向き合う時と、同じ思いと技術と熱意を注ぎ込むこと。それが「霊的な指導」のために必要なのである。

互いに仲よくしていなさい。愛をもって互いに結び合いなさい。必要とされる時のために、食べ物や寝室を備えておきなさい。というのも、何人もの人々が、おもてなしの心を広げているうちに、それと知らずに天使たちをもてなしたのだから!

――ヘブライ人への手紙13章1〜2節

4月3日

現状の「在る姿」への不満

「霊的な指導」において「○○を『**する**』」という助言はほとんどの場合不適切である。というのも、「何を『**する**』べきか」ではなく「どう『**ある**』べきか」について混乱し、あるいは満足できない人が「霊的な指導」を受けようとやって来るのだ。その際に求められるのは、その人そのものに注意を払ってくれる友人である。「プロジェクトマネジャーとして沢山の仕事を次から次へと任せられること」に注目して欲しいと思っている訳ではない。軽率な行動は常に避けた方がよい。軽率な行動をとると、どう「ある」のかについて考えることから、暫く気を逸らすこととなる。そうすれば、一時的な（そして、歓迎される）安堵感を得ることが出来る。それはちょうど、かつてジョージ・フォックス【George Fox 1624-1691. ピューリタンでクエーカーの創始者】が『ジャーナル』という書物の中で「薬を与え、放血する」ことは、非常に曖昧な状況の中では、とても魅力的なものとなる。はっきりとした行動によって白黒をつけることは、物凄い満足感を与える。しかし、そこには霊の成長も、成熟への進展もない。牧師はこの点で特に危険に曝されている。

牧師は文化的なことや教会の中のことで「何かしなければ」という強迫観念に憑りつかれてしまう。わたしたちは今の時代に生きているということだけで、この強迫観念に囲まれてしまう。「何かしなければ」という声に用心し、警戒を怠らないようにしなければならない。「何かしなければ」という罠に陥らないためには、用心と警戒を怠ってはならない。

イエスは言われた。
疲れていませんか？
疲労困憊していませんか？
宗教に熱心になって燃え尽きていませんか？
わたしの御許に来なさい。
わたしと一緒に逃避しよう。
そうすればあなたの命を回復させよう。
どうしたら、あなたが本物の休みが得られるか、
その方法をわたしが教えよう。
わたしと共に歩き、わたしと共に働こう。
わたしのやり方をよく見ていなさい。
恵みの自然なリズムに学びなさい。
——マタイよる福音書11章28～29節

4月4日

人は神を求める

何かをしなければならない時、わたしたちが必要なのは神である。長い間、ずるずるといつまでも、人々はそれに気づかず過ごしてしまう。「お金」「セックス」「仕事」「子どもたち」「両親」「政治的信念」「スポーツ競技の勝敗」ということに関わって行かなければと思い込んでいる。確かに、そうしたことが一つでもあれば、あるいはそのいくつかを組み合わせると、人々はそれに夢中になることが出来る。暫くの間であれば、人はそこに目的や意味を見つけることが出来る。「人間が求めるべきものはこれだ」という気持ちになる。だが、緩やかな形で、徐々に倦怠感が起こる。あるいは大惨事が起こる。あるいは突然、全てが無意味であるという気持ちに襲われる。それで、さらに大きなものを望むようになる。そうして人は神を求める。人は時に、生きる意味を探し、自分の指針を求め、様々に問い、自分の言葉を吟味することがある。わたしたちは「神」より劣るものや「神」以外のものへと逸らされてはいけない。

『『神のリアリティー』あるいは『神の主導権』あるいは『神からの備え』というものがあるのだから、そうしたものに、あなたの身を浸しなさい。

『好機を逃すのではないか』と心配するな。あなたがたの毎日の心配事は、すべて完全に解決して行く——そのことに、あなたは気づくことだろう。』

——マタイによる福音書6章33節

4月5日

光

多くの場合「光」は文字通りか、あるいは隠喩にしろ「闇」の中で輝いている。「闇に慣れることを学んだ」という人はいるが、「闇の中で完全に落ち着いていられる」というは人はいない。少しでも闇に脅かされないようにと、わたしたちは様々な工夫を凝らしてきた。――蝋燭（ろうそく）、火、懐中電灯、ランプなどがそれだ。わたしたちは闇の中では、平衡感覚や遠近感を失いがちになる。悪夢はわたしたちを威嚇し、恐怖はわたしたちを麻痺させる。闇の中で、わたしたちの想像力は妖怪を作り出す。聞こえてくる音は不吉なものとなる。目に映る色々な動きは幽霊の影となる。闇の中に光が輝く時、このような恐怖と混沌にはリアリティーがないことが分かる。「光は闇の中で輝いている。闇は光に勝たなかった」（ヨハネによる福音書1章5節）とある通りである。光は秩序と美しさを明らかにする。あるいは、もしそこに恐るべき何かがあるとしても、その悪は万物の均整の取れた関係の中にあることが、光によってはっきり分かる。その光は万物は恐れるべきものではないことを示してくれる。

わたしたちは闇の中を生きているのではなく、光のなかを生きている。わたしたちは呪われているのではなく、祝福されている。闇ではなく光こそが、わたしたちが生きている本質的なリアリティーである。そして神が光なのである。聖書の著者たちは光とは何であるかを熟考したのである。彼らは黙想の内に、神についての真理を知り、さらなる真理を掴んだのである。真理を啓示するキリストの御業は、最も包括的な形で、そこに現れたのである。

再びイエスは言われた。

「わたしは世の光である。わたしに従う者は、誰一人、闇の中で躓くことはない。

わたしは多くの光を与える。
人がその光の中で生きるために。」
——ヨハネによる福音書8章12節

4月6日

日々の出来事と、その経験

黙示録の中には、一週間の典型的な様子がまとめられている。黙示録の中には「政治的テロリズム」「礼拝の秘儀」「痛みが伴う離別」「答えが与えられない祈り」「荘厳な賛歌」「まだ成就しない預言」「栄光の雰囲気」「野蛮な残虐性」「胸が引き裂かれるような死」「満たされない希望」などがある。これら全て、キリストを信じて生きようと決めた人々が経験することである。その全てを、まるで完全に振り付けられたバレエのように展開して見せるのが「ヨハネの黙示録」である。そこには「七」という数字が繰り返し用いられている。その数は「完全」を表している。聖書に関わった古代の人々の想像力が刺激され、この数がリズムを刻むのである。七日ごとに「主の日」が設定されている。この日は復活の最初の日を意味する。この日ごとに、堕落した被造物は、贖われた新しい週に入って行く。

異教徒の世界はそうではない。一週間を刻む一日一日は、神あるいは女神に委ねたのである。神や女神は、その独自の気まぐれな主張をし、あるいは勝手に善悪を決めて行く。異教の神々は、言い争い、仲たがいし、互いに相争う。それで、そうした神々に与えられた一日一日で構成される一週間は、結局、神々の企みと陰謀との寄せ集めとなっている。

クリスチャンの一週間は、それとは対照的に、全ての時をキリストの主導権の下にあると見る。時間は贖われている。神は被造物を創り、キリストが被造物を贖う。絶え間なく渦巻く時の流れの最初の源泉が、一週間の最初の日・主の日である。実に「主の日」こそ、後に続く六日の日々の源なのである。「創造と贖い」という原初の定式から、一週間の日々の内に起こる全ての出来事とその経験が流れ出てくる。

「今いまし　かつていまして　やがて来る神」
「今まさに　到来せんと　迫る神」
その神からの　祝福にあふれるご挨拶。
そしてまた　玉座に集った　七つの霊の　ご挨拶。
イエス・キリスト——まことの証を具現する
死の中からの　最初のいのち
地上の王を　統べ治める方
その方からの　ご挨拶……
——ヨハネの黙示録1章4～5a節

4月7日

神は聴いている

「半時間ほどの天の沈黙」と「ヨハネの黙示録」の8章1節には書いてある——神は聴いている。わたしたちが発する一言一句、すべての呻き、一つひとつのつぶやき、祈りでの言葉にならない思い全てに、神は耳を傾けておられる。天の全てが静まりかえっている。天使の大きな声や、耳をつんざくようなトランペットのメッセージや、轟くような王座の賛美も、神が聴いているこの瞬間、静まっている。「しー！しー！　小声すらも上げないでくれ！　クリストファー・ロビンが祈っている。」【『クマのプーさん』の中で歌われた有名な情景：翻訳者補足】深い信仰の祈りを、神は必ず聴いている。——湧き上がる「ハレルヤ」の声、厳粛な「アーメン」の応答、「なぜあなたはわたしを見捨てるのですか？」という絶望的な祈り、「この杯を取り除いてください」という呻きと、そして鍛えられて発する「わたしの願いではなく神の御心がなるように」という願い、「天にましますわれらの父よ」という信仰深い言葉、「我らの主なる神よ。汝は万物を造り給い、万物は御心によりて在し、かつ造られたり」という喜びあふれた言葉など全てを、神は聴いておられる。全ての詩編は、何世紀にもわたり、騒々しい声で、静かな声で、怒りにあふれた声で、静謐（せいしつ）に満ちた声で、読み上げられ、歌われてきたのである。その詩編は今も響いて聞き届けられている。——一人ひとりの声として、丁寧に、正確に聞き届けられている。（神はその声が聞こえるように）、長老たちや天使たちを沈黙させる。噂話を乗せた風は渦まき、世界に満ちる騒音は瀑布となり、その最中にあっても、わたしたちの言葉の一言ですら、聞き逃されることはない。「初代教会のクリスチャンの祈りの際立った特徴は祈りは確かに聞き届けられる」と、ハインリッヒ・グリーンは述べている。わたしたちの言葉は聞き届けられている。その威厳さに、わたしたちは気づいている。劇的な変化がこのような沈黙の間で起こる。この世界は自らを正していく。わたしたちは絶望的な泥沼からではなく、神の御業の視点から現実を認識するのである。わたしたちは希望を獲得している。

わたしたちの大祭司は世情に疎い方ではない。わたしたちの大祭司は、弱さと試みとを潜り抜け、その全てを——罪を除いた全てを——経験された方である。だから、わたしたちは大祭司の御許にまっすぐ進み行き、わたしたちのために用意されたものを手に入れよう。憐みを受けて、助けを受け取ろう。

——ヘブライ人への手紙4章15〜16節

4月8日

神の「然り」に身を浸す

礼拝を行う最終結果はわたしたちの生き方が180度変革させられることである。わたしたちは「否」と言ったり、拒絶したり、拒絶される経過を積み重ねながら神に近づいて行くのである。そうして神の御座に到着した時に、わたしたちは神の「然り」に浸されている自分を見出す——その「神の然り」は、わたしたちの全ての「否」を沈黙させるのである。また、この「神の然り」は、わたしたちの中から「然り」という返事を引き出すのである。自我ではなく、神が中心である。わたしたちが神の周りを行きながら、「これは『然り』と言える」とか「あちらは駄目だから『否』と断る」とか色々計算するものではない。礼拝において、わたしたちは「確かにそこに実在する方の声に耳を傾け」、そして、神に応答する者となる。罪が唆す前提とは裏腹に、自分はもはや現実の拠点ではなくなる。

　幼児期から、わたしたちは「調査」とか「搾取」という方法でこの世と関わるように訓練されている。つまり、拒否したり、掴み取ったり、押したり引いたり、待ってやきもきしたり手を回して誘い込んだり――そのようなことを通じて世界と関わるように、わたしたちは訓練されている。「知ろう」としたり「使おう」としたりするのは自我の働きである。「自我」は「略奪者」である。だが、礼拝において、わたしたちは略奪者であることを止める。「略奪者」である自我は、その手を伸ばしてあらゆる人に接触し、自分の中心に引き込んで侵食してしまう。礼拝において、わたしたちは**「この中心」**に応答する。「栄光ある聞き手」となり、「創造し、贖う神への自分を**献身する者**」となるのである。まことに「アーメン」である。その「アーメン」が勢いよく響きわたる。それは頑強で活気に満ちている。その「アーメン」には「委縮」や「用心」や「臆病」というものは全くない。そこには、唯、あらゆる否定的なことを追放する、応答の言葉だけである。

何であれ、神が約束し給うたこと全て、「イエスの然(しか)り」という捺印(なついん)が押されている。
わたしたちが御言葉を語り、祈る時、
それはイエスの内にあって
　「大いなるアーメン」となる。
「神の然り」と「わたしたちの然り」は一つとなる。
それは輝くようにはっきりとする。
神はわたしたちを肯定するのだ。
神はわたしたちをキリストにおいて
確かな者としつつ、
私たちの中に「キリストの然り」を据えながら、

神がわたしたちを肯定してくださるのだ。

——コリントの信徒への手紙（二）1章20〜21節

4月9日

行き過ぎた宗教観

奇妙に聞こえるかもしれないが、次のことは本当である。つまり「行き過ぎた宗教観は悪いことだ」ということである。わたしたちは過度に神と関わることは出来ない。過度に信じ、服従することも出来ない。過度に愛し、礼拝することも出来ない。ただ、**「宗教」**は——「神のために全てを傾けるのだ」という善意から湧き上がるわたしたちの努力は——実にしばしば「神がわたしたちのために行うこと」が邪魔になり得る。神の御業の主要で中心的な部分は、どこでも、また何時もわたしたちのために展開する。これからも展開して行くのである。「わたしたちのための神の御業」はイエスにおいて啓示されている。「イエスの内に啓示された神の業に応答する」という服従の人生こそ、わたしたちの中心的課題である。この御業におけるわたしたちの役割は、信仰という行為である。

しかし、多くの場合、わたしたちは途中でしびれを切らして尊大になり、手元の貧弱でしかない道具で問題を改善することを決める。そして努力を続け、付け足し、補足し、潤色する。ただ、イエスが体現した純粋さと単純さを突き詰めて行くのではなく、その純粋さを薄め、単純なものを乱雑にしてしまう。あくせくした宗教、不安げな宗教がそこに生まれる。そうして、わたしたちは神の御業を邪魔してしまう。

そんな時にこそ、「ヘブライ人への手紙」を手に取って読み、祈りながら通読すべき手紙である。この手紙は宗教観が行き過ぎたクリスチャンに向かって書かれている。この手紙は「イエス」に何かを付け加えたがるクリスチャンのために書かれたのである。「ヘブライ人への手紙」の中には「イエスと天使」「イエスとモーセ」「イエスと祭司」という具合に、「イエス」に何かを付け加える人々のことが書かれている。現代風に言い換えると、それは「イエスと政治」、「イエスと教育」、「イエスとブッダ」という感じになる。この手紙は、「イエスと〇〇」という、そこにある「と」の字と、それに続く付加物を消去するのだ。そうして、再度、鮮明に・明確に、イエスにおける神の御業に焦点を合わせる。そうして、わたしたちは再び信仰に沿った生き方を行う自由な身になる。その生き方とは、神の御業を邪魔しない唯一の生き方であり、神の意志にそった生き方である。

宗教的な言葉をレースの詩集のように編み上げて、それで自分の言葉を飾り立てたとしても、それでその言葉を真実なものとする――そのようなことをしてはいけない。言葉をより宗教的にしてみると、真実はそこから消えて行く。ただ、「然り」は「然り」、「否」は「否」と言いなさい。

――マタイによる福音書5章36〜37節

4月10日

出発点

わたしたちは最初の数か月、旅行が「出来るよう」準備を整え、必要最小限の必要なニーズが満たされるために過ごす――多くの人が、こうした「登山のための準備」を経験したと思う。適切な衣服を揃え、食べ物の量を見積もり、テントは防水であるかと確認し、救急用品があるかを確認して、必要なものを手に入れようと数日を費やすのである。そうして登山道の入り口に立つ――この時点までは、全てが思い通りになる。そしてその後は、ほとんど全てが、あなたの思い通りにはいかなくなる――目に見えないもの、明白ではないもの、予想がつかないものに、対応しなければならなくなる。気候が変化し、野生の動物が姿を現し動き回り、自分自身の肉体の耐久力にも限界があり、ハイキング仲間の心情も変わって行く。ここで、あなたは「出発点」に立つことになる。

出発点に到着するまで、あなたは目で見えるもので生きてきたのだ。出発点から先は、信仰をもって生きることとなる。生物学を基盤として生きてきたあなたは、基本的なスピリチュアリティーを基盤として生きることとなる。これからは「直感」や「感覚」や「直観」というものに捕らわれずに、もっと広い世界に乗り出して行くのである。「記憶」「予想」「待望」「信頼」「信念」「犠牲」「まっすぐな愛」「忠実」といったもの――つまり、あなたが見たり取り扱うものに矮小化されることの決してできないもの――壮大な世界に乗り出し、そこに参加して行くのである。わたしたちの内なる人間性を、わたしたちの個性に応じてはっきりと作り出して行くものが、そこに広がっている。そのどれ一つとしても、わたしたちが所有することは出来ないものである。――それらは全て、わたしたちが入っていかなければならないものである。そこに広がるもののほとんどは、手に触れることも、口に入れることも、生ぬるい慰安で包むことも不可能な場所である。わたしたちは「出発点」で「何もない中に生きる」ことを学び始める。「出発点」で、わたしたちは、「これがあるから生きていける」という時に感じる同じ安心感をもって、「何もない」という中を生きることが出来るようになって行く。それを指して用いる一般的な言葉がある。――それは「信仰」という言葉である。「信仰」については、伝統的な言葉で定義づけられている。それ以上の定義は今まで一度も生み出されたことはない。その「伝統的な定義」とは、次の御言葉である。――「信仰とは、望んでいることがらを確信し、まだ見ていないことを確認することである。」（ヘブライ人への手紙11章1節）

この神への信頼こそ、物ごとが存在するという根源である。これを信仰という。その信仰がすべてのものの一つひとつの下に堅固な土台として据えられて、いのちは生きるに値するものとなる。わたしたちはそれを見ることが出来ないが、しかしそれによって生きる。

わたしたちの先祖たちは、この信仰という行為によって特徴あるものとなった。先祖たちは、この信仰ゆえに、群を抜いた存在とされたのだ。

——ヘブライ人への手紙11章1～2節

4月11日

ナルシス主義またはプロメテウス主義

わたしたちが初めて出発点に立つ時、無限に広がる未知の素晴らしさに息を呑む。それは素晴らしい。そしてその後、「このように無限なものがあるとしても、わたしはそうではない。わたしは限界がある存在だ。もし、神が存在するとしても、わたしが神となる余地などない」という当然の結果に気づき始める。

そしてほぼ全ての人が、この理解の結果、ある種の同じ反応を示すことになる。それは「ナルシス主義(ナルシシズム)」かまたは「プロメテウス主義」と呼ばれるものである。「ナルシス主義」の人は「出発点」から「自分自身が全てを決定できる霊的な境地」へと身を引き込もうとする。無限なんか無視せよ。秘儀なんかを忘れよ。素晴らしい自己を育め。その結果、世界が小さなものとなるかもしれない。でも、それは「わたしの世界」となる。その全てが自分自身のものとなる。

「プロメテウス主義」の人は「出発点」を迂回して無限のスピリチュアリティーに入り込み、それを把握し、操作し、何かを作り出そうとする。ただそこにあって何もしないスピリチュアリティーを何とか管理しようとする。プロメテウス主義は実際的で、実用的で、起業家的で、エネルギッシュで野心的でもある。プロメテウスはそのパワーと美しさを有効に使いたいと考える。わたしたちの間にある「スピリチュアリティー」のほとんどが、ある種の「ナルシス主義」か、またはある種の「プロメテウス主義」か、どちらかの姿をとる。言うまでもなく、ほとんどの「スピリチュアリティー」は「ナルシス主義」と「プロメテウス主義」との混合体である。その混合の割合は一人ひとりの気質や状況に応じて、慎重にカスタマイズされている。

だからこそ、わたしは「立ち戻る」という言葉を使うのである。――つまり、「出発点」に**「立ち戻る」**ことである。「驚異」という場に戻り、「無限を認識する場所」に戻り、神を礼拝する場に戻ることである。「ナルシス主義」と「プロメテウス主義」へと傾斜する根強い傾向が、わたしたちの内にある。この傾向に対処する第一の方法は「謙遜」を養うことである。造られたままの自分として生きることを学び、大地に寄り添いながら**「人間」**を実践する。**「腐食の土」**に指を差し入れ、豊かで肥沃な庭の塵――わたしたちはそれで創造されたものを――指で確かめるのだ。そして、耳を傾けよ。

自分自身を理解する唯一の正確な方法がある。それは「神がどういう方であり、神がわたしたちに何をしたか」を知ることである。「わたしたちが何であるか、わたしたちが何をしたか」を知ることではない。

――ローマの信徒への手紙12章3b節

4月12日

神に聞く

「キリスト教スピリチュアリティー」とは「超自然的なものに心が動かされること」ではない「出発点」にしっかり立ち、自分自身の進むべき道を見定め、人間の限界性と向き合い、神の無限性を垣間見ている――そのような人にとって、「超自然的なもの」は身近にも遠くにも、どこにも存在していない。

霊的なもので満ちた世界に、わたしたちはどっぷりと身を浸している。だから、どうして霊的な体験がないと言えるだろうか？　しかし、そのような経験が、**「わたしたちの」**助言や**「わたしたちの」**性格に権威を与えるものではない。「出発点」に立ち返るとは神に立ち返ることであると同時に、神の**「神が語った」**ことに立ち返ることでもある。というのも、神は「存在する」だけではなく「神の言葉」であるからだ。

キリスト教スピリチュアリティーは、わたしたちが自分の経験を語ることから始まるのではない。「神がわたしたちを呼び、癒し、赦してくださること」に耳を傾けることから始まる。

以上のことを頭で理解するのは難しい。習慣的に、わたしたちは自分自身に向かって、自分自身について話すからだ。わたしたちは他者に聞こうとしない。誰かの話に聞く時も、それはほとんどの場合、「自分が話す機会を得るために」聞いているに過ぎないということが多い。「誰かの話に耳を傾ける」という時、わたしたちは多くの場合、それを礼儀作法の一種として行う。つまり、「自分のことを話す順番を礼儀正しく待っている」というだけに過ぎない。しかし特に神との関係においては、そうした習慣を断ち切らなければならない。そして、神がわたしたちに語りかけてくるようにしなければならない。神は存在するだけでなく、神は「語り給う」。

「キリスト教のスピリチュアリティー」とは「注意深い」という特徴に加えて「聞く」という特徴を持つスピリチュアリティーでもある。

「イエスはこう言われた」

今、わたしは分かった。最後の審判の時、何千人もの人々がわたしの所に誇らしげに来て言う。「主よ、わたしたちは最も重要なことを説教をしました。悪霊を打ち破り、神がスポンサーとなったプロジェクトは皆の話題となりました。」そして、わたしが何を言おうとしているか分かりますか?「あなたはチャンスを逃したのだ。あなたが行ったこと全ては、自分自身を偉く見せるためにわたしを利用したのだ。」

——マタイによる福音書7章22〜23a節

4月13日
シンプルに

あなたの人生がもっとシンプルだったらと願う。誰かが「もっと本を読みなさい」と言えば、わたしは「読む本をもっと少なくしなさい」と言いたい。他の人が「もっと行動しなさい」というならば、「することを減らしなさい」と言いたい。世界がもっと必要としているのは「あなた」ではなく「神」である。あなたの友人たちにとって、もっと必要なのは「あなた」ではなく「神」である。なぜならば、わたしたちが、より有能になったり、より知識を得たり、より徳を積んだり、より精力的になることによって、キリスト教的生活において向上するのではない。わたしたちは専門知識を身につけることで、クリスチャンとしての生活が向上するのではない。毎日、そしてその日の内に何度も、もっと「神」が必要なのだ。出発点に立ち戻れ。

この世とこの世が際限なく求めるものは廃れに向かっている。しかし、神の望むことをする者は永遠に向けた準備が整っている。

——ヨハネの手紙（一）2章17節

4月14日
クリスチャンの生活

……「クリスチャンの生活」とは「神がわたしたちに何をしてくださるか」であって「わたしたちが神に何をするか」ではない。「クリスチャンの生活」とは「神が何をわたしたちに語るか」であり「わたしたちが神に何を語るか」ではない。もちろん、わたしたちも何かをしたり、何かを話したりする。でも、わたしたちが何かを行い、何かを語るその時、いつもその都度、わたしたちは出発点に立ち戻り、「神と神の言葉」から始め直さなければならない。そうしなければ「神と無関係なスピリチュアリティー」参与することになる。だからもし、わたしたちが本当の「クリスチャンの生活」を真実なものとしたいのならば、気をつけなければならない。「クリスチャン」という言葉を使いながら、それを自分の「ナルシシズム」や「プロテメウス主義（世界を自分のために使い尽くそうとすること）」の隠れ蓑とし、神を礼拝せず、神の語ることも無視してしまうことが起こり得る。そのために出発点に戻り、神を崇め、神に聴くことが必要となる。わたしたちの記憶は罪によって損なわれ、ジャーナリズムが提供する最新のスピリチュアリティーに影響を受けやすくなっている。そのことを考えると、イエスの中に啓示され、聖書によって証明されている真実を、わたしたちは日々再認識することが必要なのである。また、わたしたちには太古からの傾向が残っていて、神聖な啓示の一片一片を矮小化してしまうところがある。つまり、神聖な啓示に出会うと、それを、道徳的あるいは霊的な技術に落とし込み、身過ぎ世過ぎの知恵として用い、ついには神なしで生きて行くために用いるところが、わたしたちにはある。だから「何も知らない状態」あるいは「何も達成していない状態」に日々戻ることが求められる。この問題に対応するために、わたしたちはどうも信頼できない存在である。そのことは何度も証明されている。わたしたちは新鮮な思いで、朝毎に、昼毎に、夜毎に、出発点に立ち戻る必要がある。

救いはすべて神のお考えになったこと、
　一つひとつがすべて、神の作品である。
わたしたちがすべきことは結局、神を十分に信頼して任せることである。
最初から最後まで、全ては神の贈り物なのだ！
わたしたちが主役ではない。
もし、わたしたちが主役であるなら、
「すべてやり遂げたのだ」と、
わたしたちは自慢してまわることだろう。

――エフェソの信徒への手紙2章8～9節

4月15日

奇妙な現象

次の13日間は預言者エレミヤの人生について、そして「よく生きること」の黙想である。

よく分からないことがある。それは「なぜ、こんなに多くの人々が悪い生き方をしているか」ということである。それほど邪悪ではないが、無意味に生きている人が実に多いのである。それほど残酷ではないが、愚かに生きている。わたしたちの文化の中で傑出している人々を見ていても、称賛すべきものは皆無で、真似るべきものはさらに少ない。有名人はいても、聖人はいない。有名なエンターテイナーはいるが、その人たちは退屈に悩む不眠症の人々を楽しませるばかりである。悪名高い犯罪者は、臆病な日和見主義の人々の攻撃的な考えを行動に移すのである。小心者で甘やかされたスポーツ選手は、怠惰で無関心な観客を弄ぶ。わたしたちの文化はスポーツ選手を甘やかして幼稚なままに育て上げ、そしてその選手が怠惰で無関心な観客の身代わりになって何かをプレーして見せる。人々は目的を失い退屈になって、些細なことやくだらない小話をして、ひたすら自分を楽しませる。よいことのために敢行される冒険もある。善を追求することもある。でも、どちらも決して、新聞の一面を飾ることはない。

こんな世だから、奇妙な現象が起こる。つまり「つまらない人生を生きている個人」が「有名になりたい」と願い悪事を働くという現象である。「みんなの中の、ただ一人」である自分が「有名人」へと変身する試みとして目立っている誰かを殺したり、満席の飛行機の乗客たちの命を危険に曝したりしている。そして、その試みはしばしば成功を収める。マスメディアは犯行声明を発信し、その犯行を放映する。その動機を分析し、心理学的なプロフィールを提供するために、作家は互いに競い合う。無意味で邪悪な企てに、これほどまで熱心に報いている文化は他のどこにもない。

イエスは言われた。
「渇いている人がいたら、わたしのところに来て、飲ませなさい。
生命の水は、わたしを信じる人の胸の裡に、その深いところから湧き出し流れ出ることだろう。聖書がまさに、そう語っているように。」
――ヨハネによる福音書7章37b～38節

4月16日

同じ土から形作られる

いずれにせよ、わたしたちは「完全であること」と「正義が実現すること」をどんなことがあっても渇望し続けている。「詐欺」とか「間抜けごと」ばかりを毎日差し出され、ほとほと嫌気がさしてくると、わたしたちはつい「聖書には期待できる」と思うようになる。聖書はきっと素晴らしい人物が描かれている」と思うようになる。そんな時、正真正銘な男性とか正真正銘の人生とは一体どういう意味なのだろうか？　成熟した本物の人間が日常の中にいるとすれば、それはどんな姿をしているのだろうか？

このような問題意識で聖書に目を向ける時に、わたしたちは驚かされることがある。何よりもまず驚かされるのは、聖書の登場人物たちの誰一人も「英雄」ではないということだ。「素晴らしい道徳性」を示す例は見当たらない。「完全無欠な高徳の士」のモデルも見当たらない。実に残念なことである。このことで、いつも初めて聖書を読む人々はショックを受けてしまう。アブラハムは嘘をつく。ヤコブは騙す。モーセは殺人を犯し、不平不満を言う。ダビデは姦淫を行う。ペトロはキリストに暴言を吐く。

聖書を読み続けるわたしたちは、次第に聖書の意図、そして信仰をもって生涯を送った重要人物たちは、わたしたちと同じく『土』から形作られたのだと一貫性のある計画をうすうすと気づき始める。
　聖書は人間についての情報は控えめでありながら、神についての情報は惜しみなく提供していることを発見する。わたしたちが「英雄を崇拝したい」という欲望を満たすことを聖書は拒否する。わたしたちには「ファンクラブに入りたい」という青春のような欲望がある。聖書はそのようなことに迎合することもしない。その理由は十分に明らかである。「ファンクラブ」は「また聞きで二流の人生」へとわたしたちを引き込んでしまうからだ。「また聞きで二流の人生」とはどういうことだろうか。わたしたちは写真や記念品や有名人のサインを手にし、あるいは歴史上の偉人の足跡をたどる観光旅行に出かけながら、つい「○○さんの人生は、わたしの人生よりも、ずっと波乱万丈で魅惑的だった」と考え、その誰かに心を奪われてしまい、そしてわたしたちは「また聞きで二流の人生」へと引き込まれることになる。平凡な自分自身から目を背けて「誰か」を探し、そのエキゾチックな尻馬に乗って、どこかへとさまよい出てしまう——そのような危険な尻馬に乗ることで、自分の平凡な存在からの気晴らしを見つけてしまう。

4月17日
神の天才的創造

……わたしがそれを聞き、そして見た。そしてわたしは、わたしの前にすべてを語ってくれた天使の足元に土下座をし、その天使を礼拝しようとした。天使はそれを拒否して言った。「そんなことをしてはいけません。あなたや、あなたの仲間、預言者たち、そしてこの神の言葉を守る全ての人たちと同じく、わたしは一人の僕にすぎないのだ。さあ、神のみを礼拝せよ！」

——ヨハネの黙示録22章8b〜9節

しかしながら、聖書は英雄崇拝といった稚拙なお遊びと無縁である。信仰生活では、極めて別のことが起こる。一人ひとりが、特殊でオリジナルな冒険の要素を発見する。わたしたちは他の人の足跡をたどることを止められ、キリストとの比類なき交わりに招かれている。聖書はいつも「信仰の物語は、一つひとつ全て、完全にオリジナルである」ことを明らかにしている。神の天才的な創造は無限である。神が倦み疲れ創作活動の厳しさに耐えられなくなり、模倣の大量生産に逃げたりはしない。一人ひとりの人生は、神の前に置かれた真新しいキャンバスのようなものである。神はそのキャンバスに、今まで神も使ったことのない線を引き、色をつけ、陰影を加え、記事を張り、造形して行く。彼は決して、創作の厳しさを維持するために疲労して、コピーを大量に生産することに頼らない。

全ての征服者に聖なるマナを与える。それに加えて、透明でつややかな石を与えよう。そこにあなたの新しい名前が刻まれている。そこに刻まれたその名こそ、新しい聖なるあなたの名前である。
――ヨハネの黙示録2章1節b

4月18日

エレミヤ

善人を魅力的に描くことは非常に難しい。悪党を面白く描き出すのはずっと簡単である。わたしたちは皆、善よりも罪の方がはるかに多くの経験を持っている。それで、善人を生み出すための素材よりも、悪党を生み出すための素材を、作家はその頭の中に沢山持つこととなる。小説でも詩集でも演劇でも、印象深いキャラクターは、ほとんどいつも、悪党がその犠牲者である。善良な人々、美徳に満ちた人生のほとんどは、少し退屈に見える。そうしたことを考える時、「エレミヤ」というキャラクターの特異さは際立って感じられ驚くばかりである。わたしは大人になってからずっとエレミヤに魅了されてきた。彼の人物像の複雑さと激しさは、わたしの心を捉えて離さない。その「善良さ」「美徳」「卓越性」という、通常なら退屈なはずのものが、彼の魅力となっている。その生涯は至上のものである。その信仰は「温室育ち」のものではない。というのも、彼は「敵意の嵐」や「怒り狂う苦い疑念」の猛威の中で生きてきたのだ。「自己満足」や「独りよがり」や「愚かなほどの素朴さ」というものは、そこに全く見られない。彼の肉体は疲労によって限界までに伸び切り、彼の心の中のあらゆる考えは拒絶され、彼の心の中のあらゆる感情は嘲笑の炎で炙られていた。エレミヤの「善さ」とは「親切であること」ではない。それはむしろ**「無双の強さ」**に似たものである。

——ヨハネによる福音書10章10b節

イエスは言われた。「わたしが来たのは、彼らが真の命と永遠の命を得ることが出来るために、そのためだった。つまり、彼らが自分たちが夢見ていた以上の素晴らしい命を得るためにと、わたしはやってきたのだ。」

4月19日

抵抗する

わたしたちが生きている社会は、わたしたちを矮小化しようとしている。わたしたちは蟻塚のアリのように、ただひたすら何も考えずに動き回り「何かを手に入れよう、消費しよう」としているのである。だから、その流れに抵抗することが非常に重要なのである。エレミヤこそ、その流れに抵抗した人物である。彼こそが成熟し、壮健で、信仰によって生きた人物である。

イエスは言いわれた。「あなたがたが何故ここにいるのかを語って聞かせよう。あなたがたはこの地球に塩気をもたらすために、ここにいるのだ。ここにいるあなた方によって、神の香りがもたれらされる。もし塩味を失ってしまったら、神の味わいをどこで手に入れることができるだろうか。」
――マタイによる福音書5章13a節

4月20日

完璧さ

エレミヤでは「完璧」というものは信仰の生活に由来していることは明らかである。「完璧」とは、自分自身よりも神に関心を持つことであり、「快適さ」や「人からの敬意」あるいは「成果」とはほとんど無縁である。エレミヤを見るとき、人生を精一杯生きた人の姿を見られる。しかし、この物語には、自己称賛的な誇りや世俗的な成功の匂いや、個人的な成果が微塵も感じられない。エレミヤは、わたしの「充実した人生」の情熱を覚醒してくれる。

イエスはこう言われた。「いつも家を開放しておきなさい。気前よく人生を送りなさい。他人に心を開きなさい。そうすることで、人々の心を神に向かって開くことができる。気前のよい天の父である神に向かって人々の心が開かれるために、そうしなさい。」
――マタイによる福音書5章16節

4月21日

個人的な名前

わたしたちが「個人的な名前」から抽象的なもの、たとえば「レッテル」や「グラフ」や「統計」に移行するようになると、いつでも現実とのつながりが薄くなっていく。つまり「最善の物」を人生の只中で取り扱う能力が弱くなってしまう。にもかかわらず、あらゆる方面から「抽象的なものへと移行するように」という声が勧められる。わたしたちが人生の多くの場面で誠実に生きることよりも、人生の多くの分野で、「社会保障番号を正確に伝えること」の方が「自分の人生を統合して生きること」よりも重要視されている。経済の多くの分野では、「どんな肩書を持っているか」ということが「この仕事をする能力を持っているか」よりも重要視されている。実に様々な状況下において「きっとみんなこう思っている」というイメージのほうが「一人ひとりと具体的に出会い生まれた人格的関係」よりも重要視されている。「人格的なもの」から「非人格的なもの」「身近な個人的なものから非個人的なもの」へ、「身近なもの」から「縁遠いもの」へ「具体的なもの」から「抽象的なもの」へと世の中はわたしたちを押し流して行く。わたしたちはこの流れにながされて行くと、わたしたちは矮小化され、小さくなっていく。もし、わたしたちが人間性を保持したいのならば、この流れに逆らって抵抗しなければならない。

イエスが言われた。「羊飼いは歩き、門の前まで辿り着く。門番は羊飼いのために門を開ける。羊は羊飼いの声を聞き分ける。羊飼いは一頭ずつその羊の名前を呼び、そうして外へと連れ出して行く。」

――ヨハネによる福音書10章2〜3節

4月22日

現代の生活

ウィリアム・フォークナーは、その小説の舞台として「ミシシッピ州のヨクナパターファ郡」を創り出した。フォークナーは、その場所を、現代の生活の中に見える精神的・道徳的状況を示す舞台として活用した。そこに住む男女の様子をよく見ると、色々なことを考える契機となる。わたしたちが人生の中で出会う喜劇や悲劇（あるいは、出会うことがない喜劇と悲劇）の両方を理解するために、この架空の土地で起こる出来事は、刺激的な想像力を掻き立ててくれる。一人、モントゴメリー・ワードという名前の子どもが登場する。【1957年の小説「町」の中で、長じて「モントゴメリー・ワード・スノーペス」の主要登場人物の一人となる子どもである】このキャラクターに付された名前は「大成功した消費者」として大成すべく育てられて行く子どもの名前として、完璧なものである。ショッピングモールで余暇を使い、何かを手に入れることで男らしさを証明させる、そのような子どもを育ててみたいと思うなら、その子にはモントゴメリー・ワードと名付けるとよいと思う。実にモントゴメリー・ワード・スノーペスは、ある種の守護聖人である。「買い物」という儀式をもって「新しい礼拝」とし、「デパート」をもって「新しい大聖堂」とし「広告」をもって「無謬の聖書」とする、そんな人を守護する聖人こそがモントゴメリー・ワード・スノーペスなのである。

イエスは言われた「胃へと押し込む食べ物よりも、はるかに多くのものが、あなたの人生にはある。身にまとう服よりも、はるかに多くのものが、あなたの体にはある。鳥たちを見なさい。自由で、とらわれない。職務規定に縛り付けれられていない。神の御手に包まれて、解き放たれている。神はあなたを、鳥よりもはるかに大切な存在と思っている。

——マタイによる福音書6章25b～26節

4月23日

わたしたちの人生のリアリティー

エレミヤが神を知る前に、神がエレミヤを知っていた。「胎内であなたを形作る前から、わたしはあなたを知っている。」これは、わたしたちがこれまで神について考えていたことを全て覆すものである。わたしたちは「わたしたちが神について疑問に思う」と言って、神を検討対象と考える。好奇心の対象として神を見る。神について色々な問いを立てて、神についての本を読む。深夜、神についての自由討論にのめりこむ。神について起こっていることは何であるかを見ようと、時々、教会に立ち寄る。神への畏敬の念を育むために、時折、夕焼けをうっとりと眺め、交響曲の響きに心が洗われる。

神と共にある人生のリアリティーは、そのようなものではない。わたしたちが神について問う遥か前から、神はわたしたちに問うていたのだ。わたしたちが神という対象に興味を持つずっと前から、神はわたしたちを対象として、徹底的に探り知ろうとしていたのだ。わたしたちが「神は重要であるかもしれない」と思いつく遥か前から、神は「あなたは重要だ」と、わたしたちを選び出したのである。わたしたちが胎内で形成される前に、神はわたしたちを知っていたのだ。わたしたちが神を知る前に、わたしたちが神に知られていたのである。

それはさながら　開かれた本
全てはそこに明らかで
受胎した　あとの時　すでに
わたしは御目に見つめられ
無事に生まれたあの日にも
あなたはわたしを見守っていた。
それはさながら　広げられた
全ては一望俯瞰され
わたしの日々の
　一つひとつの　すべてにわたり
わたしが生まれる最初の日には
備えのすべてが　整えられた。
――詩編139編16節

4月24日
神は何をしているのだろうか？

神は何をしているのだろうか。神は救っている。神は救助している。神は祝福している。神は必要なものを備えている。神は裁いている。神は癒している。神は啓蒙している。霊的な戦いが進行中なのである。道徳的な総力戦となっている。この世界には、悪があり、残忍さがあり、不幸があり、病がある。迷信があり、無知があり、残虐な暴力があり、痛みがある。神はその全てと向き合い、粘り強く、力強く、戦っておられる。教え導いている。神は命の味方であり、死の敵である。神は愛の味方であり、憎しみに敵対する。神は希望の側に立ち、絶望と戦う。神は天国の味方であり、地獄とは敵対する。この宇宙には「中立地帯」はない。この宇宙の足場の一つひとつ全てが、戦いの場となっている。

エレミヤは生まれる前から、この戦争で神の側に入隊していた。周囲を見回して、「どちらの側につくのか」、あるいは「そもそも、どちらかに味方しなければならないものなのか」と、数年かけて検討する——そんな猶予は全くなかったのである。エレミヤは既に神の側の戦闘員として選ばれていたのだ。わたしたちも皆同じである。誰一人も傍観者ではありえない。わたしたちは、自分が聖別された人生を歩むか、裏切り者として離脱するかのどちらかなのである。わたしたちは「ちょっと待った！　準備が未だ完全に整ってない。整理がつくまで待ってくれ」ということは出来ない。(E・F・シュライエルマッハー著『戸惑う人への手引』から)

無節操な者で満ちたこの世界は、骨肉相食む惨状にある。そこに展開される争いは、ただただアンフェアなものばかり。しかしわたしたちは、そうした生き方をしていない。そのような戦い方をしない。これまでもそうだった。これからも絶対にそうだ。人々の好みを調べ、その心を操作する、そうしたことのために開発された道具がいくつも、商売の世界にはある。わたしたちはそうしたものは使わない。わたしたちは徹底的に・大規模に腐敗してしまった文化を粉砕するための道具を使う。神の強力な道具を、わたしたちは手にしている。それを使って、わたしたちは「歪んだ哲学」を打ち砕き「神の真実を阻むもの」を取り壊すのである。

――コリントの信徒への手紙（二）10章3～5節a

4月25日

わたしたちが最も得意とすること

「与えること」こそ、わたしたちが最も得意とするところである。わたしたちは「与えること」が当然な世界へと生まれてきたのである。**「与えること」**とは、わたしたちが産まれる前からデザインされてきたのである。「与えること」とは、世界の在り様である。神はわたしたちの誰一人にも例外なくそのようにしている。わたしたちは自分たちの家族、隣人、友人たち、敵たちへの――つまり、諸国の民に賜物として贈られている。わたしたちの人生は他者のためにある。創造的な御業は、そのように展開されて行くのである。必死に「自分」を握りしめ、「自分」のために生きようとする人がいる。それはどうも、哀れでみじめな姿に見える。つまり、大切な人生を守ろうとして「預金口座」という枯れ枝に一生懸命にしがみつく姿である。あるいは、「自分」を危険に曝すことを恐れて、「与えること」という翼を試すことができない姿である。「寛大になってみよう」と試みてみないために、わたしたちは「寛大な心をもって生きることができない」と考えてしまう。しかし、早く試した方がよいのである。早ければ、早いほど、よりよい結果が与えられるのである。なぜならば、わたしたちは最終的に自分の人生を放棄しなければならない。「与えること」という翼を使って、わたしたちは舞い上がり、また舞い降りることが出来る。待てば、待つほど広大でワクワクする恵みの人生のための時間がなくなって行く。

「いつの日にか、施すことが出来るように」と、神があなたがたによいものを与えている。神はあなたがたの人生を完全なもので満たして行かれる。あなたがたは神の内にあって固く建てられ、あらゆる面で豊かになる。その結果、あなたがたは、あらゆる面で寛大に振る舞うことができ、そうしてわたしたち自身が神への賛美そのものとなるように整えられて行く。
――コリントの信徒への手紙（二）9章11～12節

4月26日
日々の祈りの生活

「あなたの外にあるもの」は、「あなたの内にあるもの」よりも、ずっと簡単に変えることが出来る。「きちんとした教会に行き、そこで正しい言葉を言うこと」は、「あなたがたが仕事や生活を共にする人々の中で正義と愛を生み出すこと」よりも、ずっと簡単である。「毎週一度は教会に顔を出し、心からの『アーメン』を唱えること」は、「貧困や正義、飢餓や戦争への関心に発展するまで、日々の祈りと聖書の黙想の生活に没頭して生活すること」よりも、ずっと簡単である。

わたしが、あなた方に第一に実践して欲しいことは祈ることである。
あなたが知っているあらゆる方法で、祈れ。
あなたが知っている人のすべて、
その一人ずづを覚えて、祈れ。
――テモテへの手紙（一）2章1節

4月27日
結婚

わたしが結婚式の準備のために訪ねてくる人々に対してよく言うのは、「結婚式はやさしいが、結婚は難しい」ということだ。カップルは結婚式を思い通りに計画するが、わたしは「結婚」の計画を立てたいと願う。彼らは新郎新婦の付き添いがどこに立つのかを知りたいと思うが、わたしは彼らが互いに赦し合う仲になって欲しいと願う。彼らは「結婚式」で演奏される音楽について話し合いたいと思うが、わたしは長い結婚生活で直面する色々な感情的な問題を話し合いたい。20分間の「結婚式」であれば、わたしは目を瞑っても何ら問題なく行うことが出来る。しかし、「結婚」には何年もかけて注意深く、大きく目を開いて見守る必要がある。

「結婚式」は重要である。「結婚式」は素晴らしいし、感動する。「結婚式」は感銘深く、時には多額の値段がかかる。わたしたちは「結婚式」で涙し、そして「結婚式」で笑う。時間通りに、決まった場所で、適切な言葉を発するように気を配る。人々が何処に立つのかも重要である。衣装を如何着るかも重要である。細かな一つひとつ――花、このキャンドル、その他などなども記憶に残るものである。いずれにしても、「結婚式」は簡単である。

だがしかし、「結婚」は複雑で難しいものである。「結婚式」で誓約した共に生きて行くこと愛し合うことの誓いの内実を「結婚」における生活の細部にわたって実行しなければならない。「結婚式」では、信じあった愛の言葉が語られるが、「結婚」の中でその言葉の中身が営々と豊かに具体化して行かなければいけない。「結婚」の生活が伴わない「結婚式」は唯のイベントであり、余り意味がない。もし、ドレスに着飾り「結婚式」をしても、また結婚記念日ごとに「結婚した、結婚した、結婚した！」と確認し合って何かの記念行事を行ったとしても、もしその二人が「日ごとに愛を分かち合うこと」も「いつも変わらずに優しくし合うこと」も「互いによく聴き合うこと」も「工夫して与え合うこと」も「創造的に祝福し合うこと」がなければ、それは全く無意味である。

くれぐれも、当たり前にことを進めてはいけない。みんなが「よい」と思うことを求めて、たゆまず進め。そのために、自分が持っているものを他の人と共有せよ。神は、礼拝の行為を特に喜ばれる。ここで言う「礼拝」は「犠牲」といったものとは異なる。それは台所や職場や路上で行われるものである。

――ヘブライ人への手紙13章16節

4月28日

赦し

「赦し」という言葉は、ジャーナリズムの表現や一般の不注意な使用方法で、まるで水で薄めらたようになっている。「赦し」という言葉はしばしば「まあ、もういいさ。気にしないことにするよ。だが、もう二度とするなよ。」という程度の意味しか持たない。それは言葉の上では、「肩をすくめる」という身振りを言葉の上で行うこと、つまり「赦す」という言葉の意味になっている。だから、わたしたちは、今、新約聖書に幾度も立ち返り、「赦し」という言葉を刷新させる必要がある。赦しの活き活きとした強さと力と、そして豊かな多様性を発見する必要がある。「赦し」は人が取り組める最も創造的な活動であることを知る必要がある。「赦し」ほど新しい命を湧き起こすものはないことを認識することが大切である。「赦し」を行う立場にある親は、まるで「神のような立場」に立っていると信じることも必要である。

平静でいなさい。二位でいることに満足しなさい。誰かに攻撃されても、直ぐに赦せ。主があなたがたを赦したように直ぐ、完全に赦しなさい。何がなくとも、愛を身に着けよ。愛こそ、あなたの基本的な装いである。愛こそ、どんな目的にも遭った装いとなる。決してそれを手放してはいけない。

——コロサイの信徒への手紙3章13B～14節

4月29日

壊れた人間関係の連続

聖書がいつも提示する家族像がある。それはノーマン・ロックウェルが描き出した「感謝祭の七面鳥を囲む家族」のようなものではない。贖いと救済を必要としている、崩れた人間関係ばかりの家族像である。「ヨクナパターファ郡」を舞台にしたウイリアム・フォークナーの筋書きのように。少なくとも、これは「キリスト教的な家族像」が示すべき「優しさ」と「明るさ」に欠けているという理由で誰一人も罪悪感を抱く必要はないのである。模範的な「調和のとれた家族像」というものは聖書には見当たらない。「この事実について、わたしは繰り返し聖霊に感謝している。」だから、わたしたちは「そこにある新しい共同体の約束」に注意を払うことが出来る。それは信仰の家族・キリストにある家族として人生の日々を経験する新しい共同体である。そうした共同体の一員として共に生きる人生の日々は血縁によって生まれるのではない。「少なくとも、わたしたちの血縁によって生まれるのではない。」それは恵みによって生み出されるものである。わたしたちの連帯は、わたしたちがよい人間である点において生まれるものではない。わたしたちが赦されているために、わたしたちの連帯が生まれるのだ。

キリストが来て、あなたたち「よそ者」に平和を説き、わたしたち「身内の者」に平和を説いた。キリストはわたしたちを平等に扱ってくださった。それで、わたしたちは対等になった。キリストによって、わたしたちは共に等しく聖霊を共有し、等しく父なる神につながることとなった。

——エフェソの信徒への手紙2章17～18節

4月30日

思春期は贈り物

思春期は大人へと成長する過程を特別な形で鮮明に示している。思春期にある人の親は、思春期という特殊なプロセスにどうしても巻き込まれる。思春期の子どもと一緒に過ごす中で、親たちは一人ひとり神からの贈り物を受け取ることになる。その贈り物は、活力ある実験室である。その実験室では、成長過程にあるその子どものデータが集められ、そのデータを自分なりに色々試し、神の栄光を見つめる信仰の行為として思春期を再体験することが出来る。しかし、思春期の子どもと一緒にいる親たちは、いつもそのように受け止めることが出来るわけではない。むしろ、思春期を過ごす子どもについて不満を持つことが少なくない。「思春期は自然と治る」「思春期は7年か8年で終わる」という専門家の言葉を信じて、ストイックに忍耐して過ごすのである。せっかく「実験室」がそこにあるというのに、その扉を開けようとせず、その「実験室」に決して入ることもしない。

しかし、「思春期は賜物」である。神からの賜物である。不満を募らせ、ストイックに耐えることで、思春期の大切な時間を浪費すべきではない。敬虔な考えと忠実な生活を何世紀にもわたって積み上げて立証されたキリスト教の強い確信がある。それは、「わたしたちの体と世界の内にある一つひとつは全て、聖なるものを組み立てる原材料として神が与えた恵みの賜物である」という確信である。自然の中――わたしたちの肉体や感情の中、わたしたちの外的世界や遺伝子の中――にあるものの内、何か一つとしてこの恵みから外れるものはない。もちろん、思春期も例外ではない。

わたしたちの間では、いつまでも乳幼児のままでいないようにしなさい。森の中の赤ん坊を、そのままにいさせておいてはいけない。いつまでも詐欺師が簡単に手玉に取るような「子ども」のままでいさせてはいけない。わたしたちが成長し、あらゆる真実を知り、愛をもって語ること――つまり全てにおいてキリストのようになること――それこそまさに、神が望まれるところである。

――エフェソの信徒への手紙4章14〜15節

5月
May

5月1日

あなたがたは幸いである

イエスの宣教の御業は大勢の人々を惹きつけた。それを見てイエスは丘に登った。弟子となった者たち、すなわちイエスの宣教の御業に参加した人々たちが、イエスと一緒に登った。静かな場所に到着すると、イエスは座って、登ってきた仲間たちに教えられた。そしてイエスはこう言われたのである。「あなたがたが瀬戸際に追い詰められて途方に暮れる時、あなたがたは幸いである。力になってくれる人が少なければ少ないほど、神と神の支配が大きくなる。『自分はこんなものか』と思い知らされる時――『実際、自分はそれ以上でもそれ以下でもない』と気づいたとき――あなたがたは幸いである。その時、お金で買うことが出来ないもの全てを手にした誇り高き自分自身を見つけることが出来る。神に憧れ恋焦がれて飢え渇く時、あなたがたは幸いである。神はあなたに出会い、あなたがたは今まで口にしたこともないような味わいに満ち足りるだろう。誰かを大事にしている時、あなたがたは幸いである。心底周囲を大事にしていると、自分たちが大事にされていることに気づくのである。自分の内側の世界――思いと心の世界――を正そうとする時、あなたがたは幸いである。あなたがたは外側の世界に神を見ることが出来るようになる。争い競い合うことを止めて力を合わせることが出来ることを人々に示す人々は、幸いである。その時、『本当の自分』を、つまり『神の家族の一員』である自分を発見するだろう。神の宣教の御業に参加し迫害されることになった時に、あなたがたは幸いである。その迫害によって、あなたがたは神の国のさらに深いところへと駆り立てられることになる。さらに、こう言おう――わたしの信用を落とそうとして、人々があなたがたを貶め、追い出し、あなたがたについての嘘を広めたりする時、

自分は幸いだと考えなさい。それは、不快なほどに真実が迫る、人々が不愉快に思っている、その証拠なのだ。それが起こった時には、あなたがたは喜んでいい。——歓声をあげても構わない！——人々は嫌がるとしても、わたしが喜ぶのだから！　天が拍手喝采を送るその時、あなたがたの仲間は多くいることを知る。わたしの預言者と証人は、いつもこの種の困難に巻き込まれてきたのだ。

——マタイによる福音書5章1～11節

5月2日

明らかに牧会的な文書

ルツ記が明確に牧会的な文書となったのは、五旬節（ペンテコステ）の朗読が割り当てられた時である。シナイ山での契約の啓示は、五旬節（ペンテコステ）の宣教のテーマである。その儀式では「モーセ五書（トーラー＝律法）が読み上げられ「出エジプト記19章～20章」に記されたシナイ山での啓示の物語が語られる。その日の出来事が儀式を通して記憶されて行く。イスラエルの民はシナイ山で「贖われたいのち」が示す構造と方向性を見出したのである。過去が定義され、未来は規定されたのである。そのようにして、人々の日々の行動は、出まかせの経験の連続ではなく、恣意的で、思い付きで、予想不可能なものではなくなった。それは**「物語」**となったのである。——つまり、筋書きがあり、構造があり、目的があり、狙いがあるものとなったのである。一人ひとりの人生の詳細にわたって、それは大きな物語の一部となった。その「大きな物語」とは「救済の物語」である。神はシナイ山で、ご自身の方法を啓示されたのである。全ての行動と全てのつながりは、「贖い助け救う物語」に組み入れられていることを、神が啓示されたのである。人々は神がどのような存在で、自分が神に対してどのような立場にあるかを見出したのである。今でも多くの教会（ユダヤ教とキリスト教のどちらも）は、五旬節（ペンテコステ)の最初の祝いの日に、若者の堅信礼が祝われる。堅信礼とは、アイデンティティーに関わる儀式である。すなわち堅信礼とは、「わたしたちと向き合う神が、その関係において、ご自身をどのように示されたか」に基づいて、「自分が何であるか」を確認する儀式である。

あなたの子どもには、正しい方向を教えなさい。
その子が大きくなった時に、迷わずに済むように。
——箴言22章6節

5月3日

多忙は霊的な病気

次のいくつかは「牧師」について述べる。「牧師」という言葉を、クリスチャンであれば、どんな職業に言い換えても構わない。

多忙は霊的な病気である。一つのことをしている時に、慌てて別なことへと思いが移る時、霊的な病気になっている。そうした時には、「神がこの役割のためにわたしを召し出されたのだ」という召命感に基づいて自分を統合することが不可能になり、「神の恵みが全てに先立つ」という確信も失ってしまう。そうした場合には、人々の間で心を通い合わせることが求められる。牧師はその求めに応え、語り合い、祈らなければならない。そのためには、「機能的」とか「技術的」とか「非人間的」という外部から課せられることがない、静かな余暇の時間をたっぷり取る必要がある。

わたしは大地に足をつけて、静かな心を育んできた。
母に抱かれて安らいでいる
赤子の思いさながらに、わが魂は満ち足りている。
——詩編131編2節

5月4日

神の愛

神の愛はわたしたちの無関心を攻撃する。神の愛はわたしたちの反抗を打ち砕く勝利である。

イエスは言われた。
「神はこの世界を実に豊かに愛された。
神はその御子をお与えになった。
たった一人の掛け替えのない御子を。
それは神の愛の故なのだ。
それで、誰一人も滅びる必要がなくなった。
イエスを信じることで、
誰でも、完全で永遠の命を得ることが出来るのだ。」
——ヨハネによる福音書3章16節

5月5日

シナイ山の出来事

「シナイ山の出来事」は、二つの車輪をつなぐ車軸のようなものである。二つの車軸はそれぞれ「基本的な現実」である。第一は、「神が行う全てのことに、わたしが巻き込まれている」という現実である。(神学用語では、それを「選び」という)。第二は、「わたしが行う全てのことが、それゆえに重要である」という現実である。(神学用語では、それを「契約」という)。

「選び」はわたしに及んでいる。それで、わたしは結実を見るのだ。「選び」のゆえに、わたしの個性は唯一無比なものとなる。「契約」のゆえに、わたしは責任を伴う関係性の中にいることになる。「選び」があるので、「神がわたしのために何かを計画しておられる」ことが分かる。「契約」があるので、「わたしが行うことが神の計画にどのように適合するか」が分かるのだ。

地球の基を築く、そのずっと前から、
神はわたしたちを御心に覚え、
神の愛を注ぐ対象として定めた。
それは、神の愛によって
全き者、聖なる者とするためだった。
――エフェソの信徒への手紙1章4節

5月6日

苦しむ者がいる所に神もいる

聖書は「苦難を説明すること」や「苦難を排除すること」を啓示するものではない。聖書はむしろ、神が苦しんでいる人の人生に入り込み、苦しみを受け入れ、共有していることを示すのである。聖書は「神の講義」ではない。不幸な苦しみを受けている人々に「だから言ったじゃないか。ここと、これが、あなたの間違った所。今あなたは、その報いを受けているんだ」と指摘するものでもない。また、聖書は「段階的に苦しみを消去するべく神が組み立てた五か年計画のプログラム」でもない。（あるいは、「神の摂理」と呼ばれるより壮大な領域におけるドラマでもない。）聖書には「エジプトのくびき」から始まり「荒野の40年」や「王のいない無政府状態」や「アッシリア帝国軍による包囲」や「バビロン捕囚」や「ローマ軍による十字架刑」や「ネロ皇帝やドミティアヌス皇帝の大殺戮」があったと述べている。そこに「大きな苦難から小さな苦難への旅路」が描かれるわけではない。苦しみは**「ここにある」**のである。そして、苦しむ者がいるところに、神もおられる。

実に、彼はわたしたちの悲嘆そのものを背負った。
彼はわたしたちの悲しみを担ってくださった。
（イザヤ書53章4節）

しかし、神は、わたしたちのために、これほどまでに愛をお示しくださった。そのために、御子はご自身の命をささげ、死んでくださった――神にとって、わたしたちは何の役にも立たない者であったのに。

――ローマの信徒への手紙5章8節

5月7日

人格的な側面からの必然性

「神の怒り」に関する記述を削除して「聖書のいかがわしい箇所」を削除しようとする人がいる。そういう人は、自分が行っていることが一体何であるかを全く分かっていない。自分たちが「改善しよう」と思うことが、どんな結末をもたらすかも考えていない。神から「怒り」を削除されるやいなや「苦難」は非人格的なものになってしまう。というのも、「神の怒り」は神の人格的な側面から必然的に出てくるもの――つまり、「非人格的な成り行き」や「抽象的な法則」の正反対なものなのだ。

イエスは彼女（マリア）が泣き、ユダヤ人たちも泣いているのを見て、深い怒りが湧きだし言われた。「どこに彼を置いたのか？」彼らは「主よ、来て御覧なさい」と言われた。イエスはむせび泣いた。ユダヤ人たちは言った。「御覧なさい。どんなにラザロを愛しておられたことか。」

――ヨハネによる福音書11章33～36節

5月8日

最も親密な関係の中で

「哀歌」の最後の言葉はぶっきらぼうで、単刀直入でもある。「あなたは全くわれわれを捨てられたのですか？　あなたは、わたしたちをはなはだしく怒っておられるのですか？」（哀歌5章22節）と記されている。ここにある神の怒りは、最も親密な関係の中で示されている。それも最高の人格的な面での祈りの中で聞き取られる神の怒りである。祈りとは、苦しみの最善の結実である。祈りの中では、神の怒りとは感情的に取り繕うのでもなく、皮肉っぽく正体を暴露させることもしない。神の怒りは「神の贖い（あがない）と助けと救いの扉」をこじ開ける梃子として現れる。苦しむ時、人は祈りを通して、「あの人・この人の味方になってください」と神に求めるのではない。そうではなく、全ての人のために苦しみ、死んでくださったイエス・キリストを通して、「後悔の深さに見合った成果」を働かせて、「あの人・この人を贖い助け救ってください」と神に求めるのである。

サタンの使いは
最善を尽くしてわたしを打ち倒そうとした。
実際、サタンはわたしを屈服させようとしたのだ。
――コリントの信徒への手紙（二）12章7b～8a節

5月9日

うわべだけの元気な在りよう

誰もが知っている通り、病気になり、悲しみ、傷ついたとき、誰かに助けてもらった経験があるはずである。しかし、そのような試みは、しばしば失敗に終わる。病院のベットに臥し、意気消沈し、痛みがある時、牧師や友人たちが来て「全てうまくいくから」と励ますのだが、そのような「うわべだけの元気な在りよう」は何の助けにもならない。実は、そのような励ましの言葉を伝えようと思う人は、「全てはうまくいく」ことを既に知っている。（あるいは「うまくいかない」ことも既に知っている。）だが、わたしたちが耐え抜いていることを十分に自然と分かち合う勇気と忍耐深い誰かが傍にいれば、その時にこそ助けとなる。――すなわち、わたしたちをしっかり見つめ、「大切な人間」としてありのままに関わり、わたしたちに大きな敬意を表してくれる人々である。

嬉しい時に、嬉しい人々と共に笑いなさい。
落ち込んでいる時には、涙を分かち合いなさい。
――ローマの信徒への手紙12章15節

5月10日

規模と道徳的価値は別物

もちろん、教会にたくさんの人々が集うことが、何か「悪い」わけではない。だが、教会の規模が大きいことが「正しい」ものでもない。規模と道徳的価値は別物である。規模の大きさは天賦のものである。

イエスは言われた。あなたがたのうちの二人がどんな願いことであれ地上で心を一つにして祈るならば、わたしの天の父は行動を起こす。二人または三人がわたしのために集う時に、あなたがたは、わたしもその中にいることを確信できる。
――マタイによる福音書18章19～20節

5月11日

信仰深さと無関係のもの

統計によって得られる称賛がある。だが、それは信仰とは無関係である。輝かしい世間のイメージがある。しかし、それは服従とは無関係である。「従うことは犠牲にまさる」という預言者の神託（サムエル記上15章22節）がある。それは重要ではっきりとした声明である。その声明によって示される主題は後に、イザヤ（1章11～15節）やアモス（5章21～27節）やホセヤ（6

章6節）によって引用され、説教の主題として見事に語られた。その声明は今も「自分のために信仰共同体を操る人」と「教会の主に仕える人」とを区別し続けている。

イエスは言われた。「あなたがたは絶望的である。あなたがた律法学者とファリサイ人たちよ！　詐欺師だ。あなたがたは手入れの行き届いた墓場のようなものである。草は刈り取られ花は咲いているが6フィート下は腐った骨と虫が食った肉しかない。人々はあなたがたを見て聖人と考えるだろうが、体の内側は全くの詐欺師である。

――マタイによる福音書23章27〜28節

5月12日

膨大なガラクタから解放されて

一つの石が、わたしの関心を惹きつける。小川の石である。ゴリアトと戦うダビデが探して選んでくれるのをじっと待っている石である。その時、ダビデは「ソウル王の鎧兜」を勧められたが、断ってしまう。ダビデは「銅のヘルメット」と「鎖帷子（くさりかたびら）」をつけるように勧められた。それはよく考えられた提案である。でも、その提案に乗っていたら、悲惨な結果となっただろう。ダビデは自分にとって真実信頼できるものを必要としていたのである。それはまさに、わたしにも同じことが言える。世間が「科学」や「知識」という文化的な姿をとって「これがあなたの武器だ」と何かを押し付けてくる。それは非常に優れたものである。しかし、外から押し付けられたものでは結局うまく使いこなすことが出来ない。その「鉄の鎧」がわたしの体型にあっていて「それを身に付ければ堂々としたものになる」と思えたとしても、それは、わたしが本来の仕事をする助けにはならない。

そこで、わたしは「聖書の小川」の川辺に跪く。その川辺には、神が長い間、目の前の仕事のために準備してきたものがある。そして、わたしは「つるつるとした石」を手に取る。その石は、ゴツゴツな部分は削り取られ、脆弱な部分も水で溶かされている。むき出しで、がっしりとし、どこにも余計なものがなく、飾りっ気も全くない。清潔に取り置いた、特別なもの――聖書のその特質はわたしのための特質でもある。つまり、「どうしても必要なもの」あるいは「必要に応えるもの」が聖書にはある。わたしは再び、膨大なガラクタから解放されながら、身軽に旅をしていると感じる。

聖書の一言一言に、神は息を吹き込まれた。それは、色々な場面で役に立つものである。――真理をわたしたちに示し、わたしたちの造反を暴露し、わたしたちの過ちを矯正し、神の道を歩んで生きるわたしたちを訓練する。聖書の言葉を通して、わたしたちは一つとされ、神がわたしたちに用意された役割に相応しく整えられる。

――テモテへの手紙（二）3章16～17節

5月13日
有能な女性

有能な女性を見出すのは難しい。
それに比すれば　ダイヤモンドも　霞んで見える。
彼女の夫は　安心し　信頼しきって毎日を
後悔一つ　ないままに過ごす。
夫はいつも　彼女のどこにも　意地悪を見ず
彼女は生涯　夫に優しい。
紡いだ糸と　きれいな綿を買ってきて
楽しく編みつつ　縫い物をする。
彼女はまるで　貿易船。
遠くへ進み　驚くような異国のものを　持ち帰る。
暁に起き、朝の食事を整えて
家族に食べさせ　その日を　組み立てる。
広く見まわし　畑を買って

貯金を崩して　葡萄畑を整備する。
朝一番に、作業着を着けて
やる気を出して、たすきを締める。
手にかけて　仕事の価値を　よくわかり
悠然として　日が沈んでも　仕事を続ける。
家庭のための　手芸が上手で
心を込めて　主婦の仕事をこなして行く。
困った人を見た時に　彼女の働きは素早くて
貧しい人を助けるための
　伸ばしたその手は　確かに届く。
雪が降っても　心配しない。
冬の衣服は繕われ　準備は整い問題がない。
彼女も自分の服を織り、
リネンと絹を　色鮮やかに　身にまとう。
その夫もまた　大いに尊敬されて
長たる人と　話し合う。
彼女はガウンを織り売って
セーターを編み　店を出す。
よく仕上がったその服は　優雅なものと評価され
彼女の顔には　いつも笑顔が　明日へと輝く。
語るべきこと以外は語らず
語る時にはいつも優しく
家事をするその日は家族を見つめて離さない。
忙殺されても　豊かな実りに　恵まれる時も。
その子らの　尊敬と祝福は　彼女のもの。
夫も子らと　声を合わせて　褒め歌う。
「素晴らしいことを　してきた女性は多い。
それでもあなたは　とびぬけている！」
器量は欺き、美もまた直ぐに色褪せる。
尊敬を受け
　褒めて称えられる女性は誰か。
神を畏れて生きる女性だ。
彼女が願う　すべてを与えよ。
花をつないで網にして
　その生涯を　褒めて飾れ！
――箴言31章10～31節

5月14日
正しいイメージ

わたしは、長年、牧師としての自分の歩みの手がかりを聖書の中に探してきた。わたしは、何度も、何度も、豊かな宝物に出会ってきたが、どういう訳かヨナ書を見落としていた。聖書のもっとも挑発的で笑いをさそう3ページのヨナ書を完全に見落としていた。ヨナの物語は牧師の召命という体験を鮮明に喚起してくれる。その物語はまた別の物語を生む。そして、語り手も物語を伝え合う。わたしが仲間にヨナの物語を話す。彼ら自身の体験を物語るのを、わたしが聞き、わたしも自分の体験をいくつか物語る。そうして、その物語は、あるべき姿や隠喩を浮かび上がらせて、牧師の仕事のスピリチュアリティーを明確に示してくれる。スタンレイ・ハワーワースが『ヴィジョンと美徳』を次のように述べるのは合点がいく。彼はこのように述べる。「自分が**自分**の生き方を変えたいと思うならば、自分の意思を鍛錬するよりも、自分の実現したい姿を心に描く方が、はるかに重要である」と。わたしたちの「意志の力」とは評判の悪いエンジンのようなものである。それは確かに、内面的な力によって、バチバチと音を立てて動く。他方で「正しいイメージ」というものは、静かに冷徹に起動し、現実世界にわたしたちを引き込んで行く。その現実こそが、エネルギーそのものである。

「ヨナ書」という寓話は、祈りが中心となっている譬え話である。譬え話と祈りで物語る方法とは、実に聖書的なものである。過剰に宗教的になった社会では、多くの人々の生活は単なる習慣に流されてしまう。霊的感覚が鈍麻している。そのような人々の奥まで届く鋭い真理の認識をもたらすのが「譬え話と祈り」という聖書的な手段である。

イエスは尋ねた。「あなたがたはこれらのことが全てを理解し始めているのか?」弟子たちは「はい」と答えた。そこでイエスは言われた。「それでは、神の国を十分に訓練された学生は、古いものでも新しいものでも、必要な時に、必要なものを手に入れることができる雑貨屋の店主に似ている。」と言った

——マタイによる福音書13章51節

5月15日

ただ再生産するだけの黙認のハンコ

「宗教の自由」は、アメリカ人が尊重する四つの自由の一つである。【フランクリン・ルーズベルト大統領が1943年に行った演説で「言論と表現の自由」「宗教の自由」「欠乏からの自由」「恐怖からの自由」と呼ぶ】しかし、「宗教の自由」は、まだ開花していない。わたしたちの憲法は宗教の自由を保証している。でも、実際には、わたしたちの宗教は文化の下に隷属化されていることは明白である。チェスタトン【1874－1936. イギリスの作家、評論家、詩人、随筆家】は、イギリスの20世紀初頭の数十年間における宗教団体が文化風潮に流される様子を見て常に嘆いている。アメリカの20世紀末の数十年間は、まさにそれと帳尻を合わせるかのように一致している。根源的なことも、ダイナミックなことも全くなくなって、ほとんどの宗教は「世俗的な知恵」をただ再生産するだけの「黙認のハンコ」となってしまった。もはやほとんどの宗教はわたしたちを自由へと導くことはない。チェスタトンの言葉を借りれば、ほとんどの宗教はむしろ「(この)時代の子どもであることの屈辱的な奴隷」へと導いているのである。

あなたがたは自分の文化に馴染み過ぎて、知らず知らずのうちに馴染むようになってはいけない。その代わりに、神に注意を向けなさい。そうすれば、あなたがたは内側から変えられる。

——ローマの信徒への手紙12章2a節

5月16日

わたしたちの行動は、神によって組み立てられている

わたしたちが神を第一にすることをおろそかにすると（神を第一にしないで、単に周辺的なものにしてしまうと）直ぐに、神の召命に生きることが出来なくなる。そして「大いなるリアリティー」につながり生きる意識と意志がなくなる。この「大いなるリアリティー」とは、わたしたちの人生や、周りの世界全体を組み立てるものである。嵐に遭うことによって、わたしたちの行動が無益であることを露呈することがある。（例えば、ヨナのように）、あるいは、わたしたちの行動の確かさを裏付けることもある。（例えば、パウロのように）。いずれも、「自分の行動は神によって組み立てられている」ことに気づかせる。そのようなことが起こって初めて、わたしたちの召命に相応しい「霊性＝スピリチュアリティー」を学ぶ準備が整う。真に、簡単に、恐れなく、野心や不安もなく、力んだり怠けることもなく、自分のすべきことをする――そのために必要な「霊性＝スピリチュアリティー」がある。「自分の行動は神によって組み立てられている」ことに気づかせる嵐の経験の後に初めて、「霊性＝スピリチュアリティー」を学ぶことが出来る。

それだから、神が与える全てのことを望んでいるわたしたちよ！　その目標に注視して行こう。もし、皆さんの中に何か他のことを考えている人がいたら、つまり全き献身でない人がいたら、神はあなたのぼやけた視野をはっきりしてくださる。今わたしたちは正しい道を歩んでいるのですから、その道を歩み続けて行こう。あなたはそれを見ることができるでしょう。

――フィリピの信徒への手紙3章14b～16節

5月17日

魚の腹の中で

嵐に遭遇したヨナは、それでも、溺れなかった。ヨナは大きな魚に呑み込まれ、それで救われた。ヨナが新たに救われた中で取った最初の行動は祈りであった。

ここに物語の中核がある。魚の腹の中に物語の中核が位置づけられている。「宗教者として成功したい」という願いは、まず水の中に没する。その後「牧師として生きよう」という召命が、復活の力によって現れる。「呼び出された者」に相応しい存在へとわたしたちは変えられる。祈りが、わたしたちをそう変える。「魚の腹の中」での祈りによって、わたしたちは新しい一歩を踏み出すようになる。

「魚の腹の中」とはどういう所だろうか。そこは閉じ込められ、窮屈で、狭い場所である。ヨナの場合は、その反対方向へと向かったのだ。つまり西の地平線に向かう「タルシシュ行きの船」に乗って出発したのだ。――限りなく広がる海の先にはジブラルタル海峡があり、そしてさらに遠くへと航路は広がっていた。その広がりの神秘がヨナを魅了し未知への憧れを喚起した。神話で語られる「ヘラクレスの門」「アトランティス大陸」「ヘスペリデス島【太古の時代に生まれた妖精の国】」そして「この世界の北限」――そうしたものがヨナの到着を待っている。ヨナはそう感じたのである。

実に、宗教こそは常にこのような輝く野望をけしかける。さらに、人を興奮させ刺激をもてあそび「完全で十全なものになる」と駆り立てる。ヨナは、このような強力な万能薬でわくわくしながら自信満々、順風満帆に海原を進んで行った。順風は香り、塩の味がピリピリする。ヨナは神の御手の内に守られスリル溢れることを深く感じていた。だがすべてが逆転し、ヨナは「魚の腹の中」にいる自分を見出したのだ。

魚の腹の中はヨナが考えていたことと正反対な全く魅力のない場所だった。「魚の腹の中」は暗く、湿っぽい、恐らく凄まじい臭いのする牢獄だった。その「魚の腹の中」が**「アスケーシス（自己修練）」**への序奏でもあった。

「アスケーシス（自己修練）」とは何だろうか。それは「霊性＝スピリチュアリティー」にとっては、アスリートの「トレーニング計画」のようなものである。「トレーニング計画」は「トレーニング」そのものとは違う。それと同様に「アスケーシス（自己修練）」は「魚の腹の中」や「嵐の中」では必要不可欠なものである。それなしには「魚の中」に張り巡らされた分泌管や、あるいは「嵐の中」の荒れ狂う天候によって、唯々翻弄させられるだろう。自己修練は、才能は閉じ込められることによって成長する、魔人ジーニーは、アラジンの魔法のランプの中に閉じ込められることによって生まれる、という古い芸術的な考え方に相当するものである。

イエスは言われた。
「誰でも、わたしに従ってきたいと思う者は、
わたしに主導権を渡せ。
運転席に居座ってはいけない。
わたしが運転するのだ。
苦難から逃げるな。苦難を抱きしめなさい。
わたしに従いなさい。
どうすればよいか、わたしが教えよう。
『自助』は、全く『何の助け』にもならないのだから。」
——マルコによる福音書8章34節b

5月18日

有機栽培で育つ

「霊性＝スピリチュアリティー」とは「文脈」を必要とする。何時もだ。「境界線」「端」「限界」を伴う「具体的な現場」が必要である。「言葉は肉となって、わた

したちの間に宿られた」と聖書が記すとおりである。「より物質的でなくなること」によって「より霊的になること」などは誰一人も起こり得ない。「栄光に輝く気球に乗って天高く昇れば高貴になる」ということはどんな人にも起こらない。「霊性＝スピリチュアリティー」の成熟には**「アスケーシス（自己修練）」**が必要なのだ。「アスケーシス（自己修練）」とは「共同体の属する一人ひとりに応じて個別にデザインされたトレーニング手法」である。成長が見られたり、状況が変わると直ぐに、それに合わせて変えられるよう常に監視するものである。「アスケーシス（自己修練）」は機械的に外部から押し付けられるものでは決してない。まるで「有機栽培」が現場で成長しなければならないように、だ。**「アスケーシス（自己修練）」**とは、「具体的な現場」に敏感でなければならない。

青々と　しげる草地を　臥所(ふしど)とし
わたしを静かに　眠らせる
静かなる　水のほとりを　見つけ出し
わたしをそこへと　連れて行く。
まさにあなたが　語った通り
わたしの呼吸を整えて
正しい道を　教えてください。
――詩編23編2～3節

5月19日
金の子牛の国

わたしたちの教会には、実は、偶像を購入しようと集っている人もいる。その人たちはショッピングモールに行く同じ気持ちで教会に来て、自分自身の喜びを求め、食欲を満たし、必要を満たし、そのために何か手に入れようとする。ジャン・カルヴァンは人間の心を「絶え間なく効率よく偶像を造りだす工場」と考えた。教会に集まる人々は、一般的に、牧師たちのことを「偶像を作り出す工場の品質管理担当技師」と見ている。わたしたち牧師が、もしそのような見方に同調してしまうと、直ちにわたしたちは自分の聖職から離脱することになる。教会に集う人々は、困難な時、助けを求める。自分が挑戦している事業に意味や意義があるか否かと聞いてくる。その人々は、ある意味では「神」を求めている。ただし、それは「嫉妬深い神」ではなく「わたしたちの主イエス・キリストの父なる神」でもない。ほとんどの場合、その人々は自分自身が自分の神になって、自分の好きにやろうと思っている。それが、困難な場合になると、思い通りに行かないので偶像の助けを求める。「力を貸してくれる偶像を、どうやって手に入れるのか、牧師が教えてくれるだろう」と考える。さらに（ヘンリー・フォードが編み出した）大量生産が発達したために、膨大な量の偶像を、あらゆる好みに合わせて、様々な色や形で作り出すことが出来るようになった。つまり「ジョン・カルヴァンの洞察力」＋（プラス）「ヘンリー・フォードの技術力」＝（イコール）「北米の宗教」ということになったのだ。わたしたちは「金の子牛の国」に住んでいる。だから、わたしたちはアロンのように（出エジプト記32章）成功した牧師になることは簡単で魅力的でもある。

イエスは言われた。「偽物の説教者に気をつけなさい。あの連中は、笑顔いっぱいで、誠実さにあふれる雰囲気を装っている。どうにかして騙してやろうと、あの連中は機会をうかがっている。カリスマの魅力に惑わされるな、人格を見極めよ。

——マタイによる福音書7章15〜16節

5月20日

深刻な背教行為

キリストが示すリーダーシップに従わない宗教がある。そうした宗教を自分の宗教とするのが何千とある。みんな、そうした宗教の教えをそのまま守って生きている。わたしたちは金の子牛の国に住んでいる。

宗教的な感情は高まっているが、多くの場合「シナイ山で語られたこと」や「カルバリで行われたこと」からは、かけ離れた生活を送っている。誰もが「神を知りたい」と願っている。その願いは深く、飽くことのないものだが、わたしたちの誰一人も**「神に対して大きな願望」**を抱かない。わたしたちは何を本当に望んでいるだろうか。それは自分たちが「自分自身の神」となることと「周りにいて具体的に働き、自分たちを助けてくれる神々」を手に入れることである。わたしたちは幼い頃から、「目利きの消費者」になるように訓練されている。だから、教会に集う人々はわたしたち牧師たちに「目利きの消費者」になるよう期待するのだ。それは牧師たちにとって特別に驚くべきことではない。しかし、牧師がそれを助長するべきではない。それに協力することは、深刻な背教行為である。出エジプト記32章21節にモーセがアロンに次のように言ったと書かれている。「あなたはこの民に罪を持ち込んだ。『民がわたしをしてそうさせたのだ』と、あなたは言う。この民は、あなたに一体何をしたのか」と。問われたモーセに対するアロンの弁解は、恥ずかしいほどに、お粗末なものであったのだ。だが、牧師たちは、会衆を繁栄させ成功させようと熱心になり礼拝を放棄している。そのようなわたしたち牧師は、アロンと少しも変わらない。

イエスは言われた。「あなたがたが提示しているのは生ける神であって、自分の気分をよくしてくれる偶像ではないことを。このことに気がつくと、みんな、あなたに敵意を抱くようになる。あなたの家族までもが、そうなる。ここに大きな皮肉がある。愛を大いに宣べ伝えているのに、経験するのは憎しみばかり、というアイロニーがここにある。

——マタイによる福音書10章21～22a節

5月21日

神への飢え渇き

全ての男性と女性は神に飢え渇いている。様々な方法で隠され、誤解されているが、それでも常に人は飢え渇いている。誰もが「わたしの主よ、わたしの神よ」と叫ぶ寸前にまで至る。通常、その叫びは「疑い」や「侮り」によってかき消され、「心地よい凡庸な生活」によって弱められ、「日常」の鈍い痛みによって隠されてしまう。そうした時、人は「ある言葉」「ある出来事」「ある夢」などに出会い、そして「信じがたいほどの恩寵」「眩いばかりの願望」「挑戦的な希望」「勇気ある誠実さ」に気づき始める。だが、そのような気づきだけでは十分ではない。・ぼんやりしていると、その「気づき」はトロトロと溶け出し「宗教的なセンチメンタリズム」や「涙涙のロマンチシズム」に堕ちてしまう。あるいはさらに悪いことに、それは「傲慢な愛国主義」や「鼻持ちならないファリサイ主義」へと凝固してしまう。主観的に、あるいはイデオロギーとして「気づき」に働きかけ、心を天に開け放つこと。そして「神よ」と祈りの声を上げさせること――そのために存在するのが牧師である。

そのうちきっと分かるだろう。人々の胃が「生硬な教え」を消化できなくなって「霊的なジャンクフード」――つまり、空想をくすぐるようなキャッチーな意見――でお腹を満たす時が来る。その時、人々は真理に背を向け、蜃気楼を追いかけるようになる。しかし、しっかりしなさい。あなたは「自分のしていることを」しっかり見つめていなさい。「善を求める困難な時がある」ということを心しなさい。「福音のメッセージ」をいきいき保ちなさい。「神の僕（しもべ）」として、その仕事を全うしなさい。

――テモテへの手紙（二）4章3~5節

5月22日

神の御心のままに

型にはまった決まり文句や小手先の技術に気をつけなさい。それらは霊的生活に消費者主義的なアプローチを導入しようと誘惑してくる。実にたやすく「霊性＝スピリチュアリティー」は「カフェテリア」になってしまう。自分が欲しいもの、食べたいものを選びまわる場所になってしまう。このような消費者的なメンタリティーは痛ましい程に知れわたっている。これと闘うために可能な限り努力をしなければならない。わたしたちはまず、**「アスケーシス（自己修練）」**について確認しなければいけない。「アスケーシス（自己修練）」とは自由自在に使いこなせる「小手先の霊的技術」ではない。**「アスケーシス（自己修練）」**とは、むしろ「自分の能力がなくなる、あるいは無に等しくなることを骨身で感じる」ことなのだ。そして「神の御心がわたしたちの内に形作られるように」と御心に身を委ねることなのである。

一行（いっこう）が道を進んで行くと、ある人がイエスに対して尋ねた。「あなたがおいでになる所なら、どこへでも従って参ります」。イエスはそっけなく言った。「あなたは不自由な生活をしたいのかね？　わたしたちは最高の宿屋に滞在しているのではないことを知っているのかね。」

——ルカによる福音書9章57～58節

5月23日

未来

わたしたちは未来をどのように考えているのだろうか。その考えによって現在が形づくられる。つまり、未来をどう考えるかによって、その日その日の全ての行動と思考が、その輪郭と調子を獲得して行く。未来に対する感覚が弱いと、わたしたちは無気力に生きてしまう。多くの心の病や自殺は「未来がない」と感じている男女で起こる。

キリスト教の信仰は、焦点を絞った強い感性を未来に向けて持つことによって、いつも特徴づけられてきた。つまり「イエスの再臨」への信仰が、キリスト教の最も特徴あるディテールとなっている。イエスが天に昇った日から、イエスに従う者たちはイエスの再臨を期待して生きてきた。イエスはその時に「再び戻ってくる」と言われた。弟子たちはそれを信じ続けている。クリスチャンにとって、未来を知り、信じることは最も重要なことである。

未来についての信仰には現実的な効果がある。それは、現在の一つひとつの瞬間を希望で満たす効果である。なぜなら、もし未来がイエスの再臨によって確約されているならば、わたしたちは自分たちの不安や空想を掻き立てる余地など、どこにもないからだ。わたしたちの人生から雑然としたものが取り除かれる。そして、わたしたちは神の自由に、どこまでも自由に、自発的に、応答することが出来る。

これら全てのことを証言している方は、再びこう言う。「わたしはもう出発した。もうすぐ着くだろう」はい、来てください、主なるイエスよ！

——ヨハネの黙示録22章20節

5月24日

キリスト教の希望はわたしたちの注意を喚起させる

神の約束を土台とした未来への応答が希望である。希望とは、未来を神の約束の成就の時として見ることである。欲望や不安を差し挟んで未来を予見することを拒絶するものでもある。そうではなく、希望とは、欲望や不安の代わりに信仰を差し挟み、未来を見ることである。その信仰とは、神の約束によって適切な事柄が未来に起こることを信じることである。しかし、希望とは**「未来について」**の教理ではない。希望は、今ここで培われる恵みであり、今ここで未来を取り扱うための心構えである。そのため「希望があれば、安心する。それだけが希望の価値だ」と考えるとすれば、それは誤解につながる。そのような誤解から「未来は神が支配している。だから全て上手く行く。だからリラックスして安心しよう」という間違いが生まれる。希望とはそういうものではない。全く違うのだ。キリスト教の希望は、「未来に実践の場がある」とわたしたちの注意を喚起させる。その結果、希望が今ここでエネルギーを与えてくれる。

さあ、準備せよ！　気合を入れよ。再臨の時にイエスから賜る贈り物がある。それを受け取るための準備を万端にせよ。

――ペトロの手紙（一）1章13節

5月25日

ヨナの学校は詩編

……それで、ヨナは祈った。ヨナの祈り**「そのもの」**が特別なものではない。わたしたちが祈るのは、普通は絶望状態の時である。ただ、ヨナが祈った**「方法」**が特別なものであった。ヨナは「所定の祈り」を祈ったのだ。ヨナが行った祈りは自然に出てきたヨナ独自の祈りではなかった。ヨナの祈りは完全に模倣した祈りだ。ヨナは長い間に学校で祈ることを学んできたのだ。ヨナは教えられたように祈ったのだ。詩編がヨナの学校であったのだ。……**【**ヨナ書2章3節：詩編120編、4節：詩編96編2節、7節：詩編30編、8節：詩編142編4節**】**

　わたしたちが生ける神に応じて自分自身の全てや色々な偽りのない状況を祈りたい時は、自分自身の感情を表すことだけでは不十分である。祈るためには「予備校」で学ぶ長い期間が必要である。さらに、大学院が不可欠なのだ。その学校が詩編である。ヨナの祈りを見ると、ヨナが詩編という「学校」で実によく学んだかが分かる。ヨナの祈りは苦境に遭って蹴り出されるように始めた。だが、ヨナの祈りは苦しみの中に引きこもるものではなかった。ヨナは苦しみを直接体験したのだが、ヨナの祈りは経験を遥かに超える世界へと導かれたのである。ヨナは自分が関わっている神の大きさに相応しい祈りを行うことが出来たのだ。

イエスは言われた。「わたしを信頼する者は、わたしが今していることを行うばかりでなく、さらに大いなることを行う。なぜなら、今は、父の御元に行く途上にあるわたしが、わたしはあなたがたにわたしが行ってきた同じ業を与える。その言葉を信頼しなさい。今から後、わたしが誰であって、わたしが行ってきたことを思い出し、それに従い祈り求めるなら何であっても、わたしは叶えてあげよう。

——ヨハネによる福音書14章12B～14節

5月26日

祈る衝動

わたしたちには祈る衝動がないわけではない。さらに、祈りのリクエストが欠乏しているわけでもない。祈りたい願いと、祈らねばという必要は、いつもわたしたちの前にある。それなのになぜ、多くの人々は祈りをせずに生きているのだろうか。理由は単純である。「井戸が深く、水を汲みあげる道具がないから」である。わたしたちには「バケツ」が必要である。水を汲む容器が必要なのだ。「願い」と「必要」は「バケツ」ではなく「ざる」のようなもの。その「ざる」にぴったり合う容器が必要なのだ。つまり「ヤコブの井戸」の深いところにある神の臨在と神の言葉へ「願い」と「必要」を与え、その後、また井戸の口まで引き上げる道具が必要なのだ。詩編がその「バケツ」である。

イエスは言われた。
「あなたがたに行って欲しいことがある。
わたしがあなたがたに示すことは
　何でも父なる神に願いなさい。
わたしの名で、わたしの意志に従って、求めなさい。
そうしたら、神はきっと、必ず与えてくださり、
あなたの内には喜びがあふれるだろう。
その喜びは、
　土手を超えて溢れ出る洪水のようになるだろう。
――ヨハネによる福音書16章26節

5月27日

グノーシス主義のウイルス

「もっとチャレンジを」とか「もっとたくさんのチャンスがあるところへ」という言葉によって、わたしたちは不安になってしまう。そうして言葉が発せられる時、わたしたちの立ち位置や願いは「預言者の熱意」とも「祭司の信仰」とも無関係なものになる。そのような言葉は「霊的な罪」によって生み出されるもの。その「罪」とは「グノーシス主義」のウイルスが引き起こすものである。

「グノーシス主義」は古代のものだが、それは「福音の曲解」となって、しぶとく現代の問題でもある。それは「空間」と「物質」を軽蔑する仕方で、福音を捻じ曲げる。「グノーシス主義」は、いつも「正しい理念を持つこと。そこに救いがある。その理念は空想的であればあるほどよい」と主張する。「時間と空間」による制約が我慢できず、日常生活のこまごましたことや無秩序を前にすると、ただ困惑してしまうという特徴がある。そして「イエスの言葉に彩られた素晴らしい気持ち」を持つことこそが「福音」であるとする。だが、飲み込みの遅い人々や歩みの遅い仲間たちに我慢が出来ない。「霊的に深い」という人々が集まると、そ

ここにあるエリート主義が共鳴し合い「卓越した人」だけの秘密結社の様相を呈して「グノーシス主義」に惹きこまれていく。「グノーシス主義」はいつも結果的に人を選ぶことになる。

「福音」は、「グノーシス主義」と正反対である。「福音」を理解することは、地に足を付けている知性である。「福音」は地に足をつける形で活用される。「肉体」とか「物質」とか「空間」の中へと大きな情熱を投じて行く。その場にいるどんな人も「神の民」として受け入れるのが「福音」の立場なのだ。当たり前の日常がいつも尊ばれるようにすること――それは、牧師がいつも見つめる目標の一つである。つまり**「この場所」**がそのままに、**「この人々」**が普段着のままで、大切にされることである。ウェンデル・ベリー【1934–、米国の作家】がその著書「家庭の経済学」に書いたこと――「地に足の付いた事柄がひとつずつ大切にされ、地に足が付いた知識と真心が立ち上がってくる」ということを、それがわたしたち牧師が目指していることである。

トロアスのカルポに置いてきた
　外套を持ってきてください。
それから、書物と羊皮紙のノートを
　持ってきてください。
――テモテへの手紙（二）4章13節

5月28日

一つひとつに目を向ける働き

一つひとつに目を向けて働く時、わたしが個別な場で働いている時にも、わたしはそこにある何かの畏敬の念を豊かに広げる。その時、わたしは、そこにないものへの軽蔑の念を広げることから逃れてしまう。この軽蔑の念は「ここではないどこか別の場所」を考える貪欲へとわたしを誘惑する。ウェンデル・ベリーが農業に関して次にように述べている。農業とは、ある種の小規模な生態系を持つもので、一つひとつが他の一つひとつと繋がりつつ働き、その働きはある特定のリズムと調和を持つものだという。このリズムと調和を理解し、それを健全に維持することが、農業従事者の役割だとベリーは述べる。逆を言えば、大地に土足で上がり込んで痛めつけたり、農業従事者のリズムを押し通し、その都合に合わせたサイズに切り詰めようとしてはいけないという。もし、農業従事者の誰もが利益だけを追求するようになれば、大地に存在するものへの畏敬の念が、農業従事者の内から失われることとなる。そして、唯々、大地から得られるものだけを求める貪欲な農業従事者だけがそこに残ることになる。

以上見てきた農業についての理解は、わたしが向き合っている教会の現場と、とてもよく似ている。わたしが牧師という仕事の中で使っている言葉をベリーが農業で使う言葉と入れ替えて、よく考えてみたい。そうすると「自分の教会に集まる人々のことをよく考えて、その人々に畏敬の念を抱くことが大切なのだ」ということに気づかされる。「ここにあるのは魂だ。神の尊い魂が集まっている教会になっているのだ。ご自身の永遠の住まいとして、聖霊が自らその形を作り上げておられる教会なのだ」ということに気づかされる。わたしがその人々と出会うはるか以前から、聖霊がその人々を組み合わせて教会を作りあげようとしておられる。わたしはここで起きていることに合わせなければいけない。ここで何が起こっているのかを、わたしは全く知らない。わたしはその土地の状態・状況を学ばなければいけない。その気候を理解しなければいけない。この気候で育つのは何の穀物なのかを理解しなければいけない。また、わたしは現在と過去の間の複雑な事柄や、教会にいる人々と教会の外にいる人々との間の複雑な事柄に畏敬の念を抱かなければいけない。

飢えている人々に直ぐに食事を与えなさい。ホームレスの人々に直ぐにベットを与えなさい。
喜んでそうしなさい。神があなたがたに与えた違ったものて慈悲深くありなさい。
それを彼らに与えなさい。
――ペテロの手紙（一）4章9～10a節

5月29日

神との口論

神と口論することは古くからの聖書的な習わしである。モーセ、ヨブ、ダビデ、ペテロは全員神との口論の達人である。宣教に携わる人々の多くが神と口論した。わたしたちはこのことを何度も経験している。というのも、わたしたちが神と向き合う時に、ほとんどの場合、神はわたしたちの期待した通りには動かない。

ヨナは神と口論した。ヨナは神の恵みに驚いたからである。ヨナは面食らった。神とは付き合い切れないと思ったのだ。ヨナが「きっと神はこうするだろう」と思っていたことと、実際、神が行ったことは、根本的に違っていたからだ。そのため、ヨナは拗ねた。ヨナは怒ったのだ。**「怒る」**という言葉が最後の章だけで6回も記されている。

どうするべきか
神は忘れてしまわれた。
わたしのことを　置き去りに
すたすた　どこかへ　立ち去った。
わたしはまさにそのように
疑い怒り悲しんだ。
「こんなものだな　運がない」
わたしはひとり　つぶやいた。
「仕事をほっておき　どこかへ
頼りにしていたこの時に
神は立ち去り　姿を消した」
――詩編77編9～10節

5月30日

「怒り」こそ、わたしたちの第六感

「怒り」は診察をするための道具として、最も有用なものである。「怒り」の爆発が起こる時、それは一つのシグナルとなって「何かが間違っている」ことが分かる。何かが上手く行っていない。「邪悪なもの」「無能なもの」「愚かなもの」が隠れている――そうした時、「怒り」が役に立つ。自分の周りに間違いがあるかどうかを「怒り」が嗅ぎ当ててくれる。それはまさに「第六感」というべきものである。実際に「怒り」が信頼できる道具として機能するので、それが信頼できると、誰にでも分かる。

「こうに違いない」という確信は、道徳的や背神的な強烈な思いによってもたらされる。そのような強烈な思いが「怒り」に染みわたっている。「怒る」時はいつも、わたしたちは何か重要なことに直面していると気づいて、そのことを具体的に考えてしまう。ある時、神がヨナにこう聞いた。「怒ることがよいと、あなたは思うのか?」と。その時、ヨナは次のように言い返した。「怒ることがよいと、あなたは思うのか? わたしは怒っている。死ぬほど怒っている」(ヨナ書4章9節)と。

ただ問題もある。「悪いこと」が、わたしたちの内側にあるのか、自分の外側にあるかは「怒り」は教えてはくれない。ほとんどの場合、通常「自分の外側」にある、とわたしたちは考える。――「配偶者が悪い」とか「子どもが悪い」とか「神が悪い」から、わたしは怒っているのだと考えてしまう。これこそがヨナが行ったことである。ヨナは神と論争したのだ。しかし、「怒り」を注意深く追跡してみると、「悪いこと」はいつも、わたしたちの内側にあることが分かってくる。――「悪い情報」とか「不十分な理解」とか「未成熟な心」が原因となって、わたしたちが怒っているのだと気づくのである。そのことを認め、それに向き合う

時、わたしたちは神と言い争うことを止めることが出来る。そして、わたしたちは、神の内にある大きな懐に導かれる。それこそが、わたしたちが迎え入れられる場所である。

遠慮なく怒れ。怒ってもいい。ただし、条件がある。
——怒りを報復のための燃料として使うな。
そして、怒ったままでいてはいけない。
怒ったままで床についてはいけない。
悪魔にそのような足がかりを与えてはいけない。
悪魔があなたの人生に入り込むことを
　許してはいけない。
——エフェソの信徒への手紙4章26〜27節

5月31日
危険な未知の世界へ

「聖餐式」とは何だろうか——こう問われた時に、多くの言葉を使ってその意味を定義しても、あまり意味がない。聖餐式について考えて、その神秘の深みに入り、その幽妙を味わい「当たり前の無難なもの」と取って「危険な未知への世界」へと押し込む——そうしたことにこそ、意味があるのだ。キリスト教は「主の聖餐式」において極めて単純な言葉を使う。——「これはわたしの体である。これはわたしの血潮である。」という言葉だ。その言葉が語られる時、わたしたちは愛の深みに入り込み、何にも束縛されないものや、愛や、信仰に向かって危険な歩みを踏み出すのだ。聖餐式の言葉は説明しない。その言葉は知らなかったことを明らかにし、その方向性を示し、その言葉はわたしたちの心を次のステップへと誘う。

わたしはパンである。
——生けるパンである！
——天から降ってきた生けるパンだ。
このパンを食べる者は誰でも生きる——永遠に！
世界が生きて行けるように、
わたしが提供するパンは
　この生身のわたし自身である。
——ヨハネによる福音書6章51節

6月

June

6月1日

祈りの共同体

祈りの民がいる。その祈りは詩編であり、礼拝の共同体として祈っていたのである。詩編は全て、共同体の中でささげられた祈りである。集められた人々は、神の御前で心を一つにし、一つの姿勢、一つの動き、一つの言葉を用いて一つになって、自分自身を神に奉献し、また互いに神にささげる。祈りは個人的にするものではなく、一族を召集して行うものである。

神の御前では、「独り」はよくない。エバを呼べ。同じように友人を招きなさい。主イエスも「二人または三人がわたしの名によって集まるところには、わたしもその中にいるのである。」（マタイ18章20節）と言われた。わたしたちは独りの状態では、本当の自分ではない。「独房」こそ劫罰（ごうばつ）（地獄の苦しみを味わわせる罰というほどの意味。）である。「独りで祈ること」で、人はどこまでも利己的になって行く。ただ祈ればよいというものではない。「独りで祈ること」を実践している人は無作為の罪の深みに嵌ることもある。計算高いエゴイズムに落ちこむこともある。あるいは「高慢に満ちた虚偽」を膨れ上がらせることもあり得る。「祈りは素晴らしい」と語っていたイエスも無差別に祈りを称賛したわけではない。実際、その祈りをイエスによって厳しく叱責された人もいたのである。

祈りは往々にして「独りでいる時」に生まれる。心の奥底には「言葉には出来ない深いため息」がある。わたしたちは祈りの中で自分の罪を告白し、自分の傷を見つめ、喜びを語るが、それはその場で行うのだ。「教会の仲間を待ってから」とか「教会に行ってから」行うのではない。それでもやはり、このような祈りが豊かに成熟するためには、「祈りの共同体」の中へと組み込まれなければならない。

その上で、なお「孤独な祈り」は続く。わたしたちは夜ベットで祈る。神を信じない人々の只中で、静かに、そして密かに祈る。ウイリアム・ブレイクは「認識の扉」と書いていている。そういう「扉」がわたしたちにはある。その「扉」を清めるために社会から意図的に退く時がある。わたしたちは他の人々と何時も共にいることは出来ない。また、そうすべきでもない。ただ、わたしたちは絶えず神と共にいるのである。

そして、所定の場所で決められた時間に指定された場所で行われる礼拝がある。それこそ、祈りの**「土台」**である。全ての詩編がそのような共同体で祈られた。これは外見からでは分からない。わたしたちは「草原の斜面にいる羊飼い」とか「危険な旅路を歩く人」こそ詩編のイメージだと思いがちである。しかし、共同体の中で詩編が生まれ継承されたことはイスラエルや教会でどんな実践が為されていたかを調べた研究によって確かめられたことである。詩編はそのように生み出され、祈りに用いられてきたのである。ですから、祈る教会の仲間と共にわたしたちが祈る時、詩編の祈りと、わたしたちの祈りとがぴったりと一つになる。

ここここそまさに　偉大なる
神とまみえる　集会所
ここで賛美の人生を
わたしは確かに　知りました。
ここで約束したことを
わたしは確かに果たすでしょう。
ともにまみえた　仲間に誓って

――詩編22編25節

6月2日

黙想と咀嚼（そしゃく）

わたしたちが祈ろうとする時、神が語りかける御言葉に応えようとする時には、神の全ての御言葉は次のような特徴があることに気づく。その特徴とは「神の御言葉は**「律法：トーラー」**であり、それはわたしたちを目指して語られている」ということである。神の御言葉とは情報が欲しい時に図書館にある参考文献を棚から取り出すような参考書ではない。神の御言葉には退屈で学者ぶったものは一切ない。神の御言葉は全ての者を創造し、救うものである。神の御言葉は、わたしたちがどこにいても、わたしたちの心に迫ってくる。

わたしたちがこれを知るや否や、神はわたしたちに語り始め、自然に喜びが湧く。旧約学者のジェイムズ・ルーサー・メイが「主のトーラーを喜び、主のトーラーに関心を寄せる人にとって、詩編は祈祷書となる」と述べている。詩編の御言葉はあたかもわたしたちが受験勉強のように、勤勉に人間味がないように学ぶものではない。その御言葉はわたしたちが不注意で境界線を越えたり、しきたりを破ってしまう言葉ではない。神の御言葉とは、わたしたちが**「摂取する」**言葉である。――すなわち、わたしたちの中に救いのエネルギーを与え、新しい命を形成させるために意図された御言葉である。この喜びは「黙想（メディテーション）」となる。すなわち「トーラーの黙想（メディテーション）」である。黙想する（**hagah：ハガー**）とは肉体を使う仕草を表す言葉である。「黙想：ハガー」の言葉は「不平を言うこと」や「つぶやく」という意味を含む言葉である。すなわち神の御言葉が朗読される時、わたしたちの肉体が喜びを感じる。神の御言葉が一節ごとに喉を震わせ舌先を通り唇を通るその時、その意味が**「感じ取られ」**、わたしたちは喜びに震える、それが「黙想：メディテーション」なのである。この「黙想：メディテーション」と訳される「ハガー」は、イザヤ書では獲物を捕らえたライオンがあげる唸り声」を表す言葉である。「ライオンの唸り声」と「トーラーの黙想」が同じ言葉で表されている。つまりこの二つはよく似ている。「この獲物でより強く、よりしなやかに、より早くなれる」と予感に震える時、ライオンは喉を鳴らし、唸り声をあげる（イザヤ書31章4節）。詩編にはこう記してある。「われ汝の戒めの道を走らん。その時汝は理解を広く給うべし」（詩編119編32節）、と。

以上述べたことは「神の言葉をただ読むこと」と「神の言葉について考えること」とは全く違う。つまり「知性を用いて神の言葉の意味を掴んで行く」というよりもむしろ「肉体を用いて神の言葉を聞いて行く」ということである。「神の言葉を繰り返し朗誦し、そうしてその言葉を何度も聞いて行く」ということである。あるいは「そうして朗誦される神の言葉を、わたしたちの筋肉や骨に染み込ませる」ことでもある。実に、「黙想：メディテーション」とは「咀嚼すること」でもある。

これこそ　貴い御言葉
わたしの口の　あまい蜜
わたしはそれを　咀嚼(そしゃく)して祈る
わたしは祈りを　ささげます
わたしの神よ　憐れんで
わたしを支え　岩なる神よ
わたしのとりなす　祭司によって
祭壇に　ささげた祈りを　うけいれ給え
――詩編19編14節

6月3日
洞察力の向上

「自分には叡知(えいち)が足りない」と思う時があると思う。その時、その理由を間違えてはいけない。それは「神の言葉に落丁があるから」ではない。それは「今手元にある神の言葉のページのどこかを見落としたから」である。というのも、その時には「手元にあるのとは別の本」が必要なのではない。「手元にあるこの神の言葉にもっと注意を払うこと」が必要なのである。「もっと多くの知識」が必要なのではない。「イエス・キリストにおいて既に啓示されていることを見るために、洞察力の向上」が必要なのである。

まったくもって　間違いない！
実に神こそ　素晴らしい

善人に　よい心根を　宿した人に
いつも必ず　よいことが
　神のみ手から　溢れ出る。
さもありながら　危うくも
それを見過ごす　危うさに
わたしは瀕していた。
見当違いな方角を　わたしは見つめていたのだ。
——詩編73編1～3節a

6月4日

あなたの言葉の開花

詩編119編129節、134節を読め

神の御言葉を初めて見る時、それはつぼみのように見える。つぼみ——それは小さな美しさの凝縮である。目の前にあるつぼみを想像してください。黙想（メディテーション）の中で、それは静かに花開く。花びらが、一枚一枚開いていく。それはいつか見事な花を咲かせる。時が満ちると、その間の複雑に絡み合ったその不思議なすべてを、わたしたちは見て行くのである。

祈り：あぁ、父よ。あなたの御言葉から学ぶことが何と多いことでしょうか。わたしは強くそう願っています。まだ、わたしはまだほんの少ししか見ていませんが、その僅かなものが更なる欲を求めています。わたしはあなたの正義に飢え渇いています。あなたの聖霊で、わたしを満たしてください。アーメン

あなたがわたしに与える全ての御言葉は
　奇跡の御言葉である。——
どうして従わずにいられようか？
あなたの言葉を打ち破って、
　光を輝かせてください。
普通の人にも意味が分かるように。
——詩編119編129～130節

6月5日

静かなリズム

日々、わたしたちは意識を手放し、意識よりも深いものに身を委ねている。わたしたちが成長し、癒され、創造され、救われるために、そうする。つまり、わたしたちは毎日、眠るのだ。睡眠は生物学的に必要不可欠なものである。その睡眠もまた、信仰の業となり得る。信仰に生きる人々はいつも夕べの祈りをしてきた。世にあふれる不協和音と調子はずれの言葉の混乱から解放され、「神の創造と契約の言葉」という静かなリズムに完全に身を委ねる。

ひと日の終わり　素敵な眠り
そのためにこそ　備えておいた　この時間
この時間は　あなたのために
ああ、神よ　みずみずしさを
わたしのうちに
与えてください　もう一度。
——詩編4編9節

6月6日

犠牲

詩編5編はヘブライ人の朝の祈りである

わたしたちが寝ている時も、わたしたちの助けがない時でも、神の働きは始まっている。そして、わたしたちが礼拝し、服従する日々を通して、神の働きは続いている。犠牲にすることとは、神に働きかけてもらうために、神の御前に生き方を整える重要な手段である。犠牲とは神の御前に人生を結集させるためのもの。それによって神がわたしたちの人生に働いてくださる。礼拝では「犠牲」がささげられる。しかし「わたしたちが神のために何かを行うこと」は「犠牲」ではない。犠牲とは「神に人生のある部分をささげて神と共に何かを行うこと」である。犠牲をささげる祭壇の上で、犠牲のささげものは「神が喜ぶこと」と「神に受け入れられること」に変えられる。奉献・献金という儀式の中で、わたしたちは所有しているものを手放し、そのささげものを通して、神が何を行うかを見て行く。わたしたちに命を吹き込んでくださる神はわたしたちに耳を傾けてくださる。それを深く意識しながら、今後、予測される困難や喜びを、わたしたちは言葉で言い表す。恐れや希望や不安や期待を抱いて、わたしたちはそれをささげものとして祭壇の上に置いて、こう言う「犠牲のささげものを備えました。わたしはここで見ています」、と。

来る朝ごとに
わたしは自分の人生を
御前に備え　ささげます
祭壇の上に　あなたの不思議を
期待して　天からの火を　待ち望みつつ
——詩編5編3節b

6月7日

朝の祈り

朝の祈りは**「見張ること」**を中心に展開する。聖書によって耳を鍛えられた人は世界にあふれる物語を聞き取る。ヤコブ物語を見てみたい。義理の父ラバンから逃げていたヤコブは、ギレヤドで追いつかれてしまう。ラバンはヤコブに騙し取られたと思っていた。ヤコブはラバンを詐欺師と思っていた。ギレヤドで、喧嘩をして祈った二人は、一つの合意に至った。彼らは祭壇の碑を設置し、その御前で契約の食事をする。彼らはその祭壇の碑を**「見張り場：ミズパ Mizpah」**と名付けた。二人は互いに疑惑を抱きながらも注意し、互いに利用する好機を逃すまいと20年間も過ごした。二人はこのギレヤドで「互いに見張ることを止めること」に合意した。つまり「今後は神が二人を見張ること」で合意は成立した。朝早く、長年の敵対関係にあった二人は、ついに分かれて行く。――ラバンはハランに戻る。ヤコブは彼の兄エサウの敵意に対峙すべくカナンに入って行った。――その朝、二人の祈りがギレヤドに鳴り響く。「わたしの前にあなたはいなくなる。あなたの前に、わたしはいなくなる。わたしと、あなたを見張るのは主である」のだ、と。この「朝の祈りの場」を離れてすぐに、ヤコブは神の天使を見た。ヤコブは「ここは神の陣営だ」（創世記32章3節）と叫んだ。

朝の祈りを守る時、ほとんどいつも、わたしたちは「ミズパに引かれた境界線」を経験する。わたしたちは神の御前で「希望」と「畏れ」を置く。それが朝の祈りである。その祭壇のささげもの・祈りの言葉を、神は一体どうなさるのか――わたしたちはそう思い、朝毎に注意深く目を凝らすのである。朝の祈りは、わたしたちを「見張る神」の御前に連れ出すことである。そこから、わたしたちは注意深く新しい一日へと歩み出すのである。危険な日が確かに過ぎさったこと、危険な一日に、天使の軍団が満ちていること。――そのことをしっかり用心して、わたしたちは一日を始めるのだ。絶好調に！

目を覚ませ　眠りについた者たちよ
這い出してこい　その棺から
キリストは光をあなたに照らすだろう。
――エフェソの信徒への手紙5章14節

6月8日

霊的なエリート主義に対抗して

詩編はわたしたちに隠喩で祈ることを教えている。つまりわたしたちの内に広がるイメージを用いて祈るようにと教える。特に、肉と血とをもって実際に生きたキリストと出会うことで広がる信仰の経験とは、わたしたちの内に豊かなイメージを湧き上がらせるものである。「わたしたちが聞いたもの、目で見たもの、よく見て、手で触れたもの」（ヨハネの手紙一1章1節）とある通りにだ。それによって、実に、この世界にある目に見えるもの・手で触れるものは、神が創造したよいものである。詩編が教える祈りを通して、そのことは明確である。いつも隠喩を用いた言葉で話したイエスは、同時に、それを聞いた人々を困惑させるほどに平凡な人だった。イエスは「この男はヨセフの息子ではないか」（ルカ4章22節）と言われた。またイエスの弟子たちは「なぜあなたの先生は罪人たちや徴税人たちと一緒に食事をするのか」（マタイ9章11節）と訊ねられた。正に、そのような時に、ドアがピシャリと閉められるように、全ての霊的なエリート主義者を締め出すのだ。詩編から継続して、イエスもまた隠喩を用いて祈ることを教えたのだ。つまり「あなたがたが祈る時には『父よ』と呼びかけなさい」（ルカ11章2節）と教えたのである。

しかし、その人たちもこうも言った

「あいつはヨセフの息子ではないか。
あいつが若いころから、
俺たちはあいつを知っているではないか。」

――ルカによる福音書4章22節

6月9日

サクラメントの達人

詩編が用いる隠喩は、キリストの受肉を媒介して、わたしたちの生活をサクラメンタルなものにする。「サクラメンタルなもの」とは何を意味するのだろうか。それはつまり、「神とつながるもの」ということである。全てのことが「サクラメンタルなもの」となる。全ての物も人も「神とつながるもの」となる。イエスは「サクラメントの達人」だった。イエスは身近にある物を用いて、わたしたちに神を認識させ、わたしたちを神に応答する者としてくださる。イエスが手元にあるものを用い始めると直ぐに、その物が馴染のないものではなく、誰から見てもありきたりなものだったことは明らかである。そして「神によって創造された当たり前のもの」が「神に出会う手段」となる。例えば「カナにあった水瓶」「エルサレムの風の音」「ガリラヤ湖のさざ波」「ベトザタの池での麻痺患者のベッド」「ラザロの亡骸」など一つ一つが「神に出会う手段」となったのだ。そう言えばC・S・ルイスはこう述べる。

> 「神よりももっと霊的になろうとする試みは無駄な努力である。神は人間を決して『純粋な霊的な被造物』として考えていない。だから、イエスはわたしたちに新しい命に生きるために『パン』や『ワイン』のような『物質的なもの』を用いたのだ。わたしたちは『これは霊的でなく未熟だ』と考えるかも知れない。神はそうは考えない。『食べる』を考案したのは神である。神は物質を好んだ。神はそれらを考案したのだ。」（C・S・ルイス著 Mere Christianity）

彼らは自分たちが見ていることを
　信じることができなかった。
彼らにはそれはすごすぎた。
それは余りにもよいものに見えた。
本当過ぎて、理解できず「こんなものはくだらない」
そんな感じで見誤った。
イエスはそこで言われた。
「ここで何か　食べるものがあるか」と。
彼は自分たちが作った料理の残り物を
　一切れ差し出すと
イエスは彼らの目の前でそれを食べた。
——ルカによる福音書24章41～42節

6月10日

礼拝

礼拝とはある人が考えるように美しいものではない。礼拝は儀礼で、さらに神学でもある。礼拝は神が語りかける人々がいて、それに応答し人生を賭ける人々がいることを忘れてはいけない。「家族の中に一人でいる他人」もまた、必要が満たされ、権利が守られる。自分だけが特別扱いされたり、「お気に入りの子」であったりはしない。そうしたことが「なるほど」と理解するところに礼拝があるのだ。

集う場所をはっきりと定め、時間を設定し、時間を指定し、秩序が守られるところに、礼拝が成立する。空間と時間が定められると、そこに祈りが起こる。わたしたちは天使たちではない。人々と共にいる時に、祈りが起こる。――わたしたちは流浪の民ではない。精巧なものであれ単純なものであれ、バロック的に手の込んだものであれ、素気ないものであれ、どのような礼拝でも、そこにはいつも「空間」「時間」「秩序」の三つがあるのだ。わたしたちはイスラエルの礼拝についてほとんど知らない。初代教会のこともほとんど分からない。だが、それは問題ではない。わたしたちは考古学に基づいて祈るのではない。重要なことは**「礼拝が行われていた」**ということである。そのことをわたしたちは理屈なしに知っている。人々は決められた時間に決められた場所に集い詩編を使い祈ったのである。これこそがあらゆる業の中で最も人格的・個人的な礼拝であった！　祈りの礼拝の基本とはイエスが次のように念を押していることから分かる。「二人または三人が私の名で集まるところにわたしもいるのである」（マタイ18章20節）

さあ、わたしがあなたがたに行って欲しいことを記そう。礼拝に集まった時には、各々、全ての人たちにとって役に立つものを準備しなさい。つまり、詩編を歌い、教えを説き、物語を宣べ伝え、祈りを導き、洞察力を養うことを、それぞれ備えて集まることにしなさい。

――コリントの信徒への手紙（一）14章26節

6月11日

祈りましょう

自分に必要なことを考え、自分の思い通りに祈る。――そういうことを、一般的に祈りだと考えがちである。まず「神に向かう深いところからの願いがある」という経験をして、それからわたしたちは祈り始める。例えば、感謝が心の中から吹き出すような思いから、わたしたちは祈る。あるいは「罪責が神の御前に山のようにある」という事実に打ちのめされてから、わたしたちは神に祈る。しかし、礼拝をする時には、わたしたちは、そのようには祈らない。「自分が主導して祈りに至る」ことはしない。何かを経験して祈りが促されるということはない。そうではなく、まず誰かがわたしたちの前に立って「祈りましょう」と言い、それから祈りへと進む。自分で祈りを始めるのではない。自分以外の誰かが祈りを始める。自分は背後か傍らに退く。わたしたちの自我はもはや先導する立場にはなく、中心でもない。

さあ、ここで礼拝をささげよう。
御前に出て、跪き
創り主なる神を礼拝しよう。
ああそうだ、この方こそがわれらの神だ。
わたしたちこそ、この神に
牧され、養われる羊である。

――詩編95編6～7節

6月12日

神の言葉がすべてに先立つ

祈りは、本質から言えば「問いに応えて語る」である。これが非常に重要なことである。キリスト教共同体は総じて一つのコンセンサスを持っている。それは「神の言葉がすべてに先立つ」ということである。「創造」「救い」「審き」「祝福」「恵み」「憐み」という一つ一つにおいて、神の言葉がすべてに先立つ。それなのに、わたしたちが実際に祈る時には、しばしば舞い上がる主体性に陶酔し、酔っぱらったように「神の御言葉」を脇に除き、「自分の言葉」を先行させる。その結果、「自分の言葉」がまず先に出てしまう、そのような祈りを行う。

礼拝をしている会衆の中にいる時、わたしたちは自分が先導する担当者ではないことに気づく。礼拝では、自分以外の誰かが祈りの場所を担う。自分以外の誰かが礼拝時間を設定する。自分以外の誰かが祈りの開始を告げる。こうしたこと全てが「神の御言葉が先立つ」流れで進む。まず神の御言葉が聖書と説教で聞かれる。あるいは、神の御言葉が洗礼と聖餐式において目で可視化される。このようなことを中心において、祈ることを学ぶのが、わたしたちの礼拝なのである。わたしたちはもちろんこの中心に足踏みすることはしない。その中心から放射線状に、祈りは広がり、わたしたちを外の世界へと導いて行く。礼拝という中心から出発するわたしたちは、自分の奥まった部屋へ、山へ、道路へ市場へと出て行く。ここでどうしても確認しなければならないことが一つある。「祈りは、神の言葉という中心から『**外側へと**』広がる」ということだ。逆に「祈りは、祈る個々人の内面へと収斂する」と考えてしまえば、わたしたちはイスラエルと教会の祈りの体験が目指したものと違う目的を持つことになる。

「はい、すべて今、わかりました」とマリアは言った。「わたしはしもべ。あなたはわたしの主なんでもわたしに　お語りくださいお言葉どおり、になりますように。」

――ルカによる福音書1章38節

6月13日

冷酷無比な動詞

聖書の最後には「ヨハネの黙示録」が収録されている。この書は、しばしば邪悪な者に向けれた暴力的な言葉や復讐心があちらこちらに見られることで問題があるとされている。著者ヨハネは詩編にその言葉を学んだのである。あるいはこの著者ヨハネは、シオンの山に住む人々から「呪うことが上手な人」と呼ばれたイエスから学んだ人だった。しかし、イエスは「お前は、まさに悪魔だ」とペテロに言った。「あなたたちは地獄に通じた毒サソリだ」（マタイ23章33節）と、ファリサイ派の人々に言った。「お前たちに災いあれ」（マタイ23章）と、宗教を利用して自分たちの居心地をよくする人々を怒鳴りつけた。実際、そうした宗教が成立する背後には、弱い人々が抑圧され、貧しい人々が搾取されるという恐るべき損害が発生していたのである。（マタイ16章23節、マタイ23章）終わりが迫り、神の敵たちが神の救い主を殺す準備をしている中で、イエスは詩編137編にある最も冷酷無比な動詞を選び出し、バビロン別名エルサレムに向けて使われたのである。

エルサレム、エルサレム！
預言者たちを殺す者たち！
神のメッセージは、あなたにもたらされたのに、
そのメッセージを携えてきた人を、あなたは殺した。

――マタイによる福音書23章34a節

6月14日

わたしたちの敵のために祈る

イエスはその最期に敵について語った。それは詩編を引用したものである。イエスは「あなたの敵を愛し、あなたを迫害する者のために祈れ」【マタイ5章44節】と言った。敵を愛することとは、その人数の多寡はともかく「敵がそこにいる」ことを知り、「誰が敵か」を判別して、初めて実行される。「敵」というものが人生の現実として問題となっている。とりわけ信仰に生きている人々には、特にそうなのだ。「敵がいる」こと「敵は誰か」が分からないほどに世間知らずであってはいけない。それは余りにも危険である。「暗闇の中を行く疫病」と「真昼に襲う病魔」【詩編91編6節】に無防備ではいけない。「悪い者から救ってください」【マタイ6章13節】と祈らなければならない現実を忘れる浅はかさは避けなさい。

神は「憎しみ」を用いて「命と救いを害する敵」がいることに気づかせる。「憎しみ」に巻き込まれることで、わたしたちは「命と救いが脅かされている犠牲者」へと心を具体的に寄せて行くことになる。そして次のことに気づかされる。つまり「発火点の根源」として「憎しみ」は働くが、「判断というエンジン」を動かす燃焼として「憎しみ」は、実際不適切なもの。「憎しみ」がわたしたちの中に惹き起こす情熱は、ただ、愛によってのみ潤沢に持続できる。

次のことに気をつけてください。「愛のうちに生き敵のために祈ること」は「戦略」となされるとは、全くあり得ないということ、を。そうして「敵」を「よき友」に変えようとすることは絶対に考えてはいけない。敵は最後までわたしたちの愛を撃退しようとする。愛によって、ほとんどの場合、敵の怒りは倍増する。「弱さと赦しと応答」を求めるのが「愛」なのだが、「力と支配と服従」を求めるのが「敵」なのだ。イエスを愛し祈った「敵」がイエスを殺害したのだから。

あなたの敵が　飢えていた
昼食を買いに　行きなさい
喉が渇いていたならば
お水を汲んで　あげなさい。
その親切は　染みわたり
あなたの敵は驚いて
神が　あなたのことを
いつまでも　守るでしょう。
——箴言25章21～22節

6月15日

神との不調和

罪と「わたしたちの内側にある悪」とは違う。罪とは、破壊的な混乱である。わたしたちはその混乱の中で、神と調和しない自分の悲惨に気づくのである。ここに人間の窮境がある。この混乱は、わたしたちの周囲や内側にもある。それなにの、わたしたちはその混乱をむしろ忘却しようとする。この混乱に心を向けることは神に心を向けることとなる。それはつまり「精力的に、活発に、愛をもって、わたしたちは生きなければならない」ということに心を向けること。そのように生きたい——そう願う瞬間がある。しかし、その瞬間は長続きしない。わたしたちはむしろゴルフをしたい。病院でもう一つの検査を受けたい。大学で別の課程を修了したい。わたしたちは神との関りを差し置いて、自分の人生を向上させる道を求めて探し続ける。しかし、わたしたちはそれは達成できない。

祈る時、わたしたちは生ける神の臨在の中に自分自身を委ねている。詩編を読んで祈る時、わたしたちは自分の生活一コマ一コマの全て、自分を巡る歴史の全てを通して祈る。その時に、罪の中に複雑に絡み合って形成される、わたしたちの土台が全て覆われることになる。わたしたちはその時、多彩な素晴らしい語彙辞典を入手する。その辞典を用いて、神からの離反という人類史的な悲惨に巻き込まれた自分自身について、詳細に、理解することが出来る。つまり「謀反者」「逸脱者」「無法者」「悪人」「犯罪者」「嘘つき」「馬鹿者」「退廃者」「不正な者」といった言葉の意味を、詩編を読み祈ることによって明確に理解できるようになる。詩編には「七つの嘆きの歌」と呼ばれるものがある。（詩編6編、32編、38編、51編、102編、130編、143編）。それは、極めて有名な詩編である。神との不調に陥ったわたしたちの窮境を、これらの詩編は明確に示してくれる。わたしたちは実際ひどく忘れっぽいところがある。そのために、わたしたちの罪の細かな部分は、しばしば見えなくなる。しかし、この詩編の一つだけでも手にすれば、そうしたことから守られ、わたしたちはしっかりと自分の窮境を理解できるだろう。

これらすべてに　疲れ果て
寝床は涙で濡れている。
四十日と四十夜
寝床は涙で濡れきって
びしょびしょになり
枕もシーツも
涙に浸された。
——詩編6編7節

6月16日

与えられた神の約束が本当かどうか、試してみること

詩編119編137～144節から

つやつやした紙で作られたパンフレットや、口先だけの売り口上で、どんなに頑張ったとしても、「神の言葉を信じてくれ」と頼めるものではない。神の言葉には、変わらない真理と活力がある。それは数世紀の時間をかけて確かめられてきた。神の言葉は徹底して試されてきた。どんな人間の言葉も、そのようなテスト

に耐えられるものではない。

祈り：主よ、「あなたの約束は役に立つのだろうか」と迷うわたしを憐れんでください。疑い迷うことに、なんと多くの時間を費やしてきただろうか。あなたの言葉が本当であるか試してみるべきでした。あなたの恵みをお与えください。わたしは今日、あなたの恵みによって、それを実践します。

今日の信仰と行為の中でどの御言葉を試すべきかをお示しください。　アーメン

あなたの愛で　わたしが如何
関わるべきかを　教えてください。
命に対して　あなたのテキストから
わたしに教えてください。

――詩編119編124節

6月17日
あなたがここにいる理由

次の御言葉は山上の説教からのものである。イエスはこう語っている。

「あなたがなぜ、ここにいるのか、その理由を語ろう。あなたがここにいる理由は、塩気によって風味を与る、そのためだ。この地球に湛えられた『神の香り』を引き出すためだ。もしあなたが、その塩味を失えば、どうなるか。その時、世の人々は、もはや神聖なる味わいを体験できなくなるだろう。その時、あなたは自分の役割を失い、あとはゴミに捨てられるばかりとなるだろう。」

「別の例えを語ってみよう。あなたはここで、光輝（ひかりかがや）かねばならない。この世界に湛えられた『神の色彩』を引き出さなければならない。『神』とは『隠される

べき秘密』ではない。つまり、わたしたちはいよいよ世の中に露出して行く。ちょうど『丘の上の町』が周りからよく見えるように、この世の中に生きて行く。わたしがあなたに光を委ね、それを輝かす者とした。わたしがバケツの下に隠すはずもないだろう。わたしはあなたを『燭台』の上に置く。あなたが『丘の上の町』のようになれと願い、わたしはあなたを『燭台』の上に置いたのだ。

——さあ、光り輝け！

家を開放し、いつでも来客をもてなせ。あなたの人生を開放し、太っ腹に生きよ。あなたが他人に心を開けば、その人も神に向かって心を開く。寛大な神、天におられるあなたの父にたいして、人々が心を開く、そのきっかけを提供するのだ。あなたがたが、ここにいるのはこの世に神の風味をもたらす塩味を与えるためだ。」

——マタイによる福音書5章13～16節

6月18日

幸せ

それにしても「幸せ」という言葉は、辞書で調べて理解出来る類ではない。そして、実際、クリスチャンの生活も本からは学ぶことは一切出来ない。「幸せ」を理解し手に入れるためには「見習い修行」以上の何かが求められる。数年にわたり献身した人々の周辺を見れば「幸せ」とは何であるかが分かる。性別を問わず誰でも献身している人々は、その全ての生き方を通して「幸せ」を体現している。言葉によって説明は出来るが、それは「名人」から技術を盗むようなものである。つまり、ほとんどは、見習い修行者が「名人」に師事し、毎日直接に深い交わりを通して、微妙な方法で、確実にコツのようなものを盗むこと。それには特殊なタイミングやリズム、あるいは「接触」のような何かがある。言葉で「幸せ」を説明できるタイミングも、おおよそ、そのような感じで訪れる。

パウロがフィリピの町のクリスチャンに書いた手紙がある。それを読んでみれば「まさにそのような名人と、わたしたちは共にいる」ことが分かる。パウロはわたしたちが幸せになることが出来るとか、幸せになる方法を述べてはいない。パウロはただひたすら、端的に間違いなく、幸せだった。彼の周りにある何ものをも喜びを与えてはいない。パウロは牢獄から手紙を書いている。敵対者がいて、いつもパウロの仕事が攻撃に晒されていたのである。イエスの僕として20年間にも及ぶ厳しい旅をして疲れ果てていたのだ。そして、いくばくかの平安を得ようとしていたのだ。

わたしの心持は「ずっと祝宴の中にいる」思いだ。これからどうなるかを、知っているからだ。あなたたちが示してくれる忠実な祈りそしてイエス・キリストの御霊への応答に支えられた寛大さに感謝したい。それらを通して、キリストの御旨に叶った全てのことが、一つずつ、わたしの内に、わたしを通して、なされていくのだ。

——フィリピの信徒への手紙1章19節

6月19日

選択は自由

クリスチャンは決定論者ではない。「環境によって人はクリスチャンになる」とわたしたちは信じていない。また「遺伝が正しい人格を作る」ことも信じない。「訓練によって人が道徳的になる」ことも信じない。「洗礼が信仰的な人格を生み出す」ことも信じない。「性別によらずに人はすべて、神に従うのか、従わないのかを決める存在である」ということを、キリスト教神学は主張して譲らない。全ての人生は、そのような積み重ねと言える。その決断は、各個人固有の権利である。誰も、それに干渉することは出来ない。選択は自由になされ、決断はあらゆる可能性に開かれている。生まれがどうであれ、育ちがどうであれ、誰もが「神に従うか、逆らうか」を選択することが出来る。「意思決定の谷　そこに群がる　群衆、群衆！」（ヨエル書4章14節）とある通りである。実際、そうして「群衆」の中に「神に逆らう」と「神に従う」の両方の選択が個別に行われている。「正しい選択ができるかどうか」と「育てられた環境」との間に明確な相互関係は全く存在していない。例えば「クリスチャンホームで育った人の全てがキリスト教的な選択をする」とか「クリスチャンホームでない家庭で育った人の全てがキリスト教的な選びをしない」ということは起こらない。

出来ることなら、今の倍の努力をしなさい。
救われた人生を、元気よく進みなさい。
神の御前に敬虔な思いを抱き、
方向感覚を研ぎ澄まさせながら歩みなさい。
――フィリピの信徒への手紙2章12b節

6月20日

霊的貧困

「霊的貧困」というのがある。霊的に貧困な文化もある。そのような文化は霊的窮乏のために、男性や女性にもドラッグの誘惑に負けやすくさせている。霊的貧困は社会的・経済的階層の全域に行き渡り、また成人と未成年の区別なく浸透している。そして教養ある者と同じく無学な者にも、また金持ちと同じく貧しい者にも共通して見られるのが「ドラッグ」である。それは大都市と郊外と同じくスラム街でも、尊敬されている者と同じく評判の悪い者にも共通して見られる。青年期の人々と同じように大人の人々にも共通して見られる。

あなたの口を、開き味わえ

あなたの瞼を　開いて見つめよ
神がどんなに　恵み深いか。
幸せ者だ　神のみもとに　走るあなたは
――詩編34編8節

6月21日

神のように自立しよう、という声

思春期に入ると、子どもたちは罪についてスピリチュアリティーに気づくようになる。神が地獄の火という罰を示し「やってはいけない」ということで、禁じられていることがある――罪とはただそれだけのことではない。子どもたちは徐々に(あるいは突然に!)「神のようになって自立してみてはどうか」という要請こそが罪の正体だと気づく。「善と悪を知ることで、神のようになる者となる」(創世記3章5節)という声が罪である。その声は生理的な満足を約束する(その木は食べるによく……目に麗しく見え)。それだけではなく、霊的な深化をも一気に成長させて「超越」を渇望するようになる時まで、子どもたちはそのような誘惑に晒されることはない。幼いうちは、生活が保護されているために誰かに大きく依存し生きているのだから、子どもたちは「自立」しようとする思いは決して沸いてこない。しかし、思春期や、思春期が近くなると、「子どもだから」との抑制を放棄し、大人になりたいと思いイライラするようになる。そこに「神のようになれるよ」と、悪魔が安直に約束してくる。その結果「あなたのために」と定められた禁止事項にもう納得いかなくなり、自分たちの正当な権利を侵害してスピリチュアルなものへのアクセスを邪魔する束縛と考えてしまう。そして、それを束縛であると思い、腹が立つようになる。

思春期のひらめきのようなものが全く正しいものとされる場所が一つある。それが「罪」である。それは極めて霊的なものだ。罪には道徳的な次元がある。もちろん、人々を危険にさせたり、あるいは人々に生きていくうえで困難にさせる行動の問題もある。それは当然なこと。罪は行為の問題なのだ。罪によって人は危険に近づく。そうした時、あるいは別の場合でも、人は罪によって他人と共に生きていくのが難しくなって行く。罪は霊的な問題であり続ける。意味・目的・意義の探究という問題がそこにはある。子どもにとって罪とは道徳的問題として存在する。思春期になると、罪の霊的次元が浮上してくる。「神のようでありたい」と熱望した最初の罪は「霊的な企て」として、まず存在していたのだ。例えば「自分たちよりも立派な何者かになろう」とか「もっとよい人になろう」という企てとして、罪は顕在化する。あるいは「死ぬ存在にすぎない」わたしたちの平凡でつまらない性質を、一瞬でも超える経験をするという企てとして罪は顕在化するのだ。

もし、わたしたちには罪などない、と言い張るならば、その時わたしたちは、神と矛盾しているのだ。神を嘘つきと言っているのだ。それはつまり「わたしたちは神について何も知らない」ということをただ露呈しているだけなのだ。

——ヨハネの手紙（一）1章10節

6月22日

成長する

「真の人生」に通じるようになった時に初めて「偽物の人生」を手放すことが出来る。弟子たちはイエスと数年にわたって親しく交わった。それは「成長する」期間であった。その期間を通して弟子たちは、イエスの内に神が与えてくれる人生とは何であるか鋭く正確に理解したのだ。つまり、恵み、癒し、赦し、悪からの解放、奇跡的な食事、人格的な臨在、神の御言葉——そうしたことから、神が与えてくださる人生の内実を、弟子たちは確かに学んだのだ。そして、弟子たちはついにそれを悟った。それは「自己保全」「自立」「自己拡大」「うぬぼれ」というものでは「ない」ということを、弟子たちは知った。人生とは何だろうか。それはイエスが明らかにしてくださった。それは「自己犠牲」である。「惜しみなく、度を超すほどに、分け与える」ことである。自発的に犠牲的に、自分自身を死に渡すことを通して、世界のためによみがえる人生――それが「真の人生」である。ですから、イエスのこの御言葉を思い出したい。――「自分を捨て、十字架を負い、従え」、と。

それからイエスは弟子たちに、弟子たちが自分自身のために何を期待できるか、告げた。
「誰でもわたしにつきてきたいと思うなら、わたしの導く通りにしなければならない。運転席に座っていてはいけない。運転席にいるのは、わたしであるのだから。」
――ルカによる福音書9章23節

6月23日
自己断念

自己断念する」ことによって「自己の中のガラクタ」「偽物のスピリチュアリティー」や「偽物の人生」を一掃することが出来る。そうすれば、わたしたちの内側に余裕が出来る。そして「神」と「本物のスピリチュアリティー」と「永遠の生命」を迎え入れる余裕ができる。

イエスは言われた。「もしあなたの手や足が神の道を歩むのに邪魔となるのなら、それを切って捨てなさい。片手、片足を失った状態で生きている方が、両手、両足があると自慢しながら神を見失いながら永遠の火に投げ込まれるよりも、ずっとよいだろう
――マタイによる福音書18章8節

6月24日

偽物のスピリチュアリティー

わたしたちの子どもたちの中に「情熱にあふれ貴重で希少なスピリチュアリティー」というものをしばしば見かけるようになってきている。わたしたちの親世代はそれを通して「自分たちのスピリチュアリティーに問題がある」という理解に衝撃を受けている。わたしたちは「スピリチュアルな生活」を「忙しい生活」と取り換えてしまった。「神の呼びかけに応える生活」をやめて「世間に顔向けができる生活」を行っている。――そこに、わたしたちのスピリチュアリティーの問題がある。驚くべきことに、わたしたちはしばしば「偽物のスピリチュアリティー」の依存症になることがある。そして、わたしたちの内的生命が破壊された姿、自由が失われた姿、ぶざまで調子はずれの姿を自分の中年期に見出す悲劇が起こる。「わたしたちの家庭の中で思春期を迎えた人々の内に、見るべきスピリチュアリティーがある」とすれば、それは間違いなく、その若者の存在が「バプテスマのヨハネの役割」となって、わたしたちに気づきを与えるよう迫って来る。まさに「いと高きところの預言者」（ルカ1章76節）が、わたしたちに迫り、イエスの栄光と臨在を気づかせてくれる。今こそ、わたしたちは魂の深いところで響きわたる招きの声を聞くべきなのだ。それは、わたしたちに「再挑戦」の機会を与える。その声に応える時、わたしたちは再び、あのウェストミンスター小教理問答に言い表されていた二つのこと、つまり「**神に栄光を帰すこと**」「**永遠に神を喜ぶこと**」を実現できるのだ。

「わたしの子よ、あなたは『いと高き者の預言者』と呼ばれる。
あなたは主の道を整えるために、主の前を進む。」
――ルカによる福音書1章76節

6月25日

恵みの手段

ここで、キルケゴールの洞察が助けとなる。つまり「大惨事が恵みの手段となり得る」ということ、を。「大惨事」は神によって用いられ、一つの手段になることがある。「大惨事」を通して、あらゆる種類の「魅力的に見えるもの」に晒されながら漂流し続ける状況から脱出することが出来る。「大惨事の恵み」によって、人々はしばしば我に返り、自分の前にあるものを、あたかも初めて見るようになる。「大惨事」はまるで大嵐のように、理論イデオロギーといった「物ごとを抽象化する覆い」を吹き飛ばすことが出来る。そうしてわたしたちは、ものごとを主体的に見ることが可能となる。

今や、わたしは喜んでいる。——あなたがたが動転しているからではない。そうではなく、物ごとがひっくり返るその中で、あなたがたが揉まれたことを、わたしは喜んでいる。苦悩によって、あなたを神へ向かわせるのであって、神のもとから追い払うことではない。結果はすべては与えられ、何も失われなかった。

——コリントの信徒へ手紙（二）7章9節

6月26日

「大目にみる」と「責める」

「大目にみること」は、感傷的なヒューマニストのやり方である。感傷的なヒューマニストは、自分のせいで誰かが傷つくことに堪えられずに「マキロン」や「バンドエイド」のような手軽な処置で全て解決したがる。「責めること」は執念深い野蛮人のやり方である。自分自身と向き合うことが出来ない野蛮な人々は、自分が責任を取らされないようにすることで、全てを解決したがる。「大目に見る」ことも「責める」ことも両者とも間違っている。一つの同じ理由からそう言える。つまりどちらも「他人の尊厳」を真剣に受け止めることを拒み「人格を賭けて行った選択は人格に関わる結果を生む」ということを受け入れることを拒んでいる――だから、間違っている。神の約束を真剣に考えることを拒んでいるために、間違っている。つまり「悪の中から善を見出す神」「無秩序の中に平和をもたらす神」「苦しみの中から癒しをもたらす神」「十字架の中に復活をもたらす神」などを信じられないと決め込んでいるから、だ。つまり「大目に見る」ことと「責める」こととはイエス・キリストを信じることを拒むことである。


イエスは立ち上がり、彼女にこう言った。

「あの人たちは、どこにいますか。誰も、あなたを責めなかったのですか。」

彼女は答えた。

「誰も責めませんでした。主よ。」

イエスは言った。

「わたしも、あなたを責めません。さあ行きなさい。今から後、罪を犯さないように。」

――ヨハネによる福音書8章10〜11節

6月27日

宗教的操作

男性でも女性でも、自分の宗教を手に入れた時、最初にいつも起こることがある。それは宗教を「他人を支配するための道具」に変えてしまうことである。**「自分の立場」**に他人を押し込めたり、留まらせようとしたりする、そのために宗教を使おうとしてしまう。そのような宗教による人格の操作や威圧は、長い歴史を持っている。だから、宗教の歴史は退屈で冗長なものに見える。だから「宗教というものはそういうものだ」

と経験するために、世の中の人々が宗教から逃れて解放され、これこそ「自由」だと理解していることは驚くに値しない。ただ、その「自由」は結局、短命に終わってしまうことが問題なのである。

あなたがたは実に見事に走ってきましたね！
いったい誰が割り込んできたのだろう。
「従順」という真の筋道から
あなたを逸らせてしまったのは、いったい誰なのだ。
――ガラテヤの信徒への手紙5章13節a

6月28日

自由の宿命

生まれつき自由な人は、どこにもいない。わたしたち人間は一般的に、経験によって、この自由という啓示された真理を受け取る心構えをする。わたしたちが母親の中という安全な場所を出ると、直ぐによい心の腕の中に抱かれ守られ育まれる。そのタイミングで「自由」に放置されてしまうと、わたしたちはただ死んでしまうだろう。そんなことをしたら、飢えや渇きや、天候と病気、事故と野獣たちに遭遇し、わたしたちの命はすぐに終わってしまうだろう。幼児は自由な存在としてこの世に生まれるのではない。そうではなく、安全と保護のネットワークの中にある者として生まれくる。もし、幼児が**「のんきでいる」**としたら、いつもそばにいる人の多くが**「注意深く手をかけてくれる」**人がいるからである。わたしたちは束縛と限界と分限と制約が複雑に配合された世界の中で、自分の人生を生き始める。誰一人それを悪く言うことは出来ない。実際のところ、全ての人がそうして不自由さを「よいものだ」と認めている。でも、それは自由とは違う。あるいは、わたしたちは「無垢(むく)であった黄金の日々」として、幼かったあの日々に憧れるかもしれない。でも、それは「自由」ではなく「安全」への憧れである。幸運であれば、わたしたちは生まれつき安全である。

でも、生まれつき自由なのではない。それでも、わたしたちは自由に向かう運命と共に、自由を受け入れるべく生まれる。そしてその自由を信仰生活の中で理解して行く。

活ける神に、信仰によって、自由に応答できる――
そうできるまで、わたしたちはモーセの律法によって
十分に包まれ守られなければならなかった。
その方法というのは、
ちょうど「ギリシャ人の家庭教師」のように、
あなたにとっても親しいものである。
それは子どもたちの登下校に付き合って
　危険や混乱から守り、
子どもたちがしっかりとした進路を
　確かに選び取れるように導いてくれる。
――ガラテヤの信徒への手紙3章23、24節

6月29日

自由の経験

ある一つの真理が焦点を絞った明快な宣言を必要としているときがあるように思う。わたしの場合には、1980年代に、そのようなことが起こったのである。「キリストにある自由」ということが、端的に、真理として迫ってきた感じであった。それから時間が経って、20世紀の終わりになった。キリストが生き、死に、甦られてからもうすぐ2千年が経とうとしていた。その間、政治的、社会的な革命が続いた。それは「自由」を特徴としていたのである。この「自由」という特徴は、特に西洋において顕著だったが、しかし、それを閉じ込めることがほとんど不可能な状態であった。自由への渇望は非常に強いものであった。そして、どうなったのだろうか。わたしが牧師として共に生き

ていた人々を考えて見たい。――まずまず豊かであり、高学歴で、キリスト信仰でも、ある程度は知識を持っている――そのような人々を思い出しながら考える。彼らはみな、自由からほど遠い様子だった。強盗から財産を守るために高価なセキュリティー・システムを購入していた。インフレの進行に直面して不安になり、もうどうしてよいか分からない状態だった。高度に組織化し発達した兵器と核兵器で満ちている世界の中にいるために「正義と平和を求めて挑戦しよう」という気持ちも萎えてしまう程に悲観的になっていた。委縮し、不安に駆られ、自己防衛的に生きていた。わたしは「違う！」と叫びそうになった。「そんな生き方をしてはいけない！　あなたはクリスチャンなのだろう！　わたしたちの人生は自由へ向かって成長するもの。不安に駆られて慎重になって引きこもるのはおかしいぞ！」と、20世紀の終わりに叫びそうになった。

だが、叫ぶのをやめて、わたしは日常の仕事を淡々と進めることにした。つまり、説教し、教え、訪問し、相談を受け、祈り、執筆し、励まし、進むべき道を示した――さらに、わたしは一つ決意をしたのだ。「方法をさがそう」と決めた。「自由への憧れを失った人々が、再び自由な人生を渇望するように、目覚めさせる方法を探そう」と決めた。何時か人々に自由への渇望を呼び覚ますことが出来た時に、十分な「食事と飲料」を用意して、満足がいくまで自由を経験して欲しいと思った。

そして、そのように努力し始めると、次第に一つの確信を得るようになった。つまり「信仰生活において自由を経験すること」こそが「人間であること」の意味の中核にあるのだという確信を、わたしは益々持つようなったのだ。

キリストはわたしたちを自由な人生へと開放してくださった。さあ、立ちあがりなさい！　もう誰からも、馬具のようなものをつけられて拘束され支配されることがあってはならない。

――ガラテヤの信徒への手紙5章1節

6月30日

自由を扱う専門家

自由とは抽象的なものではない。自由とは「物質的なもの」でもない。それは贈り物であり技能でもある。自由とは賜物である。それは他人の手によって生み出されたもの。自由とは技能である。現実という制約とは何かを学ぶ中で、各自が訓練して身につけなければならないもの。自由を理解しようとするならば、わたしたちは誰かから学ばなければならない。もし、わたしたちが自由を獲得したければ、それは、わたしたちは訓練を受けなければならない。

「ガラテヤの信徒への手紙」というパウロの書簡には、自由を獲得するための最良の手がかりがあると思う。聖書記者も多くいるが、パウロこそ、自由の問題に関しての専門家である。

わたしの提案はこれだ。
神の御霊によって、自由に、活気をもって、
やる気を出して、生きて行きなさい。
自己中心的な衝動に
　肥え太らせることがないようにしなさい。
わたしたちの中には自意識過剰という
　罪深い根があるのだから。
この罪の根は、
自由の霊と折り合いの悪いものなのだ。
自由の霊はまさに、
　利己主義と全く両立しないのだから。
——ガラテヤの信徒への手紙5章16、17節

7月

July

7月1日

恵み……平和

次の14日間は自由というテーマの論考である

　自由を獲得するには、ある種の果敢な勇気を必要とする。自由に生きるとは奮起して生きることなのだ。自由に生きることは相当な労力を要するし、時には痛みを伴う。もし、安全確保を最優先したいならば、自由に生きようとは願わないだろう。エリック・フロムの著書に**「自由からの逃避」**がある。この本は自由を与えられた人々が自由から逃げようとする様子を丁寧に記している。それによると、全体主義政府、全体主義的な慣例、全体主義的な感情などによって、人々は全体主義への中毒になり「安定した奴隷」として生き続けることを好むようになる。

　どの時代にあっても、巨大な「ひとかたまり」となる時、群集心理が働き分別を失い混乱してしまう。社会学的調査が示す統計資料が、それを完全に示している。それでも、あらゆる世代にわたって、自由において知性と勇気をもって生きているのは、ごく僅かな人々だけなのだ。そうした人々にとって、ガラテヤの信徒への手紙が、しばしば自由な人生の契機となっていた。いくつもの危機が歴史の中で、クリスチャンの小さな群れによって、この手紙は読まれたのだ。そして新しいうねりが生み出された。そのうねりは、衰退に向かう流れを変えて新しい生き方を波動を生み出すほどに、力強いものとなった。自分たちが恐れや抑圧の犠牲となっていると感じる人々を自由にする手段として、この手紙は機能し続けたのだ。不安や心配によって、多くの人々が麻痺し続けられている時、この手紙は人々を力強い希望へと覚醒させてきた。「人生とはなんであるか」という問いを巡って、昏迷・論争・不確かさが広がっている。その中で、「心を開いて素晴らしく生きること」とは何であるか、正確に教え納得させてきたのが、この手紙である。広範囲にわたる混迷、論争や人生に対する不確実性がある時、心豊かで素晴らしく生きることを人々に正確に教え納得させたのも、この手紙だ。自由に生きるようにと神がわたしたちに用意してくださった救いへの入り口がどこにあるかを正確に示したのも、この手紙である。

この手紙の最初には、パウロの挨拶がある。わたしたちはそこに、期待すべきものが先取りして述べられていることを見出す。それは「恵み」と「平和」だ。**恵み！** 命は賜物なのだ。**平和！** 命に不足はない。「恵み」と「平和」という二つの言葉は「自由に生きよ」という宣言である。わたしたちは根本的に、そして最終的に、自由に生きる存在だと、この二つの言葉が語る。人生は神の恵みとして与えられるもの。わたしたちが人生を、廃墟となった文化や家庭から救い出すというのではない。人生は一つの完全なものなのだ。その中へわたしたちは成長していく。人生は断片ではない。走りながら人生をかき集める、そのようなものは、人生ではない。

それで、わたしが送る挨拶は次の二つの偉大な言葉である――「恵み」と「平和」だ！
この偉大な言葉について、わたしたちはその意味を知っている。
イエス・キリストが、
わたしたちが住むこの悪の世界から
わたしたちを救い出してくださったので、
わたしたちはそれを知っている。
キリストはご自身をわたしたちの罪のための
犠牲としてささげてくださった。
そのことによって、わたしたちは救い出された。
神のご計画とは、わたしたち皆が、
この救いを味わうことなのだ。
――ガラテヤの信徒への手紙1章3～4節

7月2日
神についての嘘

わたしたちが生きていく上で、「神について何を信じているか」という問題こそ、最も重要な問題である。この問題について、頭の中で正しい答えを出せないと、生活の中で間違った答えを出してしまう。神についての間違った概念は、ずさんで臆病でびくびくした心へと転換してしまう。そしてそれは、病的な感情へと転換してしまう。

人が他者に対して成し得ることの中で、最も邪悪なことの一つは、神について嘘をつくことである。神を神以外のもので代替し、神を神以下とするものと取り替えるからだ。

イエスは言った、「今、あなたたちは、わたしを殺そうとしている。神から聞いた真理をまっすぐにあなたたちに語った、そのわたしを殺そうとしている！」

——ヨハネによる福音書8章40節a

7月3日
邪悪なこと

神とは天から行き巡る嵐のような暴君である。天国への侵入者を一人ずつ捕らえて炎の海に投げ込む怒りに満ちた専制君主である。——このように語ることは邪悪である。

神とはおいぼれ爺さんである。この世のものとは思えないほど美しいロッキングチェアに腰を下し、目先のことしか興味を持たず、ただ居眠りをしてる。——このように語ることは邪悪である。

神とは脅迫的に効率を追い求めてユーモアも全くない管理人である。宇宙をきっちりと管理し歴史から何かに取りつかれたように出来る限り高い成果を上げることだけに終始し、「この人は使えるか、どうか」という以外に人間について全く関心を持たない管理人である。――このように語ることは邪悪である。

わたしたちが「神は怒りに満ちた専制君主である」と信じるならば、その時わたしたちは、可能な限り、自衛のために神を避けようとするだろう。

わたしたちが「おいぼれ爺さんである」と信じるなら、その時わたしたちは、超越の次元にある目標を失い、人生の日々をぞんざいに過ごし、つまらない人生を歩むことになるだろう。

わたしたちが「神は効率性のエキスパートである」と信じるなら、その時わたしたちは「機能性を問われる部品」に矮小化し、「人格」としての価値を決して認めようとしなくなる。そして、わたしたちは腹を立てる人生を歩むことになるだろう。

神について嘘をつくことは邪悪である。もし、わたしたちが神について間違ったように信じ始めると、わたしたちは自分自身についても間違ったことを考えてしまう。そして、わたしたちは意地悪いひどい人生を送ることになる。神について嘘をつくことは、現実を歪め、人生を堕落させる。人生の全過程に、損害を与えることになる。

わたしたちが会議をしている間に、スパイが潜り込んで来た。スパイはクリスチャンのふりをして忍び込み、本物のクリスチャンがどれほど自由であるか、探ろうとしていた。その連中の隠し持っていた本当の狙いは、わたしたちを連中の奴隷に貶めようとすることにあった。

――ガラテヤの信徒への手紙2章4節

7月4日
自由への招喚

神は、宇宙大で広大無限の存在であり、至高の支配者である。神は、最初の言葉であり、最後の言葉である。「神の国は近づいた」「恐れるな」――この福音に応え、この福音を信じて生きている人々がいる。そのことは歴史が証言している。その人々は無邪気なお人好しではない。最も堅実な現実主義者である。わたしたちは自由へと招喚されている。わたしたちは福音にある自由な生き方を放棄することはしない。神のことで嘘を言う人々よ、あなたたちは呪われよ。

大胆に言おう。
もしわたしたちの誰かが
――それがたとえ天国から遣わされた御使いであっても！――あなたがたに、わたしたちが最初に説教して伝えたことと違う何かを説教しようとしていたら、その人は、呪われよ。
――ガラテヤの信徒への手紙1章8節

7月5日
わたしたち自身についてのよき知らせ

福音には個人的な次元がある。それは、わたしたち自身に対するよき知らせである。わたしたちの内的現実その一つひとつが、この世界で展開する政治的や産業的や科学的な「ニュース」と同じくらい重要なものである。たとえ、世界平和が現実に達成され、国内の経済が全ての人々の満足を満たし安定させたとしても、わたしたちは依然として自分自身に対応しなければならない。

わたしたちがどんなに素敵な家に住み、どんなに教養ある者になろうとも、どんなに仕事や家族が安定していると感じても、如何に十分な収入や幸せを提供できても、色々な心配事や罪悪感や絶望感で満ちているならば、わたしたちは上手にやれない。わたしたちがもし「自分自身はダメだ」とか「自分には何の意味もない」という信念に駆られてしまう時に、そこには「悪い知らせ」がある。わたしたちは誠実さと目標を意識する必要がある。わたしたちは価値ある者・他人にとっても重要な者・特別な者となる必要がある。

わたしは正しいと見えたり、あなたから、高い評価をいただくとも、もはやまったく意味がない。わたしにとって神がいったいどう見ておられるか、それも今や意味がない。わたしの内にはキリストが生きてる。あなたが見ているわたしの命、それは「わたしの命」ではない。わたしは神の子を信じる信仰で生きる。わたしが生きることは、わたしを愛し、わたしのために身をささげられた神の御子の信仰によって、生きている。わたしは元に戻るつもりはない。
——ガラテヤの信徒への手紙2章20節b

7月6日
神は物ごとを健全にする

誰かがこう言う。「いいかね、神はあなたの些細な問題に関わる時間などないよ、と。神は今中東問題で忙しい。神は他に大切な問題を抱えている。あなたが自分のために何かを欲しいのならば、可能な限りベストを尽くし獲得すべきなのだ。この商品を買ってみなさい、そうすれば重要人物になれる。これらの衣服を着なさい、そうすれば全ての人が如何にあなたが著名な人物であるかを分かってくれる。この本を読みなさい、そうすれば知識があなたを一般民衆よりも目立った者にさせる。あなたは自分のことは自分で面倒をみなければならない。」

なるほど。さて、と応答し始めた途端に、わたしたちはパウロが次のように憤慨しているのを聞く。

「わたしは、驚いている。あなたがたがこんなに早く、神を捨ててしまうとは。神はせっかくあなたがたをキリストの恵みに導いてくれたのに。」（ガラテヤ書1章6節）と。

わたしたちは、直感的に、あるいは直截に、このパウロの言葉は正しいと分かる。ただ、「よきニュース」だけが、あなたを特徴ある人物とする。生ける神が個人的にわたしたちに語りかけてくださる。恵み深くわたしたちを赦してくださる。神は中心に立って物ごとを健全にする。これこそがわたしたちが必要なもの。それをこそ、わたしたちが願うもの。わたしたちは福音に基づいた自由な生き方を放棄しないと決意する。誰かがわたしたちのため幻想的な夢物語を描いて見せ、その上、それを売りつける。そのような夢物語に生きて行くことは決してない。わたしたちはそう決意する。わたしたちは赦された者として生きて行き、信仰において他者に寄生する者ではなく、赦された者として、他者のために創造的に生きて行く。ふさぎ込んで当てもなくぶらぶら歩いたり、萎縮したり、泣き言を言うこともしない。わたしたちは賛美をささげ、果敢に挑み、行動する。神について嘘をつく人々は呪われよ！

わたしは、あなたがたがそんなにも移り気な者であることを、信じられない。キリストの恵みに招いてくださった方から、あなたがたがこんなにも早く裏切り、異なるメッセージを喜んで受け容れようとしていることを。

——ガラテヤの信徒への手紙1章6節

7月7日

神を賛美しながら

新聞を読んでいる時、あるいは、自分の心の中を覗き込む時、あるいは、抱えている絶望を見る時はいつでも、次のことを思い出すことはとても賢明である。

つまり、神の民は同じような見通しや後退、同じようなニュースの見出しや信仰への攻撃に直面してから、疑いの中からの立ち直り、ペシミズムや不吉な予感から救い出される。その後、神を賛美しながら生活するようになる。

イエスは言われた。
「全神経を注いで、神がまさに今、
行い給うことに注視しなさい。
明日何が起こるかも知らないし、
何も起こらないかもしれない。
明日のことに関わろうとしてはいけない。
如何に困難なことが起ろうとも、
時がくれば
神はそれに対処する手助けをしてくださる。」
——マタイによる福音書6章34節

7月8日
神の恵みによって

人生とは当てもなく暗中模索することではない。わたしたちは神に招かれている。「神の恵みによって」とは次のことを意味する。神がご自身の目的に最も相応しいのは誰かと見回すことを意味するのではない。よい仕事を彼らには出来ると神が確信して、この人々を選び出すという意味でもない。「神の恵みによって」とは、神は愛と御旨において驚くほど広い力を持っていることを意味する。それで、わたしたちを招く。それは、わたしたちのために「何か」を行うためだ。——神は何を行い給うのか。神はわたしたちに「何か」を与えようとしている。——それは「恵み」である。

古い掟を守ることで、互いに喜び合う。そんな宗教に立ち戻れば、個人的なもの、自由なもの、そうしたものをすべてを捨て去ることになる。そうして捨て去られるものは、神との関係の内に得られたものだ。あなたがたはそんなことが分からないのか？　そんなことは、わたしは拒否する。神の恵みを捨てることを、わたしは拒絶する。

――ガラテヤの信徒への手紙2章21節a

7月9日

豊かに満ち溢れる

信仰生活とは、独りで生きることは出来ない。信仰生活とは必ず、他者の生活の中に豊かに満ち溢れて行くものである。

身をかがめ虐げられている人々に手を差し伸べなさい。互いに重荷を担いなさい。そのようにしてこそキリストの律法を全うすることになる。自分をひとかどの者だと思う人がいるなら、その人は自分自身を欺くことなのだ。

――ガラテヤの信徒への手紙6章2～3節

7月10日

貧しい人々

わたしたちは貧しい人々に、どのような態度で向き合っているのか――今でもこれは、わたしたちの自由が健全なものであるかを図る、最も確かな試金石の一つである。恵みや援助や共感といった行動を差し控えるために自由が使われ始めると、その瞬間に「偽善としての自由」が露呈する。貧しい人々の生活をどうしたら向上するか、それを見出すために自由に行動する人がいる。その人とは自由の最も成熟した真の姿を体現する人である。貧しい人々を小馬鹿にして仲間に入れず、支援しないようにして、貧しい人々の生活の質を落とす、そのために自由を用いる人がいる。そのような人は誰でも、その人自身の品性を落とすことになる。

わたしたちには自由がある。「神と正しく関わるための確定した方法」がある。それに従わせる圧力がある。しかし、わたしたちにはそれに抵抗する自由がある。わたしたちには自由がある。「神の御名において働くために確立した慣例」がある。それに従わせる力がある。しかし、わたしたちには、それに抵抗する自由もある。貧しい人々を自分の意識から消し去る自由はわたしたちにはない。助けを求める声に耳をふさぐ自由はない。社会の中の落伍者や嫌われ者を見て、僅かな軽蔑を心の中で抱く自由も、わたしたちにはない。

彼らは、唯一つだけ加えてわたしに言った。「貧しい人々を忘れずに。」それこそまさに　わたしが心にかけてきたことなのだ。——ガラテヤの信徒への手紙2章10節

7月11日

もっとも信心深くない人々

ある意味で町において、クリスチャンこそ、市井の人々の中で「もっとも信心深くない人々」である——実に、「わたしたちはもっとも信じない！」ということが町に溢れている。わたしたちは魔よけの護符を信じない。星占い、運勢や運命も信じない。この世界にある約束された未来も、この世界にはびこる呪いも信じない。それだけではない。これはしばしば驚くことだが、わたしたちは「立派な業績」も信じない。

ガラテヤ書2章16節で、パウロは「律法の働きではなく」ということを三回も繰り返す。そうすることで、パウロは特別なことを表現している。「律法の働き」という言葉で、神から褒めていただこうとする何かを誇示することが意図されている。あるいは、自分だけが

助かるための宗教的行動や道徳的行動を意味する。それは誰か他人かあるいは神が見ているという理由で、行うよい行動あるいは宗教的な行動が、そこで表現されている。つまり、誰か他人が、あるいは神が見ている、という理由で誇示される「よいふるまい」あるいは「宗教的な態度」のことが「律法の働き」という言葉で表現されている。パフォーマンスによって、見せ物として、実績として積みあげる――そのような類の生き方が、この言葉で表現され、否定されている。当然だが、そうした生き方をする人は、牢屋に入っている人のように自由を失っている。というのも、いつも他人の目を気にしているからだ。喜びそのものを目標として業績を上げる、そのようなことは、わたしたちには出来ない。業績は必ず誰かに誇示されるもの。また、生きている中で「それは正しい」と感じるから、わたしたちは実績を積み上げて行ける。

一つの問いに、答えて欲しい。
あなたの新たな人生は
一体どうして始まったのか?
一生懸命に神を喜ばせるために
始まったのか?
そうではなくて、神があなたに送った
メッセージに応えて始まったのか?
――ガラテヤの信徒への手紙3章2節

7月12日
罪人たち

わたしたちは全て罪人である。「よくなろうと二倍の努力をして、罪人であることをやめよう」とはしない。それが、わたしたちなのだ。「公明正大に生きる」とは、どのような生き方だろうか。それは自分自身が本当は何者であるかを隠さない生き方である。あるいは、自分の名声を飾ったり、自分の心をごまかしたりしない生き方である。自分がどういう者で、何を考え、どう感じたか、何を行ってきたかを、わたしたちは明示できる。わたしたちは神や両親や社会に対して抱く虚しさに精力を消耗する必要はない。空想的な言い訳を作り上げる必要もない。それは何と爽快なことだろうか。

わたしたちは罪人（わたしたちとあの人たちも）としての記録をもっている。それは実に長く惨めな記録だ。神はわたしたちのために栄光ある人生を用意し給うた。しかし、その人生を生きるためには、まったく足りないわたしたちだ。だから、そんなわたしたちのために、神が御業をなし給うた。透き通るような優しさからその御心をなし給うた神は、わたしたちをご自身のそばに引き寄せ、正しい場所へと戻してくださった。それこそ、生粋の賜物だ。

——ローマの信徒への手紙3章23～24a節

7月13日
全ては贈り物

全てが贈り物とされている所では、わたしは物や人々を所有しない。だから、それらを保持する必要もない。心配する必要もない。恵みの世界、という世界がある。そこにいれば、わたしたちは世界を自分のニーズや欲望に合わせようと四苦八苦する人生を送らずに済むのである。その「四苦八苦の人生」とは、人生で起こるガラクタのゴミの破片を集め打ち直し、そうして人生を作り上げるものだ。恵みの世界に生きるわたしたちは、もう不安を抱きながら生きているのではない。他人が、わたしをどう見ているかと心配することもない。わたしは、唯、現実を見て、受け容れるだけでいい。

偉大な探求と発見の物語は、クリスチャンが行う冒険の比喩となり得る。コロンブスは、大海原を航海し、「新大陸」をでっちあげ、スペインに戻って艦隊を編成し、それで泥をたくさん運搬してアメリカを造成したのではない。アメリカは、最初から、そこに存在していたのだ。コロンブスは、それを発見し探索しただけだ。喜びに溢れた救いが、最初からある。神がそれらを与えてくださる。「恵みはいたるところに存在する」とジョージ・バルナソスは述べている。わたしたちはそれを受け容れ、探求するだけである。神の恵みを台なしにしてはいけない。


次の質問に答えよ。あなたのために惜しむことなくあなたと共にいてくださる神は、すなわち神の御霊は、あなたの人生に働き給う。

あなたがたが自分自身のために最善の努力をしても、その御業に決して及ばない。

そこで質問がある。そのようになさる神は、あなたがたが道徳的努力を激しく積み重ねてから、そうしてくださるのだろうか？


あるいは、あなたが神を信じ、神があなたの中でそうしてくださるとあなたが信頼したから、そうしてくださるのだろうか？

——ガラテヤの信徒への手紙3章5節

7月14日
巨大な貯水池

神には全てが満ち溢れている。その偉大な事実を決して見失ってはいけない。また、それを曖昧にすべきでもない。神の慈愛の壮大さを見てください。決してそれを、人間的な道徳の切れ端や、店晒しにされて陳腐化した諺などと交換すべきではない。神は巨大な貯水池である。そこには祝福が湛えられている。つまり、神はわたしたちを溢れるばかりに祝福してくださる。もしわたしたちが神のリアリティーの接点を失えば、わたしたちの人生の歯車は狂い、具合の悪いことになるだろう。

すべては神から出て来る。
すべては神を通して起こる。
すべては神において終わる。
常に神に栄光あれ！　常に神に賛美あれ！
アーメン、アーメン、アーメン（Yes. Yes. Yes）
――ローマの信徒への手紙11章36節

7月15日

偽善者

クリスチャンにとって偽善ほど恐ろしいものはない。偽善ほど、イエスに激しい怒りを惹き起こしたものは、他にはなかった。確かに、イエスはある種の罪人たちに、毎日、接していた。つまり、泥棒、安息日を破る人、売買春に関わる人、そして殺人鬼にまで共感を寄せ近づいた。ただ、偽善者に対して、イエスは強い非難を浴びせる。炎のような言葉が、マタイによる福音書23章にある。その言葉には煮え立つような怒りが感じられる。「災いなるかな」という言葉の連鎖がイエスによって解き放たれ、言葉に行動が全く伴わない人々に襲いかかっている。その恐ろしい言葉に曝される人々こそ偽善者なのだ。外面を整えるために膨大な時間を費やしながら、内心にあるリアリティーを無視する人々だ。神は、実際、その内心を大切に考える。偽善者とは、それが分からない人々である。

「イエスは言った。」もう、たくさんだ！　あなたたちはどうしようもない。あなたがた能力の全くない宗教の学者たちよ、ファリサイ派の人々！　偽善者ども！　あなたがたこそ生きているだけで、神の御国をふさぐ邪魔者である。あなたがたこそ自らが、御国に入ることを拒む者。そして同時に他の人々が、誰も御国に入らぬようにひたすら邪魔をする。
――マタイによる福音書23章13節

7月16日

健全な名詞

この後数日は「牧師」について述べる。誰でも自分の名前や肩書と入れ替えてもいい。

名詞は健全に用いられる時、形容詞を必要としない。形容詞はしっかりとした名詞を混乱させる。ただ、名詞が文化的に傷つけられたり、文化的に病んでいる時には形容詞が必要とされる。

「牧師」は、かつて、そうした名詞だった。――エネルギッシュで剛健な名詞だ。わたしもいつも「牧師」という言葉の響きが好きだった。古来から、人はこの「牧師」という言葉に「情熱をもって神と向き合い、共感をもって人々と共にいる人」を思い出させてくれた。かつて、わたしが知っている牧師たちの中には、この言葉が持つ特性を具体的に表していない人もいた。しかしそれでも、「牧師」という言葉そのものの中に、その「悪い例」をはね返す勢いがあった。人から「何になりたいか」と問われれば、わたしはいつも「牧師」だと答える。

しかし、わたしがアメリカの中で「牧師」として召命に生き抜いている人々を観察したり、「牧師」という言葉が用いられる文脈や響きなどを聞く時に、気づかされることがある。この「牧師」について、わたしが聞くのと、他の人が「牧師」を聞くのとは、全く違うのだ。一般的な用法をみてみると、この「牧師」という名詞は弱く、パロディ化されたり、ご都合主義によって価値が貶められている。それで、どうしてもそれを形容詞で補強する必要がある。それが「牧師」という名詞にはある。

いつもわたしは、形容詞で補強する方法で「牧師」という名詞の名誉回復を行使しなければならないと考えている。わたしたちの文化の中で伝えられている「牧師」という言葉の定義を拒否せざるを得ない。聖書にある洞察とイメージをもって、わたしの「牧師」としての生活を組み立て直さなければならない。この文化は「牧師」であるわたしに対して、実に好意的なのだ。わたしの正統的な教義を維持するようにと、この文化は奨励する。わたしの伝道の具体的な一つひとつの実践を、この文化は褒めたたえてくれる。わたしの独特なデボーションをみて、わたしを褒めたたえる。ただし、この文化はただ一つのことを求める。それは「この文化が目指していることはよいものだ」と奨励すること、あるいは「この文化の目的はよいものだ」と宣言し、この文化に清めの聖水を振りかける司祭の役割を果たすこと、そうしたことが、わたしの「牧師」としての役割だと、この文化は求める。そのような人々がわたしの友人に多くいる。その中で、意識的に、わたしを傷つけようとする人は誰一人としていない。

しかし、わたしがほんの一瞬でも自分の「牧師」という役割を、この文化が求める定義に留めたら、わたしは人畜無害なものとして扱われる。わたしは好きなだけ邪悪と愚鈍を糾弾でき、宮廷の道化師を見た貴族の反応と同じように、教会員もわたしを寛大に扱ってくれる。会衆の崇高な志を上手に喚起し、会衆はそれを許可するだろう。なぜならば、それは週末だけの事柄だからである。「牧師」であることの本質を再定義することは喫緊の課題である。

あなたは信仰のメッセージに養われ、健全な教えに従ってきた。さあ、この教えを近くにいるクリスチャンへ伝えなさい。そうすばあなたはイエスの善き奉仕者になる。宗教として飾り立てる愚かな作り話ときっぱりと縁を切りなさい。

——テモテへの手紙(一)4章6~7a節

7月17日

傾聴という真剣な仕事

現代の世界では、傾聴が不足している。人々は他人に聴いてもらうことに慣れていない。傾聴という仕事は、骨が折れ、真剣に取り組まなければならない働きである。そのため、皆さんがそれを避けようとしがちなのは、よく分かる。何しろ忙しいのだから。わたしの場合でも、例えば入院している方と会う時、その方の他に十数人もの人と会う約束がある。実際、約束をしたその人たちと、わたしは「会わなければならない」のだろうか。いや、わたしは約束したどの人に対しても、別に不可欠な存在というわけではない。「ただ、今、目の前にいるこの人と、わたしは一緒にいる。それだけが事実なのだ。」必要以上に多くの戸別訪問をする時、わたしたち牧師はそれを「タイムカードを押す」ように考えているところがある。つまり「きちんと謝儀を得るにふさわしく、仕事に従事して多忙なのだ」と、皆さんに納得してもらうために、そう努力するのだ。

聞き従う前に応えるのは
無礼で愚か者である。
——箴言18章13節

7月18日
ゆったりとした雰囲気

牧師のするべき傾聴は、たとえ、それが僅か5分であっても、急がずゆったりした時間が必要である。「ゆったりした時間」というのは、「霊的・精神的な資質」に関わる事柄である。それは、時間の長さではない。ゆったりとした雰囲気の中でだけ、人々は真剣に傾聴してもらっていると感じ、自分の尊厳と大切さをきちんと取り扱われていると感じる。人に話すことは、人の話を聴くのとは違う。聴くためには、話すよりもっと大きな集中力がいる。「この一週間、どれくらい多くの人々にキリストについて話してきたか」ではなく、「どれくらい多く人々から、この一週間、キリストにあって傾聴してきたか」を、自分自身に問わざるを得ない。わたしが聴いてきた人々の数は、たいてい必ず、わたしが話しかけた人々の数よりも多くはない。人が語るストリーに聴くことは、メッセージを取り次ぐよりもずっと多くの時間を要する。そのために聴いた回数を数え自己正当化しようとする強迫観念は邪魔になる。ですから、わたしはそのような思いを捨てなければならない。

忙しいと、聴くことはできない。スケジュールがぎっしり詰まっていれば、自由に傾聴も出来ない。次の約束を守らなければならない。次の会議に間に合わせなければならない。だがもし、一日に余裕の時間をもうければ、聴くための時間が十分に取れるはずだ。

イエスは「今いる所から離れなさい。休みをとって暫く休むがよい。」と言われた。出入りする人が多くて、食事をする時間も取れなかったからである。そこで一同は船に乗り、自分たちだけで、人里離れた所へ出て行った。

——マルコによる福音書6章31~32節

7月19日

静かに、落ち着いて、待つ

ハーマン・メルヴィルの小説『白鯨』(*Moby Dick*)に、暴風雨のシーンがある。追い風にのった捕鯨ボートが荒れ狂う海を飛ぶように進み、目標を追い詰めるシーンだ。その船が目指す目標は巨大な白鯨「モビー・ディック」である。漁師たちは猛烈な勢いで働き、その筋力の全てがはりつめ、全エネルギーを注ぎ込んで、任務遂行に集中していた。そこに善と悪との宇宙論的な闘争が加わる。すなわち、混沌とした海と悪魔的な海の海獣に対し、道徳的憤慨に駆られる船長エイハブが立ち向かう。この船の中に、なんと、何もしていない人物が唯一人いる。オールを持たず、汗もかかず、また叫ぶこともしない。激突と呪いのただ中で、無気力なのだ。この人物こそ、捕鯨銛の砲手である。彼は、静かに、落ち着いて、待っている。そして、小説はこう記す。「銛の効果を最大化するために、捕鯨銛の砲手という者たちは、かならず無為に過ごし続けた上で、おもむろに踏み出す。苦役からではなく、無為から緩慢から立ち上がるのだ。」

　メルヴィルの文章は詩編やイザヤ書の御言葉と並行しておくべきものだ。つまり「静まって、わたしこそ神であることを知れ」（詩編46編10節）と「あなたがたは立ち返って、落ち着いているならば救われ、穏やかにして信頼しているならば力を得る」（イザヤ書30章15節）という御言葉である。

神　唯一の方、ただ一人頼るべき方。
神が語る、その間、わたしは待ち続けるだろう。
すべての、わたしの必要は
ただ神からこそ　来るのに
なぜ、待てないのだろうか？
神こそ巌（いわお）
わたしの足を　支える助け
わが魂の憩う所　休息はまさに　そこにある。
――詩編62編1～2節a

7月20日

緊張性の不信仰の状態

わたしの教会はアメリカ【に蔓延する洋風思想】郊外【によくみられる出世思考、資本主義社会の勝者】、そして個々の来会者のエゴで構成されている。教会員のほとんどの人々は「自分たちの目標」と「神がその人々のために立てておられる目標」とが同じだと考えている。これは宗教的な錯誤の中で最も古い類である。つまり、それは「神とわたしたちとの間にある違い」を認めたがらず、「神とは自分自身の欲望を満たしてくれるはずの何かだ」と漠然と考え、そうして「神とは自分たちの欲望を満たしてくれる何かと、その関係を上手く調整してくれる人」を宗教的指導者として雇う。それは間違いである。それなにの、わたしは（彼らが雇った牧師の一人だが）、実は一切、そのようなことは出来ない。

だがもし、信徒各位がそれぞれ「こうなりたい」という願いを持っているのに、その願いを叶えるための援助をしないならば、わたしは報酬を信徒各位から受け取りながら何を行っているのだろうか？　わたしは破壊的活動家になっている。わたしは「自我の王国」を根源から掘り出し、神の国を樹立しょうとしている。神が行って欲しい存在に信徒がなっていけるように、わたしは破壊的建設という手法を通して信徒を助けている。

しかし、それは偽りだろうか？　いや、必ずしもそうとは言えない。わたしは自分自身について偽ったことを言ってはいない。わたしは自分の言葉と行為を真剣に受け止めている。どれほど真剣かというと、信徒が知ったら、信徒が緊張的不信仰の状態に陥ってしまうほど真剣に受け止めている。

神の人々に対しては、このような基本的で本質なことを、繰り返し繰り返し伝えなさい。神の御前で「敬虔的なあら捜し」をしないよう警告しなさい。そんなことをすると、信仰が少しずつ削ぎ落されてしまう。そうしてただひたすら、あらゆる人が摩耗しているではありませんか。神のためにベストを尽くすよう専心励みなさい。気おくれなどしてはいけません。真理を明確かつ単純に示し続けなさい。

——テモテへの手紙（二）2章14～15節

7月21日

転覆の名士

「自我の王国」は重装備で防御されている。エデンの園から堕落した後も、アダムとエバは喜んで神に敬意を払っていたいと望んでいた。だが、自分たちの縄張りに神が侵入することは望まない。罪というのは、そのほとんどが、単なる道徳的な失敗や意志の弱さとは全く違う、神が侵入しないように張られた防衛線である。その防衛線とは予算も労力も十分にかけられている。戦線布告された戦争のように、堂々と「神に祭られた自己」に対する攻撃をしかけても、全く効果がない。「罪を真正面から打つ」ことは、「かなずちで釘を打つ」ことに似ている。

つまり、それは「罪」や「釘」をより深く、深く打ち込むようなものだ。ただ、その例外もある。戦略的に指示された攻撃もある。ただし、それは裏をかく手法である。それは聖書的な手段となる。

イエスは転覆の名士だ。最後の最後まで、弟子たちも含め、全ての者がイエスをラビと呼んでいた。ラビは重要だが、彼らは「何一つ新しいことを起こさない人々」であった。「ラビらしからぬことがイエスの周りで起こっている」と疑われるような時、イエスは努めて静かに、こう言った。――「誰にも話すな」と。（ルカ5章14節）

イエスは言われた。天の国はパン種に似ている。女が大麦のパン生地に働きかけて、パン生地が膨れ上がるのを待つようなものである。

――マタイによる福音書13章33節

7月22日

譬え話

イエスの好むスピーチの形は譬え話で、それは事態を真っ向から覆すものである。「譬え話」というものは実に平凡な話に聞こえる。「土地と種」とか「食事とお金」あるいは「羊たち」「強盗と犠牲者」「農夫や商人たち」等、何気ない物語である。さらにそれらは全く世俗的でもある。すなわち、福音書に記されている譬え話の40の譬え話は完全に世俗的である。その中のたった一つの譬え話だけが教会を舞台としており、二つだけが神の名を言及している。イエスが譬え話をしているのを人々が聞いた時、人々はまず「これは神に関してではないな」と直ぐに分かり、それで「この話を聞いたとしても、別に何も、自分にとって脅威にはならない」と感じた。彼らは自己防衛を緩めた。その譬え話が一体どういう意味なのかを考えながら、当惑しながら立ち去ったのだ。譬え話は彼らの想像力に留まっただろう。それから時限爆弾のように、譬え話が彼らの無防備なハートの中で破裂するだろう。まさに、彼らの足元で深淵が口を開ける。その時、人々は気づくのだ。――イエスは神について**話していた**のだ。彼らは神に侵略されていたのだ、と。

その日イエスが行ったことは物語を話すことだった。つまり、午後に長い物語を話したのだ。それは、預言者を通して言われたことが実現するためであった。「わたしは口を開いてたとえを用い、天地創造の時から隠されていたことを告げる。」

――マタイによる福音書13章34~35節

7月23日

わたしたちの防衛線をすり抜ける。

譬え話はわたしたちの防衛線を根底から転覆するようにすり抜ける。譬え話がわたしたちの自我の城塞の中に一度でも入りこむと、何か変化が起こるのではないか。わたしたちの内で「クーデター」が起こり、急に銃剣を振り回すようなことが、起こるのではないかと考えるかも知れない。だが、そのようなことは起こらない。わたしたちの健全さは尊ばれ、保たれる。神は外から押し付けるように、神ご自身の臨在を表すことはしない。そうではなく、神は花や果実を内側で育てる。神の真実はエイリアンが侵入するようなものではない。神の真実は、ちょうど動物の求愛行動のように現れる。つまり、わたしたちの普段の生活の一コマ一コマが種のように用いられる。それは神の御国の中で受胎し、成長し、成熟する。譬え話はわたしたちの想像力に信頼を置く。換言すれば、わたしたちの信仰に信頼を置く。譬え話は家父長主義的のように、わたしたちを教室に集めて、物ごとを説明したり、図解するものではない。譬え話は無理やりにわたしたちを画一的な道徳歩調で歩ませようとしている訳でもない。

7月24日

詩情は必要不可欠なもの

イエスが言う。神の国は農夫が蒔くからし種のようなもの。蒔かれた時はどんな種よりも小さいが、時間が経つと鷲が巣を作るほどに大きく育つ。

——マタイによる福音書13章31～32節

ひとつ奇妙なことがある。聖書の多くは、詩の形式で書かれているが、それを解釈する牧師たちが、全く詩に関心がないということだ。それは実に具合が悪い欠点で、改善されなければならない。クリスチャンの共同体は全体として詩を再発見しなければならない。牧師たちは彼らを導かなければならない。詩は牧師という職務に不可欠なのだ。詩は話者のオリジナルである。言葉は独創的だ。言葉によって、以前に存在しなかったものが存在するようになる。すなわち「知覚」とか「関係性」や「信仰」というものが存在するようになる。静かな深淵から、音が作り出される。人々は以前聞こえなかったものが聞こえ始める。そうして孤独は愛に変革される。空虚な深淵から、隠喩によって一つの絵が描かれる。人々は今まで見えなかった物ごとが見える。そのイメージによって匿名な存在から愛の存在へと変えられていく。言葉は創造する。神の言葉が創造する。わたしたちの言葉は創造に参与できる。

イエスは言った。わたしたちは秘密を隠し続けてはいけない。秘密を公にする。わたしたちは物ごとを隠すことはしない。明らかにする。あなたがたはこれに聞いていますか?　本当に聞いていていますか?

——マルコによる福音書4章22~23節

7月25日

心の貧しい人々は幸いである。

一本のブナの木
そこに露わな複雑さ
冬の蒼天　雲を逆巻き
屹立して立つ　その空虚さに
豊かに溢れる　成熟を見よ。

樹液は膨れる時を待つ
新芽は破裂の時を待つ。

ひと夏過ぎれば　葉は
はっきりと見える一本の輪となる
みずみずしい約束が成就される。

再び空っぽ状態の賢明な貧しさが
伸びようとしている枝を
天に向かって更に一ミリ伸ばすことを可能にする。
幹もたゆまず僅かに膨れ
根を土台へと押し入れ　足場を固める
葉がないのが幸いである。

落葉が思い出させてくれる
自由に伸びさせよ。

イエスは言われた。「万策尽きる時、あなたたちは幸いだ。頼るものが少なくなるほどに、神の支えが巨大化し、神の支配は大きくなるのだから。」

——マタイによる福音書5章3節

7月26日

悲しむ人々は、幸いである

ほとばしる涙、大水となって溢れ出し
過酷な渓谷を侵食し
長く忘れ去られていた人生の
その数十年もの　穏やかな日々が
　やっと見えてくる。

荒れ果てた大地には美しさがある
小川や切り立つ崖を彩る同じ太陽は
古い傷跡や嘆きの切り傷も見せてくれる。

嗚咽は傷口を綺麗にする
そこに癒しが残され
一世代か二世代かかる。

「痛まない」という言葉を
過去形にすると　醜いものになる。

怪我をするたび　臨む憐み
一つひとつが化石となって
新たな出会いの連鎖を示す。

祈りによって　つるはしを打ち　シャベルを振るえ
死の影の谷に　憐みの化石を掘り起こせ。

イエスは言われた。
「最も親愛な誰かを失ったと感じる時、
あなたたちは幸いだ。
その時にこそあなたを「最も親愛な者」と
　呼ぶ方が抱きしめてくださる。
――マタイによる福音書5章4節

7月27日

飢え渇く人々は幸いである

翼を失った不信仰は
幾重にも重なった上昇温暖気流が満ちる中
岩のような上昇気流にのって落ちていく。

尾羽の赤い　鷹
飢えた時にも　安物の腐肉には
目もくれることなく
待ち伏せる
捕らえがたく逃げ回る
餌食となる獲物たちを。

手許に見える欠乏は
目には見えない豊かさに
遥かに覆われる。

扇のような赤銅の　尾羽を開いた
日本の鳥が　日に照らされて
大空を行く　美しさ。

わたしの目を楽しませ
目のよい鳥を祝福する。
瞳は鋭く　蛇を捕らえる。

創世記で運命づけられたことが
そのようにして　死が現実となる。

イエスは言われた。
「神を求めて働き極めるとき、あなたがたは幸いだ。
神は食料と水を整えて、
最良の食事をあなたの前に供するだろう。
――マタイによる福音書5章6節

7月28日

憐み深い人々は、幸いである

十億年の　波打つ日々
船を破壊する海の変化　ヨナ並みの嵐は
頑固で容赦しない花崗岩を
この鎮痛効果のあるビーチに変えた。

満ちた海の恵みのリズムで浄められ
都市からの慈悲深い救いである。

頑丈な基盤。非難されることなく。裸足で立つ。
足首までアサチーグ島の砂に埋もれている。

思いやりのある豊かなデザインに目覚め
スキッとした正確な隊列のイソシギやカモメたちが、
わたしの塩と聖なる孤独を熱心に世話する。

そして餌を食べ
注意深さと死を分ける不正確な引き潮と
急な潮流に沿って飛び
餌を食べる。

イエスは言われた。
「誰かを大事にしている時、あなたがたは幸いである。
心底周囲を大事にしていると、
自分たちが大事にされていることに気づくのである。
——マタイによる福音書5章7節

7月29日

レリジョパス（宗教病質）

マラソンはスポーツで最も熾烈なスポーツの一つ

である。ボストンマラソンは世界で最も最高のランナーを魅了するものだ。勝利者は自動的に「現代の偉大なアスリート」の一人に位置づけられる。１９８０年の春、ロージー・ルィズは女性として初めて、ボストンマラソンの優勝者となった。彼女の頭上には月桂冠が載せられ、まぶしい輝きと喝采が彼女を包んだ。

彼女はマラソン界では全く無名であった。強烈な偉業だった。彼女の最初のマラソンが偉大なボストン・マラソンであり、その結果がこの勝利だったのだ。でもそのすぐ後に、ある人が彼女の脚に注目した。彼女の弛んだ筋力、つまり脂肪でふくらんでる脚に注目した。色々な疑念が持ち上がった。そういえば、フルマラソン42・195km（26・2マイル）の沿道にいた誰一人、彼女の走る姿を見ていなかった。そして、事実が判明した。彼女が最後の一マイルにレースに飛び入りしたことが分かったのだ。

彼女は直ぐに話題を集めた。彼女は嘘であることがいつか判明されるのを承知しながらも、どうして、このようなことをしたのだろうか。アスリートの業績は捏造できない。しかし彼女は偽証を決して認めようとはしなかった。彼女は「自分の能力を実証するためにも一度マラソンを走る」と何度も言い張ったのだ。ただし、どういう訳か、彼女は一度も実証していない。人々は彼女の人格の手掛かりを探すために彼女にインタビューした。そして、インタビューした一人は「彼女は本当にボストンマラソンを完走し勝利したと信じている」と結論づけたのだ。彼女は「サイコパス」ならぬ「ソシオパス（社会病質）」と分析された。彼女は善悪の判断の意識なしに、堂々と自然に嘘をつく。正しいことや間違ってることについての感覚なしに、受け容れられるものと、受け入れられない行動の感覚なしに、堂々と自然に嘘をつく。彼女は聡明で、正常で、インテリに見える。だが、彼女には社会行動に一貫性を与える道徳的なセンスがないのだ。

ロージーの記事を読みながら、わたしはレースを走ることをしないで、ずる賢く調整しゴールしたい全ての知人を思い出す。彼らは日曜日に教会に微笑一杯で現れ、式典に参与する。だが、彼らはそこに自分の人生を向けることや、そこから自分の人生を引き出すこともしない。彼らは時折、公に愛の素晴らしい業を行い、公に慈しみの御業を行う。わたしたちは感銘し、驚くのだ。というのも、そんなことをする人だと、誰も思ってはいないからだ。「疑うべきは罰せず」という原理を適応したほうがよいのかも知れない。だが、それは無謀な行為として判明する。行動を結果的に生み出すことや行動に先行する個人的な関与が一切ないのだ。彼らはまことしやかで、説得力がある。辛い時を信じながら、孤独で、怒りを抱き心痛む時間を祈りながらも、彼らは結局はレースを走らない。彼らには宗教における「現実とは何か」を掴む感性がないのだ。そのような人に相応しいのは「ソシオパス（社会病質）」ならぬ「レリジョパス（宗教病質 religiopath）」というレッテルだ。

あなたについて、わたしは知らない。
とにかく、わたしはゴールを目指して
懸命に走っている。
そのために、持てる物を全て出し切っている。
いい加減な生き方は一切しない！
注意深く、完璧な状態を維持している。
目指しているものすべてについて、
人に語って聞かせながら、
昼寝をしてしまって自分自身が
それを見失うことなど、決してしないのだ。
——コリントの信徒へ手紙（一）9章26〜27節

7月30日
疎外の只中で

「追放され放浪する」という本当の意味はいたくない所にいるということである。わたしたちは自分の居場所から引き離されている。見慣れた場所に住むことが許されていない。近所に感謝して暮らせる場所に住むことは許されていない。自分たちに一番しっくりしている場所から追い払われている状態なのだ。「脱臼」した時の経験を思い出してください。全ての繋がりを失う。接続点がどこにもない。何年もの時間をかけて、幾千もの小さなことを一つ一つ組み上げて、そうして「居場所」は構成される。慣れ親しんだ「しぐさ」「習慣」「儀礼」「言葉遣い」というものは、そうしたものだ。それが全て失われてしまう。「言葉」「習慣」「天候」「物語」というのもある。それは数世代かけてやっと慣れ親しんだ土壌のようなもので、わたしたちの生活はそこに根を張っている。そこから、わたしたちの生活が剥ぎ取られる。そして、わたしたちの生活は粗野に扱われ、見知らぬ土地に放置される。それが「追放され放浪する」という意味なのだ。そう放置された場所で案外高い生活水準を誇るかも知れない。天候がより過ごしやすいかも知れない。でも、そんなことは、どうでもよいのだ。そこは「居場所」ではないのだから。

だがこのまさに居心地の悪さによって、わたしたちの現実が新しく示されることがある。事故や悲劇、惨事はどんなものであれ、わたしたちの大切なことに気づかせてくれる。その大切のこととは、つまり「世界は意外性に満ちている」ということだ。現実の世界は、日常生活を通して知る世界よりも、遥かに広大であること――このことは、事故や悲劇や惨事を通してのみ、知り得る。痛みのある所に、あるいは、疎外感のただ中に、自由を見出す感性が生まれる可能性がある。

わが友よ。この世にはあなたの居場所はない。
居心地をよくしてはいけない。
自分自身を喜ばすために、
魂を犠牲にしてはいけない。
地元の人々の中で模範的な生き方を示しなさい。
そうすれば、そのことによって、
差別する人々の誤りを明らかにすることになる。
彼も神の味方になり、
神が来たるその日を共に祝うことになるだろう。
――ペトロの手紙（一）2章11〜12節

7月31日

筋が通っていること

神との関係を養いなさい。
でも、それを他者に強制してはいけない。
「自分の行うこと」に「自分の信じること」の
筋が通っているなら、あなたは幸いだ。
逆に、その二つが一致しているという
自信が持てなかったら、どうだろう。
つまり「今自分がやっていること」が
「自分が信じていること」と一致していない、
と気づくとき、あなたは幸せだろうか。
そんな時、自分の意見を
他人に押し付けようとしたかと思うと、
別の時には他の人々を
喜ばせようとしている自分を見出してしまう。

その結果、
「自分は何か可笑しくなっている」ことに気づく。
生きている方法と信じていることが
一致していないなら、それは間違っているのだ。
——ローマの信徒への手紙14章19〜23節

8月

August

8月1日

「そんなことはない」と言い返せ

「キリスト教信仰の最も適切な説明を聞くためには、牧師・宣教師・修道士、修道女に聞くべきだ」という人々が、教会には必ずいる。「いや、そうではない、医療や社会事業あるいは、教育機関に従事している人に聞くといい」という人々もいる。また、人が何に適しているかを正確に知っている人々も必ずいる。でも実は、わたしたちの誰が最も相応しいのかを十分に分かっている人など、誰一人いないのである。わたしたち一人ひとりには、それぞれに特別な賜物が与えられている。ただし、その賜物が用いられた前例はないかもしれない。でも、それが宣教に用いられるのである。従って、誰かがわたしに「そのようなことでは、キリスト教信仰のためには役立たない」ということを言ったとしても、明確に「そんなことはない」と言い返すことが出来る。

一人ひとりに神がどういうお方であるかを示す賜物が与えられている。誰もが参与する。誰でもが役に立っている。聖霊によって、あらゆるものが、全ての人々に、分け与えられている。

――コリントの信徒への手紙（一）12章7節

8月2日

神に相応しい助け手

創世記2章19～23節――

「神が世界を創造された」というのは「神が生物学的に最も小さなものを、そのままむき出しに、この世界に送り出した」ということではない。そうではなく「輝くような人間の豊かさを、この世界に送り出した」ということなのだ。わたしたちは「自己満足するもの」として創造されたのではない。わたしたちは「人格的な交わりを営むもの」として創造されたのだ。だから、その交わりに与えるまでは、わたしたちの創造は完成しない。あなたにとって、最も重要な「人格的な交わり」とは何ですか？

祈り

神よ、あなたに感謝します。ただ、わたしを創造してくださったばかりでなく、他人をも創造してくださいました。他人と出会うことは、大きな感謝です。その出会いには、あなたの目的があります。その意味を理解し、あるいは探究することが出来る世界を、あなたは創造してくださいました。それを心から感謝します。アーメン

わたしたちは自分たちが皆、素晴らしく組み合わされていることを知り、キリストの体の部分として驚くべき機能を発揮していることを見出している。だから、このまま先に進もう。神が創造してくださったその通りの姿でいよう。妬み合ったり自慢し合ったりして互いに比較し合うようなことを、しないようにしよう。神が創造してくださった自分らしさを捨てて、何か別の在り方を求めるようなことは、しないようにしよう。

――ローマの信徒への手紙12章5～6節a

8月3日

マンネリ化することなく

同じ仕事を続けながら、あるいは毎日変わらない結婚生活を維持しながら、また、同じことを専心打ち込み、そうしていつか駄目になっていく――そんな人を、わたしたちはよく知っている。そういう人たちは実に根気強い人で、長年にわたって同じことを続けている。でも、わたしたちはそのことに特別感心したり

はしない。むしろ、そういう人を「お気の毒に」と感じる。マンネリ化して面白味も失い、新しい一歩を踏み出そうとする活力も失った人々だと考えてしまう。

だが、わたしたちはエレミヤを気の毒な人とは考えない。エレミヤはマンネリ化はしなかった。エレミヤは目標を見定め、それに向かって献身したのだ。一つの例を示したい。エレミヤは何の根拠もないことを示し続けたのだ。それは実に、退屈で骨の折れるものだった。わたしたちがよく知っている通り、エレミヤは、彼が23年間の苦労の後でもなお、想像力が若い時よりさらに活き活きとし、気迫も若い時よりもさらに強靭なものとなっていた。彼は漫然と時を過ごしていたのではない。預言者として生きる冒険の人生において、毎日が新しいエピソードの連続だった。一日一日、エレミヤは人生の時を重ね、凄まじい不屈さと驚くべきスタミナを示していった。

だから、わたしたちは諦めない。どうして諦められようか！　たとえ、わたしたちの外側は、いつも衰えているように見えるかもしれない。それでもわたしたちの内側で、神が日々新しい人生を作り出している。そうして神が展開する。その恵みなしに過ぎ去る日は、一日たりとも存在しないのだ。

――コリントの信徒への手紙（二）4章16節

8月4日

決して諦めてはいけない

天才と呼ばれる人にはある特徴がある。それは、同じ仕事を、執拗に、想像力豊かに、独創的に、一生の間、繰り返す能力とエネルギーを持っているということだ。決して諦めず、決して脇目を振らない。決して気が散ったりせず、決して他のものに気持ちを逸らしたりしない。

アウグスティヌスは創世記に基づく15冊の注解書を書き残した。彼は創世記の最初から書いた。アウグスティヌスは聖書の最初の書の奥底まで手が届いたとは感じなかった。その奥底には生命のまさに起源が隠されている。そこには、わたしたちと共にあろうとする神の基本的な原理がある。アウグスティヌスはそこまで掘り下げたとは決して思わなかった。彼は最初に抱いた問いに幾度も立ち返り、註解書を書き続けたのだ。

ベートーヴェンは弦楽四重奏曲を16曲も作曲した。ベートーヴェンは作曲した曲に一度も満足しなかった。彼は四重奏曲に興味を掻き立てられ、その可能性に挑戦した。「完璧」を掴もうとする度に、取り逃したのだ。努力に熟練を加えながら、何度も何度もやり直したのだ。わたしたちはそれなりに上手く出来たと思うが、彼はそうは思わなかった。彼は、日々、努力し、そこに新鮮で創造的なエネルギーをもたらしながら、ひたすら辛抱強く同じことを続けたのだ。彼は、同じことを幾度も幾度も繰り返したが、それは決して単なる反復ではなかった。というのも、一つひとつの繰り返しが挑戦であり、目もくらむばかりの創造性に輝いていたのである。

その信仰の歩みが模範的であったが、誰一人として、約束のものを手に入れることがなかった。神はもっとよい計画を、わたしたちのために立てておられた。その計画とは、彼らの信仰とわたしたちの信仰とがひとつとなり、完全なものとなることだった。そのようにして、信仰の歩みにおいて彼らとわたしたちとが離れ去ることがないようにする、というものであった。

——ヘブライ人への手紙11章39～40節

8月5日

わたしたちの言葉

どうやら、あるところで何かが間違ってしまったようだ。「創世記には、そうした物語が、同じように書かれている」。修正が何としても不可欠である。その修正とは、神が救いを話すことで、完全に達成される。——神は救いをイエスという人格の中で、現実のものへと語っている。神は救いを語る。ここで言う「イエス」というのは「神の言葉を語る方」だけではなく、「神の言葉そのもの」でもある。

この「神の言葉そのもの」と共に過ごし続けると、「わたしたちの言葉」について、考えが変わり始める。それが思った以上に大切なことに気づき始める。例えば、「わたしは信じる」という言葉は、生死を分けるような違いをもたらす言葉なのだ。「わたしたちの言葉」がイエスとの対話の中で、威厳と重大さを生み出す。というのも、イエスは「救い」を「問題の解決」として押し付けることはしない。そうではなく、「ゆったりとしたイエスとの対話」「親密な人格的な関係」「思いやりのある応答」「篤い祈り」という事柄を「犠牲としての死」と一つにすることで「救い」が実現する。わたしたちはそのような言葉から不用意に立ち去ることはしない。

御子は神を完全に映す鏡である。
神の本質を刻み付けている。
その語る言葉によって、
御子はすべてを一つにまとめ、保持される。
——なんと力強い言葉だろうか！
——ヘブライ人への手紙1章3節

8月6日

洪水の水

創世記7章6～10節——

創造の過程において、神が命じ、混沌は秩序へと変えられた（創世記1章2節、6～7節）。今や、神が命じ、混沌が戻ってくる。罪とは創造における小さな食い違いではなく、歴史における厄介なものでもなく、歴史を邪魔する障害物でもないことが今やはっきりしたのだ。罪とは破滅的な事柄である。「洪水」という言葉に対して、あなたはどのように反応するのだろうか?

祈り

神よ、あなたの審きについて、その全を理解したいと思います。どうぞ、助けてください。わたしの全生涯と、わたしが人生について知る全てが、罪によって深く妨げられていることを、わたしが理解できますように。わたしはあなたの救いに加えられているはずです。そのことに気づかせてください。

アーメン

神を畏れなかった古代世界を、神は容赦もしなかった。神は洪水によって全てを拭い去った。僅か八人だけを助けた——その内の一人こそ、ノアであった。彼はただ一人、「正義の声」そのものとして生きていた。

——ペトロの手紙(二)2章5節

8月7日
戸惑うほどに陳腐

アメリカにおける牧師職は、戸惑うほどに陳腐である。その仕事は業務の効率化と経歴管理という規範のもとに置かれている。実に、陳腐である。その仕事は職務分担表に矮小化されている。実に、陳腐である。その仕事は偶像と同じである。実に、陳腐である。——もともとあったはずの神からの召命は、今や、悪魔によって入れ替えられ、仕事がしやすいように計量可能で操作可能な役割の提示になってしまった。神への聖化(ホーリネス)は陳腐ではない。それは、燃え盛るような輝きを持つ。

「しかし、なぜあなたたちは、自分を預言者と呼ぶあのイゼベルを放置して、わたしの愛する僕たちが十字架を否定し、そして、自分勝手な宗教へと迷い込まされるままにしているのか？　わたしは彼女に悔い改める機会を与えたが、彼女は〝神を取り扱うビジネス〟のキャリアを手放すことなど、毛頭考えもしなかったのだ。」

——ヨハネの黙示録2章20〜21節

8月8日

口先だけで

牧師たちはしばしば、自分の職務が「聖職」であることについて、口先でだけ語りたがる。しかし実際には、わたしたち牧師は、もっとしばしば自分の仕事の中で「出世」を追い求めている。わたしたち牧師は自分の仕事の上では、神学的真理やスピリチュアリティーという叡智に基づかず、市場経済の力の下で具体化させている。わたしたち牧師は「自分の生活がどんなに敬虔であるか」に意識を向けている。その意識と同じくらい「自分の職務がどれくらい聖なるものであるか」に意識を向けている牧師を見てみたい。

そして、ああ、親愛なるテモテよ、あなたに委ねられている宝物を守りなさい！　命がけで、それを守りなさい。軽々しいおしゃべりような宗教を避けなさい。「専門家」と呼ばれる人々の混乱している様子を見て、それを真似しないように、気をつけなさい。

——テモテへの手紙（一）6章20節

8月9日

真昼に忍び寄る疫病

牧会という職務は、他の職業以上に困難なわけではない。家事、科学、農業、教育、ビジネスといった職務にも、聖書的な理解をもって取り組むならば、牧師と同じスピリチュアリティーが求められ、かつ骨が折れるものである。ただ、それぞれの職業にはその職業独自の配慮が求められる。牧師にとって不可欠なことは、「真昼に忍び寄る疫病」から目を離さないことである。わたしたちは周りの人々に心から同情し、必要を満たしたいと願う。信徒各位の霊的訓練の状況に応じた霊的指導を与えようと力を尽くす。その時、わたしたちは決して、**「自分自身」**の苦境を全身全霊で引き受けることを忘れてはいけない。わたしたちが人々を救っていながら、わたしたち自身が神から見放され失格者となってしまうからである。

あなたがたは、確かにつかんでいたはずのものを手放し、すべては台なしになってしまったと考え、信仰をめちゃくちゃにしてしまった人々がいることを知っている。ヒメナイとアレクサンドロが、その人々の中の二人である。

——テモテへの手紙（一）1章19～20節

8月10日
神を経験する

わたしが味見程度に神の一部を経験するとき、奇妙なことが起る。それは最初にエデンの園で起こり、その後も続いている。「神を体験する」——それは総体としてエクスタシーという状態をもたらす——そこには誘惑が伴う。「その経験を**「神として」**再現しよう」という誘惑だ。**「神を知ること」**が**「神になろうとする貪欲」**へと堕落する。「神に愛されていること」それ自体が「神のようにやってみたいという欲望」へと歪曲される。神が支配している世界を垣間見ると、自分ももしかするとこの世を支配できるかもしれないと勘違いしてしまう。神の面前で、神との人格的な交わりを放棄し、人格もないような、ただ、ずる賢い蛇と付き合うようになる。そうして、輝く神の御顔から逃げる。そして、他者を支配し自分自身に神的力を得ることが許され、当てにならない宗教の世界に逃げ込むことになる。もし、わたしが神的力を得て、その輝きを自分自身に与えようとするなら如何になるのだろうか。その瞬間、間違いなく確かに、神の御顔が見えなくなるように願い、主の臨在から逃げて、自分のプライドを高める場所を探し、どこかで神的力を得ることが出来る場所を探すようになるだろう。


使徒たちが手を置くことで御霊を与えられるのを見たシモンは、金を財布から出して、興奮して言った。

「あなたの秘密をわたしに売ってくれ！

そのやり方を見せてくれ！　いくら欲しいか。

値段を言ってくれ！」

ペトロは言った。

「お金と一緒に地獄に落ちろ！　あり得ない！――なぜ、神の賜物を買おうとするのだ!?」

――使徒言行録8章18～20節

8月11日
美徳という形で

キリスト教信仰には、長い時間をかけて先人たちが学んだ、十分な資料の裏づけがある英知の伝統がある。それは「平信徒であれ、牧師であれ、指導者の立場に立つことは危険をはらんでいる」というものだ。指導者が必要なのは当然なことだ。指導者になる人たちに災いあれ。リーダーシップというものは――ほんの一時のものであったとしても――その前提として、罪の可能性を帯びる。指導者の地位に就く以前にはあり得なかったような罪が、急に忍び寄ってくる。こうして生まれる「罪の可能性」は厄介である。それが罪であるかどうかを見極めることが極めて難しい。というのも、それはいつも「美徳」のような姿をもって現れるからだ。不注意で軽率な人は「神に奉仕できる好機」を見つけると、直ぐに飛びついてしまう。そうして、遅かれ速かれ、必ずその後、呪われた窮境に行き至ることになる。「多くの人々を教師にしてはいけない」と聖ヤコブが警告した。そこに危険があることを、肌身に感じて知っていたからだ。

あわてて教師になるようなことは、決してしてはいけない。わたしの友よ。教えることは厳しい責任が伴う。教師は最も厳しい基準で裁かれる。実に、わたしたちの誰一人も完璧な人はいないのだ。
——ヤコブの手紙3章1～2節a

8月12日

苦悩すること

わたしたちは苦悩する方法を知らない文化に生きている。わたしたちは「苦しまないことはよいことだ」と考えながら成長する。生活水準をより高めれば、苦悩することはないと考える。あるいは、教育によって苦しみを避けるように賢くなれる、と考える。もし何か予想もしないことが起こって、急に苦しむことがある時は、麻酔を求めてしまう。麻酔とは外科手術には最も必要なものである。でも、魂の問題に関して言えば、麻酔は最も有害なものである。

あなたがたが召されている人生とは、つまり、キリストの歩まれた人生だ。キリストは人生に降りかかってくる全ての苦しみを体験された。だから、あなたがたの人生にも苦しみはやってくる。あなたがたは、そのことを知ることになるだろう。一歩ずつ、一歩ずつ、人生を進むにつれて、それを知ることになるだろう。
——ペトロの手紙（一）2章21節

8月13日

麻酔の専門家

わたしたちの誇る豊かさと学識にもかかわらず（あるいは、それを理由として?）、北米に住む男性も女性も、多くの場合、「人間の苦しみ」に関して、呆れるほど無知である。さらに、恥ずべきことに、最近では多くのクリスチャンが、この無知を助長している。クリスチャンは右も左も皆、彼らのシンボルを「イエスの十字架」としていながら、また、その職務を「イエスの十字架」によって規定されているのに、麻酔薬の専門家の手を借りて、まさにその十字架を破棄している。

これは教会のスキャンダルそのものである。というのも、クリスチャンは苦しみに関しては専門家のはずである。この世はわたしたちが苦しみに関して学んできたことを**「知る必要がある」**。わたしたちの隣人は、次のことを知る必要がある。――「苦しみとは、人生に起こり得る出来事の中で最悪のものではない。苦しみを忘れてしまうことは、苦しみよりよいことではない」ことを。

あなたがたが経験することの一つひとつを、イエスは経験した。それよりもさらに多くを経験した。だから、イエスのように考えることを身につけなさい。あなたの苦しみについては、それによって罪深い習慣から離れることができる機会だと、捉えなさい。これまでのあなたのやり方が。いつもその習慣に行きついてきた。苦しみによって、そうしたものから解放される道が開けるだろう。あなたの欲望が専制君主のようにあなたを支配し、あなたはどうしても、罪深い生活を追求せざるを得なかった。しかし苦しみをきっかけにあなたは解放され、新たに神のみ旨を追求することができるようになるだろう。

――ペトロの手紙（一）4章1〜2節

8月14日

あなたの僕を安らかに去らせてください

創世記2章19～23節――

シメオンの歌は、神に献身的に仕えた長い人生を歩んだ知恵に満ちた心の安らぎを表している。シメオンの歌には、安らぎの内に死ぬ覚悟が歌われている。誇りをもって見ることが出来るその偉大な業績のために、この歌を歌ったのではない。神が**神の**目的を達成したことをシメオンが見た。そういう趣旨で、彼は歌を歌ったのだ。

あなたは死ぬ前に何を見たいですか。

祈り：あぁ神よ、わたしもそのように生きるようにしてください。死に向かう時、悔やむこともパニックに陥ることもなく、自分の人生を振り返ることが出来ますように。そうではなくて、むしろイエス・キリストを通して神の恵みを見、それを体験した全てのことに静かに感謝して人生を振り返ることが出来るように。アーメン

神よ今こそ　去らせる時を
　あなたの僕に　賜（たまわ）る時だ
約束した通り　平和の裡に
　わが目に　あなたの　救いを見せて
今こそまさに　すべての人に　あなたの救いを
　さやかに見せて
――ルカによる福音書2章29～30節

8月15日

虜にする

わたしたちほとんどは劣等感を抱いて成長する。幾人かは他の人より優れているとカモフラージュ出来るが、それでも劣等感はそこに存在する。わたしたちは、人生の中で最も重要な人々（両親、教師、近所の年上の人々）と比較すると、わたしたちは最も発育する期間に、小さく、知識も少なく、弱く、経験も少ないということが、一つの理由なのだ。わたしたちの周りには色々な面で、わたしよりも優秀な人が常にいた。そのような感情は成熟するにつれ失われるが、完全になくなることは決してない。わたしたちは、いつも自己否定に弱い。わたしには本当に価値がないのだろうか？　わたしが実際生きていても、誰かが心配してくれるだろうか？　もし、わたしが、明日消えてしまうならば、全てが正常になるまでどれ程の時間を要するのだろうか？　一週間、一か月、あるいは一年だろうか？　わたしたちは周りの人々に対して、色々な仕方で、絶対に必要な人物になろうと努力する。だが、その努力は説得力がない。

わたしたちが、そのように生きる時、自由は体験できない。無能さという感情がわたしたちを虜にする。たとえ、わたしたちが、いかに「あなたは自由である」と言われても価値があると思わなければ、自分の賜物を展開することにおいて、自分の強さを述べる意欲が出ないだろう。自分の賜物を展開することにおいて、引き出す自信をもてないし、その日その日を楽しんで過ごせると感じることもないだろう。

それは、あたかもわたしたちが優れていて、他の人が劣っていると、お互いに比べるという意味ではない。わたしたちには、自分の人生に関して途方もない程に興味深いものがある。一人ひとり独創的なものである。

——ガラテヤの信徒への手紙5章26節

8月16日

贖い

福音はわたしたちが贖われる物語を話すことによって、奴隷状態の経験を無効にするのだ。「わたしたちはこの宇宙のすさまじい霊の奴隷であった。神は、時が満ちた時、御子を遣わした。わたしたちが養子の子どもとして受け入れるために、御子は乙女より生まれ、律法のもとに誕生させた。律法のもとで生きている人々を贖うために。」このようなアクション満載の文章は、全てのわたしたちのためにキリストの偉大な力強い御業の描写である。そのみ言葉の一つの言葉が、わたしたちは**「贖い」**に値する者であると述べる。

パウロを知る全ての読者は、一世紀のギリシャ世界の奴隷たちが解放される経緯を身近に知っていた。**「贖う」**という言葉は奴隷解放の経緯を述べる。しばしば裕福な自由市民は、奴隷に関心を寄せていた。その理由は様々である。つまり、憐れみ・愛情・正義という理由から、時に自由市民は奴隷を解放する判断を下したのだ。そして奴隷解放に必要なお金を携えて神殿に行き、祭司にそれを渡すと、祭司は次のような託宣を述べたのだ。「アポロ神が、だれそれの奴隷をしかじかの所有者から買い上げた。この奴隷は今や自由である」と告げる。そして、祭司は奴隷の所有者であった人に、「贖いのお金」を渡すのである。これで事柄は完了するのだ。奴隷は、その奴隷の立場を脱する。それまでその人生は劣った者と見なされ、「誰かの使い走りとして役立つかどうか」だけを見られ、他も人の仕事のために働いていた男奴隷や女奴隷が、もはやそのような評価を受けることのない立場になるのだ。その人は自由になったのだ。彼に値段が付けられることは二度と起こり得なかった。もはやその人が何かを**「行う」**ことで価値があるのではなく、その人で**「ある」**ことで価値があることに変わったのだ。

以上の事柄は、パウロが述べるとおり、わたしたちが一人ひとりに起ったことなのだ。わたしたちは贖いのために選び出されたのだ。

しかし、時が満ちると、父なる神は、その御子を私たちの乙女から、しかも律法の下に生まれた者としてお遣わしになりました。それは、律法の支配下に人質になっていた者を贖い出して、わたしたちを正しい生まれながらの権利を経験するようにと自由にしてくださった。

――ガラテヤの信徒への手紙4章4~5節

8月17日

拡張することとして／免除することではなく

身近にいる人々を無視することの埋め合わせとして、他の大陸にいる人々に対して憐みを言い広めようとすることを、パウロは許さないだろう。イエスはどうだろうか。次のことを思い出さなければならない。イエスは彼の宣教の九割方を、ユダヤ人の十二部族に限定した。実にそこにこそ、全てのアメリカ人を贖う唯一の方法が隠されている。マーティン・ソーントンが述べるように、イエスはカナン人という外国人によって妨害されるはずがなかった。というのも、イエスの御業が全世界を救うからだ。飢えている子どもたちがいる。そのために、小切手が今もなお切られなければならない。宣教師が派遣されるべきなのだ。しかし、それは、わたしたちが国内で行っていることの**「拡張」**としてなされるべきことで、決っして、それは**「免除」**として、なされるべきものではない。

わたしたちの神の言葉について知る全ては次の一句にまとめられる。「隣人を自分のように愛しなさい」これが真の自由な御業である。

――ガラテヤの信徒への手紙5章14節

8月18日

生ける臨在

「聖霊」とは、聖書的な言葉である。聖霊によって、神はわたしたちの生活の中で神ご自身の歩みを分かち合ってくださる。聖霊とは神はつかみどころのない「どこか」に存在する匿名の「誰か」ではないということを意味する。聖霊とは、わたしが日々生きて行く中で体験する生きた臨在である。神はご自身をわたしに与えたもう。わたしは神を自分の中に受け入れる。聖霊とは、神の賜物であって、わたしが自分のものとし、自分の経験の中でそれを受け取るものである。

神があなたがたの中に生き呼吸をしている時、(神がそのように行い、神がイエスにあって行ったように、丁度、神がイエスにあって、そう為さった通りだが)、あなたがたは、死せる命から救われる。神の聖霊があなたがたに生きるように、あなたがたの体は、キリストのものとなったように生きるだろう!

——ローマの信徒への手紙8章11節b

8月19日

頭を使え!

福音によってわたしたちは、神の生命を受けて始まる人生へと導かれる。神は神の愛をわたしたちに注ぐのだ。憐れみ深い神は赦しへの入り口を用意される。それら全ては非常に浮き浮きさせる。そこには食欲や衝動、あるいは取り上げる・握りしめる、といった命の基本的次元を超えて、しっかりとして巨大な進展を示す人生が用意されている。わたしたちは信仰の歩みに乗り出している。わたしたちは自由になる。わたし

たちは希望に満ち溢れている。わたしたちは以前とは

比べものにならないほどに、より真剣に、より豊かに

生きている。

ところで、そのように始めた歩みだが、次はどうな

るのだろうか。愛に続く次のステップは何なのだろう

か？　用心深い疑惑なのだろうか？　それは馬鹿げ

ている。信仰に続く次のステップは何なのだろうか？

神を不快にするものを何とか避けようと努力し心配

することが続くのだろうか？　それも馬鹿げている。

恵みに続くステップは何なのだろうか？　ずる賢く

神と取引することなのだろうか？　それも馬鹿げて

いる。それは丁度つぎのようなものである。——「代

数学を学んだので、次は元に戻って指を折り数を数え

てみよう」、と。

パウロは「頭を使え」という。常識があなたを守り、

恵みの福音を放棄することがないようにしてくれる。

ただ福音に根を張り続けているからこそ、わたしたち

は愛と赦しと恵みの偉大な真理を日常の色々な課題

に応用出来るのである。

あなたがたはこのような狂ったことを続けるのか？

狂人だけが、神が始めたことを自分自身の努力で完成

できると考えるのだ。それを始めるだけの知恵や力が

ないのであれば、如何してそれを全うできると考える

のか？　痛みを覚えるような学びの全過程を通過し

た上で、それが全部無駄になる。そんなことをするの

か？　そんなことを続けていたら、今は大丈夫と見え

ても、これから間違いなく全てを台なしにすることに

なるだろう！

——ガラテヤの信徒への手紙3章3節

8月20日

健全な価値観

わたしたちの価値観とはどういうものだろうか。ク
リスチャンの歩みを通して、わたしたちは健全な価値

観を獲得できる。わたしたちは人間が財産より大切なことを知っている。復讐することよりも赦すことが好ましいことも分かっている。隣人に感銘を与えることよりも神を礼拝することがより中心的なことであることに気づいている。

価値観は確固たる方法性を持った傾向と目的を人生に注入してくれる。その価値観によって、わたしたちは、つまらない一時的な流行や気まぐれな熱狂から自由になる。価値観によって、より高い目的に向かう大きな目標を自分自身に向けることが出来る。わたしたちは福音によって、まともで健全な価値観と触れ続けることが出来る。

終わりに、兄弟たち、すべて真実なこと、すべて気高いこと、すべて正しいこと、すべて清いこと、すべて愛すべきこと、また、徳や称賛に値することがあれば、それを心に留めることにベストを尽くしなさい。すなわち最善で、最悪ではないこと。美しいことで、醜いことではないこと。褒めることで、呪うことではない。わたしから学んだこと、聞き、見て、気づいたことを実行しなさい。そうすれば全てを上手く為し、見事に調和してくださる神が共にいてくださる。

——フィリピの信徒への手紙4章8～9節

8月21日

福音の主張

わたしたちを現実と繋げているというのが、福音の主張である。——「現実の一部」だけではない。「現実の全て」と繋げるのだ。創造する神と、神が創造された世界と人々とも繋げる。福音はわたしたちを、贖うキリストと、キリストが愛する人々とも繋げる。福音はわたしたちを、自らの希望や失望の思いと繋げ、自らの疑いや信仰と繋げ、自らの有徳な行動と邪悪な行動とも繋げる。福音はわたしたちをあらゆること、つまり目に見えるものと目に見えないもの、と繋げ、正しいことと悪いこと、善と悪とも繋げる。そのように繋げ、成熟した生き方が出来るように、福音はわたしたちを訓練する。

狂気へと進む世界に、わたしたちは生きている。しかし、福音によって、わたしたちは自由に考えることができる。そうしてわたしたちは、福音により、豊かで逞しく健全な状態へと導かれる。豊かで逞しく健全であること、これこそが福音の最も魅力的な特徴の一つである。真実、信仰に生きる人々――そうした人々こそ、現実と向きい合い、同時に、驚くほど「まとも」な人々である。

それからイエスは「イエスを信じている」と言い募る人々に振り返って言われた。「今聞いたことに留まり、わたしがあなたに伝えた通り生きて見せるなら、確かに、あなたはわたしの弟子なのだ。そうする時、あなたたちはきっと、自分自身のこととして真理を経験し、真理があなたたちを自由にするだろう。」

――ヨハネによる福音書8章31～32節

8月22日

命と……死

聖書の最初のページを開くと、神が命を創造したことを読むことができる。二ページには、わたしたちは男と女が死を選んだことを読む。歴史はアンティフォニー【二組の合唱が応答形式で歌う詩（交唱歌）】によって、「命に向かう神の意志」と「死へと向かう人間の意志」を歌うのである。

「命」という言葉は、聖書や深い想像力をめぐらした文学において、生物学的な実存を遥かに凌ぐ意味を持つのである。同様に「死」という言葉もまた、生物学的な機能の終局を遥かに超える意味を持つのである。命と死という、この二つの言葉の両方ともに、文字通りのニュアンスと形而上学的なニュアンスを豊かに持っている。このように、意味深長で突き刺さるような言葉使いを用いながら、聖書は「神の命の物語」と「人間の死の物語」を語る。

簡単に言えばこういうことだ。
一人の罪によって、
すべての人に有罪の判決がくだされたように、
一人の正しい行為によって、
すべての人が義とされて命を得ることになったのだ。
一人の人の不従順によって、
多くの人が罪人とされたように、
一人の従順によって、
多くの人が正しい者とされるのだ。
――ローマの信徒への手紙5章18～19節

8月23日
神への歌

ハレルヤ!
新しい歌を　みな歌え　神に向かって
神を愛する人々は　みな共に　神を称えよ
イスラエル人は　こぞって集い
主権者である創造主
　その祝いの席に　着席する
シオンの子らは　その王を見て　喜び躍る
賛美の歌を　あげさせせよ
　踊り称えよ　神の名を
弦を鳴らせよ　どよめく音を　たてさせせよ!
何故と問うなら　民を嘉する　神ゆえに
救いの花輪を　頭に頂き
　飾れ民に　華やかに!

真を愛する者たちに　賛美の声を　あげさせせよ
今座している　その所から　叫んで歌え
神を称えるその歌を　高く叫んで歌い出せ
激しく踊る　剣舞に乗せて――
神に逆らう国民(くにたみ)に　兆すは神の　報復の時

刑罰来る　その徴
その王たちは　鎖につながれ
　ひきずりゆかれる牢獄への道
その指導者は　暮れて聞かれる
　祭儀の法の　裁きの席へ
文字通り、その上には　裁きが臨む――
いざ　神を愛する者たちよ
　栄誉ある席に就け！
ハレルヤ！
――詩編149編1～9節

8月24日

浜辺で跪く

使徒言行録21章1～6節――

どのような場所でも祈りに相応しい場所となる。被造世界はひとつの大聖堂である。クリスチャンが被造世界という偉大なる聖堂の中で跪くどんな所でも、祭壇は必要なくなる。所定の祈りであっても、突発的な祈りであっても、だれかの祈りで未だ聖別されていない場所は数少ないだろう。

あなたが今まで祈りをささげてきた重要な場所はどこですか。

祈り

神よ、わたしが今日どこにいようとも――車内であっても、台所であっても、学校であっても、職場であっても、作業場であっても――その場所を祈りの場とさせてください。

跪き、頭を垂れて、祈ります。
あなたの御霊の力で満たしてください。
あなたの救いの道へと導いてください。
イエスの御名によって。
アーメン

それからパウロは跪いて、彼らも皆も一緒に跪いて祈った。

――使徒言行録20章36節

8月25日

超自然的な興奮

幻には終わりがある。聖ヨハネは幻を見て呆然となり、現れた天使の足もとに跪き礼拝でひれ伏した。天使はその見当違いを叱責する。「そんなことをすべきではない。わたしは、あなたや、あなたの兄弟である預言者たちや、この書物の言葉を守っている人たちと、同じ僕仲間、同じ僕なのだ。神をこそ礼拝しなさい。」（ヨハネの黙示録22章19節）。啓示された神を礼拝せずに、顕現した天使を礼拝するということ、ヨハネにとって、これが二回目であった。（ヨハネの黙示録19章10節）礼拝を正しく行うことに、ヨハネはなぜそんなに苦労をしたのだろうか？　なぜ、わたしたちも同じことをするのだろうか？　理由は簡単だ。服従するよりも恍惚状態に耽ることが、より簡単だからだ。神の奉仕に参与するよりも超自然的なものに魅了されることがより簡単だからだ。容易なために、そのようなことが頻繁に起こるのである。宗教による「心酔」は感染症のようなものである。それは周期的に流行する。人々は奇跡によって楽しんでいる状態でいたいと願う。「天使の宗教」は超自然的な興奮をもたらす宗教である。それは、人々をわくわくさせる。そのようなものに長く取り囲まれていると、誰もが足を掬われ、一般的な興奮状態と呼ばれるようなものに流されてしまう。顕現した天使たちは、いつも、啓示された神よりも高い人気を獲得しているのだ。

パウロが為したことを見た群衆は、狂乱状態になって、リカオニアの方言で叫んで言った。「神々がわたしたちのところに下ってきた！　この人々は神々だ！」……バルナバとパウロは出来事に気づき彼らを制止して「あなたがたの為していることは何ですか。いったい何だか、分かるか。わたしたちは神々ではない。あなたがたと同じ人間だ。わたしたちは神のメッセージを届けなければならない。あなたたちを説得しなければならない。このような馬鹿げた神の迷信を捨て、神ご自身を受け入れなさい。生ける神を受け入れなさい。」

——使徒言行録11章11節、14～15節a

8月26日

神について明示する書物

多くの読者がヨハネの黙示録と取り組んできた方法はヨハネ自身が顕現する天使たちと取り組む仕方と似ている。ただ、ヨハネの場合は天使によってすぐに叱責されたことを留意しているのだが、そうしたことは黙示録の読者には見られない。それは、神のメッセンジャーなしに神を礼拝することは難しいからだ。それで人々は、黙示録のあらゆることに興味を抱きながら、神を無視してシンボルを探し求めて自分を見失い、数字に好奇心をそそられ、時期や季節などに熱狂的な想像を巡らせる。実に、イエスもそうした推測に厳しい言葉を述べている。（使徒1章7節参照）多くのインテリの人々や信心深い人々が天使を前にひれ伏してしまい、イエスの叱責に耳を傾けない。それは残念かつ許しがたいことである。神のことを、ヨハネの黙示録は明確に述べている。それ以上に明らかにしているものはない。この書はイエス・キリストの啓示を述べるのであって、世の終わりや、反キリストの特定、あるいは歴史の予定表を示すものではない。この書で用いられる「わたし」とは疑いもなく、この書の全体を通じて、次のことを明示する。つまり、イエス・キリストは主であること、イエス・キリストは神であること、イエス・キリストは、一人称で「イエスは誰であるか」を語ること（「わたしはアルファでありオメガである」と、開口一番で宣言させている）である。キリストへの信仰を介さなければ、この書にあることの一つも理解できない。キリストの主権を離れては、一切が無意味となる。厳密に神学的な事柄だけが、この書の中に記されているのだ。


イエスは彼らに言われた。

「その時期についての情報を、あなたがたが得ることはないだろう。その時期は御父がお決めになる。あなたがたが得るのは、聖霊なのだ。」

——使徒言行録1章7〜8a節

8月27日

神は何をしているのだろうか？

この世界の中で、神は一体どんな存在なのか。神がこの世で何を遂行しているのか。この世界を見るなら、目もくらむようなイメージが継続する中で、それは今もわたしたちに明らかにされていることが分かる。以前から確認されてきた色々な方法で、神はこの世を創造したのだ。わたしたちの目と耳が確認できるあらゆるものを超越するエネルギーをもって、あるいはわたしたちの見たり聞いたりした全てのことを凌駕する美しさの中で、この世界は作られたのだ。生まれてから死ぬまでの間、わたしたちが遭遇するもの全ては、**「ただそこにいる」**というものではない。それは神の素晴らしい創造の成果である。全ての名詞の背後には動詞がある。「創造した」という単語こそ、宇宙における最初の言葉、聖書における最初の動詞である。神はわたしたちが願ったり理解できるものを遥かに超える忍耐と知恵をもって救う。神の救いの手段とはわたしたちが発見できる領域を超えている。わたしたちが朝一に目を開けるときから、一日の最後に床についてその目を閉じるまでの間に会う人の中で神による**「形成が完成し尽くしている人」**は誰一人もいない。

わたしは新しく創造された天と地とを見た。
最初の天は去った。
最初の地は去った。
最初の海は去った。
わたしは、聖なる都エルサレムを見た。
新しく創造された天から降りてきて輝いていた。
それはまるで夫のために着飾った花嫁のように、
神のために用意を整えた。

——ヨハネの黙示録21章1〜2節

8月28日

イエス・キリストという歴史的瞬間

しかし、神の創造は荒廃しているように見えるこの世で起きている。神の救いも地獄に行くように見える人々の中で起きている。つまり、創造と救いは自明なことではない。聖ヨハネは自明でないことを、それでも、それが真実であることを深くわたしたちに示している。これらは編集長が組み立てた「大きな物語」ではない。つまり、印刷物やビデオをもってわたしたちに語りかけて、この世界で何が起こっているのか、わたしたちがどんな困難に直面しているかを知らせることが、ヨハネの黙示録の目的ではない。ただ一つ、創造と救いとが完全に明白となった瞬間があった。イエス・キリストという歴史的瞬間がそれだ。その出来事は明白に示されたが、それは長く続いたのではない。大多数の人々は気づかなかった。ただ、ほんの数時間にわたる、イエスの十字架刑と復活の出来事があっただけだ。それも、イエスの弟子である男女数人がいただけなのだ。——つまり、その数時間の間、その数名の信仰者たちが、それをはっきりと見たのだ。全ては次のことに焦点を当てていた。イエス・キリストを通して、イエス・キリストの内に、神が創造し、神が救ってくださったことを。

するとその瞬間に、二人の目が開いた。目ははっきりと開いて、二人はイエス・キリストを理解した。そしてその時、イエス・キリストは消えてしまった。二人はあれこれと思い出し、そしてこう言った「あの方が話しておられる道中、あの方が聖書をわたしたちに開き示しくださった間、炎が胸の内に燃えるのを、わたしたちは感じたではないか！」

――ルカによる福音書24章31～32節

8月29日

失われる危険性

焦点に集中し続ける試みには常にそれが失われる危険性がある。その命令は幾度も繰り返す反復が求められる。ヨハネの黙示録の著者ヨハネは繰り返しその命令を発している。すなわち、神を礼拝せよ、との命令である。ヨハネの黙示録の著者ヨハネはクリスチャンを礼拝に招く世界の名士の一人である。

24人の長老と4つの動物がひれ伏して、玉座に座っておられる神を礼拝して褒めたたえた。「アーメン！　然り！　ハレルヤ！」

――ヨハネの黙示録19章4節

8月30日

礼拝の行為

礼拝の行為とは罪によって乱されたわたしたちの共通の生活の全てが集められ、それら全てを神の支配力の御前に持ち出すことである。同時に、礼拝の行為はわたしたちが忙しさで散漫になり忘却されている全てを神の啓示へと寄せ集めることである。さらに、わたしたちが賛美や服従をもってささげることが出来るように、礼拝の行為はそれら全てをわたしたちの前に差し出す。これら全てが、ほんの一時間という礼拝で起こるのではない。一週間また一週間と一年また一年と繰り返し、全きものへと向かう積み重ねがあるのだ。

> 神と子羊の玉座が都の中心にあって、神の僕たちは神を礼拝し、御顔を仰ぎ見る。彼らの額には、神の名が記されている。もはや夜はなく、ともしびの火の光も太陽の光も要らない。
>
> ——ヨハネの黙示録22章3b～5節a

8月31日

警戒せよ

「スピリチュアリティー＝霊性」とよばれるものには常に自己陶酔の危険がある。魂の問題に強く好奇心を惹かれ、神を自分の体験の単なる装飾品としてしまう。そのような危険がある。だから十分な警戒が求められる。色々な課題の一つに「霊的な神学」がある。これがまさに、この警戒のための演習となる。「霊的な神学」はわたしたちを訓練する一つの技法である。それによって、わたしたちは、イエスの物語の中に没入し成熟しながらも、同時に他方で、イエスの物語をわたしたちが乗っ取ることがないように自制するためなのだ。

> あなたがたも、他の人と同じように、惨めに失敗してしまうだろう。自己を信頼するな。それは役に立たない。神への信頼を養え。
>
> ——コリントの信徒への手紙（一）10章12節

9月

September

9月1日

病的な証拠

もし、あなたの友達全員が「消化器について」あれこれと急に話し始めたらどうだろうか。消化器の症状を比較したり、忠告しようと電話をかけてきたり、治療薬を変えようとしたり――あなたの周りで、みんながそう始めたらどう思うだろうか。その時、あなたは「わたしの消化器、大丈夫かな?」と思うだろう。ちょうどそれと同じようなことが「**スピリチュアリティー=霊性**」に関して起こっている。確かに、スピリチュアリティーへの関心は、北米では、広く高まっている。でも、それが「北米の魂が盛んな状態」だと、わたしには思えない。

消化機能が健全な状態にある人は、特段そのことを話したりしない。同様に、魂が健全な状態にある人は、特段それについて話したりしない。わたしたちの体や魂が健やかに働いている時には、ほぼ間違いなく、そのことに気づくこともないだろう。「スピリチュアリティー」という言葉が今しばしば聞かれるのは、健全な証拠ではなく、むしろ病的な証拠といえよう。

わたしは、そのように考えて「スピリチュアリティーへ最新の関心」を「病的なもの」だと無視しているのではない。「関心そのもの」が病ではなく、「ある病」が関心を惹き起こしている。適切な治療方法が分からず、混乱が大きくなっている。しかし診断については、事実上、はっきりしている。つまり、わたしたちの蝕(むしば)む病とは「**文化の世俗化**」である。

しかし、わたしたちには、病気よりも優れた治療法がある。原初の混沌の上を舞っていた(創世記1章2節)神の御霊が残忍で混沌とした街の上を舞っている。イエスに鳩のように降りた聖霊(マタイ3章16節)は、今、イエスを信じる者にも降る。この聖霊はペンテコステの時、神がエルサレムで朝9時にいた多くの男女たちに満たしたことは、今なおシカゴでも、カルカッタでも、モスクワでも、モントリオールでも、いつでも一年中ずっと、わたしたちの間に満ち溢れておられる。

イエスは洗礼のために水に沈み、そして立ち上がった。その時、天が開け、ヨハネが神の御霊がイエスの上に降って来るのを見た――神の御霊は鳩のように見えた。御霊が続きて、ある声が聞こえてきた。「これはわたしの愛する子。わたしの愛によって選ばれた特別な者。彼こそがわたしの悦びだ」と。

――マタイによる福音書3章16～17節

9月2日

世俗化した文化

わたしたちの文化は明らかに失敗している。それは文化が**「世俗化している」**からだ。世俗化すると、文化は**「物質」**や**「機能」**に矮小化されてしまう。最初のうち、人々は例によって「世俗化した文化」の中に生きていると、喜びに満たされる。「それがどんな性質を持ち、どんな目的のためにあるのか」ということに心配せずに、全てを**「物質」**に還元し、自分の思うままに扱えるようになる――それは実に素晴らしいことだ！　と喜ぶ。さらに、「それが何につながって、結果として何を意味することになるか」ということにも煩わされずに、どんどん**「行う」**という、信じられない程の自由を得る――それは素晴らしいことだ！　と喜ぶ。だが数年も過ぎれば、わたしたちは物質の狭間で孤独になり、自由に辟易する度に、そして、わたしたちの楽しみは陰っていく。

そうなると直ぐに、次の対策が取られる――「自分自身を幸せにした物をもっと多く獲得しよう」と。つまり、多くの物をたくさん獲得し、もっと多くの行動を行ってみる。しかし数年も過ぎれば、わたしたちが少しもよくなっていないことに心から当惑する。

実に、北米アメリカ人は、優に一世紀以上にわたってこのことを為し続けてきている。わたしたちは物質や機能に矮小化する文化を創り出すことに成功してきた。その凄まじいまでの成果として、世俗化が完成しつつあることに、わたしたちは驚くかもしれない。――全ては物質と実績に還元されている！　そして孤独感と倦怠感が伝染病のように広まっている。わたしたちは成功の徴としてのＢＭＷを運転している孤独な自分。あるいは、素晴らしい転職に成功しながら、倦怠感で死にそうな自分。そいう自分たちを見て、わたしたちは驚く。

そして今や、一つひとつが「もっと欲しい」「もっと実績を」と進むことで事態が悪化し、社会の病は悪化することに少数の人々は気づき始めている。それがさらに悪化すれば、文化は死を迎える。――つまり「完全に世俗化した文化」とは「文化の死骸」である。

それを何であるかを　知ろうと願ったが、
　結局、頭が割れそうな頭痛が起こったのだった。
その苦しみは　神の聖所に入るまで続いた。
そこでわたしは、全てを悟った。
神よ、あなたは連中の道を
　滑りやすいものとされた。
そうして連中はついに
　思い違いの排水溝に落ちて滅ぶのだ。
――詩編73編16～18節

9月3日

親密さと超越性

世俗主義は危険である。それは人間が充実した人生を送るために必要な「二つのもの」を疎外し跡形もなく消し去ってしまう。人々はそのことに気づき始めている。世俗主義が脅かす二つのものとは「親密さ」と「超越性」である。**「親密さ」**とは、人間の愛や信頼や喜びを経験したいことである。**「超越性」**とは神聖な愛と信頼と喜びを経験したいことである。どちらにしても、わたしたちは一人で出来るのもではない。わたしたちは自分で**「自分自身をより」**人間らしくすることはできはない。ＢＭＷを運転したり、帽子を被り、ガウンを着て各種のアカデミックな学位を取ることで、結果的には、よりよき仕事に就き、より多くのことを為し、よりよいことが出来るだろう。しかしそれで、自分が「よりよい自分」になるわけではない。わたしたちは人間の触れ合いを必要としている。自分たちの名前を知っている人がいて欲しいと願う。そのような「親密」な関係の中に置かれて初めて、わたしたちは「自分らしさ」を確認できる。わたしたちは、自分の人生を祝福して欲しいと切実に願う。わたしたちは神聖な意味づけが人生に与えられなければ耐えられない。「超越性」という接触によって初めて、わたしたちは「自分らしさ」を確認できる。

だから、「スピリチュアリティー＝霊性」が一夜にして北米の数百万の熱狂の的となったのだろう。というのも、スピリチュアリティーこそ親密さと超越性が融合したものだからだ。人々は自分の「人生を充実させよう」ともがいて、その願いを叶えられずにいる。多くの人々は「親密さ」と「超越性」に関してひどい訓練を受けてきている。だから、そのような人々が「親密さ」と「超越性」を上手く探求できない可能性があるのも驚くに値しない。身近にあるもの多くが「親密さ」親近感を与える。——セックスやコカインで——それらがまるで本物の「親密さ」を与えると錯覚している。あるいは神秘の感覚を引き起こすものも沢山あり、それは「超越性」を実感させる。——多くのエキゾチックな「マントラ」やスリリングな「急流下り」など——それらがまるで本物の「超越性」に触れさせてくれると錯覚している。

そのような事柄に飽き飽きしている人々が、米国に溢れている。そしてジタバタとしている男女をわたしはこの目で見ている。たとえば、米国の男女が、年に一度のバレンタインカード程度のものを必死に交換している。自分たちの尊厳を守るために支払う努力——それは実に見上げたものである。何とかして「親密さ」を自分のものにしたい、何とかして「超越性」に触れたいと、多くの人が強く望んでいる。その欲望がこの北米大陸で今再び興起していることには勇気づけられる。それは最も人間らしく本質的な欲望だからだ。しかし、その欲望が知らず知らずの内に悪い方向へと助長されていることは残念なことである。

わたしはあなたがたを孤児として置き去りにはしない。すぐ戻ってくる。ほんのしばらくしたら、もうわたしのことを、この世は見なくなる。でも、あなたがたはわたしを見るようになる。何故なら、わたしが生きているのだから。そして、あなたがたも、まさに今、生きるものとなるのだから。その時、あなたがたもわかるだろう。わたしが父の内にいることを。そして、あなたがたはわたしの内にいることを。そして、わたしはあなたがたの内にいることを。

――ヨハネによる福音書14章18～20節

9月4日
この世の手法を自分に取り込んで

福音派のクリスチャンたちは、歴史的に、たしかに教会に奉仕してきた。鋭い熱意をもって信仰と生活を教会にささげ、一人ひとりが人格的に教会に参画するように力説し合い、エネルギーとパッションを注ぎ込み、戒めや導きを求めながら日々聖書に立ち戻り、そして献身的に共同体を形成してきた。がしかし、現代では、そうした情熱は「スピリチュアリティー＝霊性」の問題に対してのみに向けられている。その結果、わたしちはどこまでも世俗化した文化に影響されることとなってしまった。過去には類を見ない深刻な事態である。福音主義派の人々は、無批判にこの世の手法を自分に取り込んでいる。そのことに誰も気づかない。とりわけ、わたしたちはテクノロジーの魅力に嵌り、行動せよと駆り立ててくる熱狂主義を自分に取り込んでいる。

この世の手法を愛してはいけない。この世の物を愛してはいけない。この世を愛することは父なる神を締め出すのだ。実際には、自分のやり方を願う人、自分のためだけに全てを手にしたいと願う人、自分が一角の人物と見られたいと願う人やこの世で起きている全ては、父なる神とは一切関係はないのだから。

——ヨハネの手紙（一）2章15～16節

9月5日

神の御前に進み出る代わりに

神の御前に進み出る代わりに「さあ来て、跪き神を礼拝しよう！」——この呼びかけに応えて、神の前に進み出ること。そうして礼拝で聖なる超越の秘儀を体験すること。そうしたことの代わりに、わたしたちは「あれやこれやしたらどうか」「これに参加したらどうか」と勧め駆り立てられている。自分が役に立つことを確認したくて、あるいは輝けるのだと思い、教会のあれこれの役割や立場を引き受ける。

主はこうお答えになった。「マルタ、親愛なるマルタ、ずいぶん大騒ぎしているな。そんなにかっかすることはないだろう。いいかい、どうしても必要なことは一つしかないのだ。そしてマリアはそれを選んだ。これでいい。だからそれを取り上げてはいけない。」

——ルカによる福音書10章41～42節

9月6日

わたしたちの指導者たち

助けを得ようと指導者のもとに行くと、「わたしたちの指導者たちは、わたしたちが何を話しているかが分からない」ということに気づかされる。彼らはわたしたちに「ストレス管理プログラム」や「聖地旅行」や「家族療法」に参加するよう勧める。あるいは「ユング心理学に基づく**マイヤーズ・ブリッグスタイプ**の自己理解メソッド」を勧める。そうして、わたしたちにぴったり合った役割を見つけ、わたしたちが一層機能するように仕立てあげる。わたしたちがそれに興味を示さないと、わたしたちの指導者たちは早口で、そして大声で、話し始める。わたしたちが何か別のことに興味を持ち始めると、わたしたちの指導者たちは広告コンサルタントを雇いキャンペーンを企画し、わたしたちやわたしたちの友人たちを魅了するために工夫をする。そのような広告キャンペーンは度々機能して、人集めに成功する。あるいは「人と付き合う際に面倒を一切なしに出来ないものか」と考える人々が大勢集まる。あるいは「自分の人生について自分の主張を一切曲げることなしに、神と親しくなる方法を知りたい」と願う人々が大勢集う。だが、それらは**「わたしたちを」**魅了しない。わたしたちが手に入れたいと願っていたのはそもそも何だったのだろうか。それは「親密と超越」「身近な友人たちと身近な神」「愛と礼拝」である。

イエスはこう言った。「あなたがたの幼い子どもが魚を欲しがるならば、皿の上に生きた蛇を与え怖がらせるだろうか？　あなたがたの幼い娘が卵を欲しがるのに、サソリを与え驚かすだろうか？　このように、あなたがたは悪い者でありながらも、そのようには考えない……。自分の子どもに対してなら、とりあえずもう少しまともな対応をするだろう。愛の内にあなたを包んで考える天の父は、あなたの求めに応えて、あなたに聖霊を与えてくださる。あなたはそんなことも分からないのか？」

――ルカによる福音書11章11～13節

9月7日

信徒たちの間で

「スピリチュアリティー＝霊性」は信徒の間で多くの関心を惹いている。つまり、スーパーを経営したり、子育てをしたり、トラックを運転したり、食事を作ったり、車を販売したり、雨の中でパンクを直しながら神を信じている人々、試験に向け勉強しながらも敵のために祈っている信徒の人々の間でスピリチュアリティーへの関心が高まっている。

現代のスピリチュアリティーは「焦点」と「正確さ」「源泉：ルーツ」をひどく必要としている。つまり、キリストに焦点を合わせ、聖書に正確で、そして健全な伝統や源泉に根づくことが特に必要とされる。軽佻浮薄な現代において、福音的なクリスチャンはもう一度そのような「焦点」「正確さ」「源泉」を提供して、教会に仕えなければならない。これらの奉仕を教会に供える役割が平信徒に任せられていることは、決して教会にとって壊滅的なことではない。福音主義の強さと影響力はしばしば平信徒の中にあった。その強さと影響力は教派間の分裂を超え、既成の組織を転覆し、裏方で働き、そして底辺から始まっている。

友よ、わたしに最後まで忠実でいなさい。同じ道程を走っている人々を絶えず注意していなさい。その人々は、同じゴールを目指して走っているのだ。他の道を選び、他の神々を選ぶ人がたくさんいる。その人々は、何とかしてあなたを同じ道に誘おうとするだろう。その人々について、あなたには何度も警告してきた。悲しいことに、再度、今わたしはこの警告をしなければならない。その人々は、安易な道を望んでいる。キリストの十字架を嫌う。しかし安易な道は袋小路なのだ。

――フィリピの信徒への手紙3章17～19節a

9月8日

5つの助言

わたしにはここに「スピリチュアリティーに関する5つの助言」がある。それらを「親密さ」と「超越性」に飢え渇いている全ての人々のために提示したい。そうして、スピリチュアリティーは「福音的な焦点」と「福音的な正解さ」と「福音的な源泉」を提供するだろう。この「5つの助言」を正しく把握する時、わたしたちは他者へのリーダーシップを身につけるようになるだろう。そのリーダーシップが「福音的」リーダーシップである。それこそが今日著しくに不足しているものだ。

スピリチュアリティーに関する5つの助言

1　スピリチュアリティーについて聖書が何と述べているかを見出し、その御言葉の中に留まれ。……

2　献身を求めないスピリチュアリティーは避けよ。……

3　どこで出会うとしても、信仰の友は受け容れなさい。……

4　そしてなお、自分の伝統に戻り、さらにそれを探究しなさい。……

5　成熟した指導者を探し、賢いリーダーたちを敬いなさい。……

スピリチュアリティーは最新の流行ではなく、最も古い真理である。スピリチュアリティーとは、すなわち生ける神に深く注視し、共同体において神に忠実に応答すること。そしてそれは、わたしたちの聖書の中心であり、イスラエルと教会において何世紀にもわたって歴史において示されてきたのである。わたしたちは、この歴史の中に長く生きてきた。実にその歴史の中で4千年にもわたる経験を積み重ねてきている。誰かがあなたに新しい本を手渡す時には、意識して古典を取って開きなさい。スピリチュアリティーについて学ぶには、カール・ユングを学ぶよりもイザヤ書を学ぶ方が遥かによい。

昔の預言者をよき助言者として受け入れなさい。昔の預言者たちは、すべてを耐え忍び、すべてを経験し、一度も諦めることはなく、常に神に栄光を帰した。そのように歩み続けた人の、その人生に臨む天来の恵みの、何と大きなことだろう。

――ヤコブの手紙5章10〜11節a

9月9日

消費行動化……

神を求める熱望は、たやすく消費行動になってしまう。だから、わたしたちには導き手あるいは同伴者として、賢く良識ある友人を必要とする。「スピリチュアリティー＝霊性」を渇望している多くの人々がいる。だから、そこにひとつの市場を見出す起業家もいる。その人々はジャンク・フードのようなものを販売する。かつて、中世の巡回修道士は聖遺物と称して色々なものを売りつけた。たとえば「本物の十字架から取られた木の破片」とか「聖人の指の骨」あるいは「イエスが身に着けていた『縫い目のないローブ』から取られた一束の糸」などを、軽率で騙されやすい人が、つかまされたのだ。しかし、「スピリチュアリティー」に関して言えば、むしろ現代の北米の人々の方が、おかしなものをつかまされている。

わたしたちは「よき消費者」として生まれた時から飼い馴らされている。そのようなわたしたちであるから、消費行動で神への渇きを満たそうとする。しかし、それは言い訳にならない。福音の中には、明晰な助言があり、わたしたちに与えられている。その助言に従えば、このような消費者社会を避けることができるはずなのだ。福音はこう述べる。「貧しい人は幸いである。……自分自身を捨て、十字架を負い、私に従ってきなさい……この世を愛せず、世にあるものをも愛してはいけない」この言葉は、わたしたちの主の助言である。それは賢い福音的な信仰の先祖たちによって確認され、また色々な方法で展開されている。

「欲しい」「欲しい」「欲しい」と繰り返すばかりの世界は、じきに過ぎ去る。しかし、神ご自身がお望みになっていることを行う人は、永遠に堅く立つ。

——ヨハネの手紙（一）2章17節

9月10日

よそ者はいない

多くの人が、多くの場合、「取り残された」と感じている。「上手くかみ合っていない」あるいは「きちんと所属していない」と感じている。他方で「インサイダー」と呼ばれている人々がいる。その人たちは自分に絶大なる自信を持っているように見える。彼らは物ごとを上手に為すこつを心得ていて、わたしたちが入れない「クラブ」に出入りして、その古株たちと顔なじみなのである。

このような状況に対応する一つの方法は、自分自身のクラブを作るか、あるいは受け容れてくれるクラブに参加することである。だが、それでよいのだろうか。どうしても、誰かが排除されてしまう。つまり、わたしたちが「参加出来る」クラブがあっても、そこに「参加出来ない」誰かが生まれる。形式ばったクラブや形式ばらないクラブもある。政治的、社会的、文化的、経済的という様々なクラブもあり得る。だが、どんなクラブにも一つの共通点がある。それは「排除の論理」だ。人々の「アイデンティティー」あるいは「価値」というものは、結局、選ばれた人たち以外を全て排除することだけで、獲得されるものなのだ。仲間意識には密の味がある。それを享受するために、わたしたちは恐るべき犠牲を払っている。「他の人々」を排除することで初めて、わたしたちは仲間意識を味わう。しかしそれは、結局、現実を矮小化し、また人生を縮小してしまう。

こうした犠牲は、宗教によっても引き起こされている。これほど愚かなことは、他にはない。しかし、宗教には、その愚かなことをしてきた長い歴史がある。「クラブ」の規則に殉じるために、大いなる神の秘儀を縮小させたり、あるいは、巨大なはずの共同体を「会員制」に縮小するという愚かなことを行ってきた。しかし、神にとって、実に、排除されるべき「よそ者」など誰一人もいない。

神はユダヤ人以外の「よそ者」の神である。ユダヤ人の「インサイダー」の神であるのと、まったく等しく、神はユダヤ人以外の「よそ者」の神である。もしそうでなかったなら、どうして神は「唯一の神」であり得るだろうか。神は、その御業を歓迎する全ての人、その御業に加わる全ての人を認め給う。神がお認めになるのは、わたしたちの宗教組織に連なる人と、そして、わたしたちの宗教について何も聞いたことがない人、その両方なのだ。

――ローマの信徒への手紙3章29b～30節

9月11日

神学者を身近に

身近に親しい神学者を持つことを求めて祈るべきである。なぜなら、神学者こそいろいろな最も難しいことに対応してくれるからだ。「自己を滋養する祈り」は最も難しいことの一つである。「善意あふれる友人」を求める祈りも難しい。あるいは「悪魔の嘘」も厄介である。というのも「悪魔の嘘」はいつも、自分の私利私欲に最大の関心を持ち、それを追い求める。そうしたことに対処するために、神学者を身近に置くことを祈り求めなければならない。わたしたちは「神に関心を抱く」よりも「自分自身に関心を持つ」ところがある。「あのことが起こった」「あのことは起こらなかった」と、そんなことに夢中になるのが、わたしたちである。自分の感情と意志との間に、大きな不一致があることに当惑する。また、祈りに専念してみる時にも、「そんなことに意味があるのか」と道徳的観点からの偽装した非難の声が聞こえてきて、動揺してしまう。あるいは「特権的な霊的エリートになる方法がある」とうそぶく秘密の宣伝を見て、魅了されてしまう。

祈りは神に関することなのだ。自分自身に関わることではない。「自分自身」からではなく「神」から、わたしたちの思考・想像力・理解を始めるように訓練する。――そこに、神学者の務めがある。

神から始めなさい――学びの第一ステップは神にひれ伏すことだ。そこにある知恵や学びを軽蔑するのは、愚かな者だけなのだ。

――箴言1章7節

9月12日

再び神に注意を向ける

祈りの中で、自分たち自身を信頼できないことは紛れもない事実である。他者の助けなしでは、祈りは自分本位なものになる。すなわち「信心深い感情」や「宗教的な向上」あるいは「霊的名声」などに、わたしたちは、すっかり気を奪われてしまうことになる。だから、わたしたちに向けられている神の言葉へと意識を向けなければならない。改めて、神に関心を向けるためのガイド役となる祈りの熟達者が必要なのだ。

神に聴き続ける中で、疑いや皮肉や誘惑などがこぞって邪魔をしてくる。そしていつしか、わたしたちは自分自身に傾聴してしまう。だから、そんな時にこそ、わたしたちを目覚めさせてくれる神学者が傍にいてくれればと思う。そのようなよき神学者は、祈りにおいて神の主権を再確立することを助ける必須の技能、ひたむきな思想、それに忍耐力を与えてくれる。その技能・思想・忍耐によって、再び、わたしたちは、神を第一とすることが出来るようになる。

ピーター・ティラー・フォーサイスこそ、そうしたよき神学者である。英国会衆派の牧師・神学者で、わたしが産まれる前の１９２１年に亡くなった、しかし、わたし自身やわたしの友人たちの人生の中で、祈りを必要とする時はいつも、実に35年間もの間、友人あるいは朋友として、フォーサイスはわたしの傍らに居続けてくれた。わたしはフォーサイスを、非常に信頼の足る、計り知れないほどに精力的人物だと思う。

よき友よ。わたしが言うことを受け止めなさい。
わたしの助言を集め、命をかけてそれを守りなさい。
叡知（えいち）の世界に耳を傾けなさい。
悟りの人生へとあなたの心を向けなさい。
――箴言2章1~2節

9月13日
神学者に留まる神学者

わたしがフォーサイスを一番好きなのは、恐らく彼が神学者に留まり続けた神学者だからだ。フォーサイスが混乱することはあり得ない。ぶれることもない。ここに急所を衝く真面目な神学者がいる。わたしたちはフォーサイスに学ぶ仲間たちと共に跪いて祈る時、わたしたちは祈ることの栄光と重要性に気づかされる。

……祈りの度に、あなたがたのことを思い起こし、絶えず感謝している。いや、わたしは感謝以上のことをしているのだ。わたしは祈る度に、こう求める――「願わくば、わたしたちの主である神、イエス・キリストの神が、あなたがたに知恵と啓示を与え、神を深く知ることができるように導き給わんことを」と。
――エフェソの信徒への手紙1章16～17節

9月14日

レディ・ウィズダム

レディ・ウィズダム（叡知）が
　呼びかけているのが聞こえるか。
マダム・インサイト（洞察）が
　声高に呼びかけているのが聞こえるか。
彼女は最もにぎわう最初の大きな交差点に立ち、
人々が一番行き交う町の広場でこう叫ぶ。
「人よ、この道路にいる全ての人々よ、
わたしは声をあげる。愚かな者たちよ、
熟慮することを覚えよ。
うすのろな者たちよ、襟を正せ。
この言葉を聞き損なうな。
――わたしは上手く生きる方法を告げる。
最高に生きる方法を告げる。
わたしの唇は真理を咀嚼し、味わい、喜ぶ――
わたしは邪悪な味には耐えられない。
あなたが耳にすべきは、
　わたしの唇から出る真で公平な言葉だけ。
その一つの言葉さえ曲げられ、歪められることはない。
あなたはその真実を理解する。
――あなたには開かれていた心があるのだから。
真理を求める心は、直ぐにそれが正しいと分かる。
人生の訓練の方が、お金を追いかけるよりもいい。
神の知恵の方が、儲かるキャリアよりいい。
レディ・ウィズダム（叡知）は
罠をはる富のすべてをあつめたよりも、素晴らしい。
彼女のためにロウソクを灯せ。
それこそあなたにとって最上のことだ。」
神の知恵を優先せよ。
知恵は富の罠よりまさり、
どのような財宝も比べることは出来ない。

「さて、親愛なる子らよ、よく聞け。
わたしの道を大切に守る者の、いかに幸いなことか。
訓練の日々にしるしをつけ、賢く生きよ。
あなたの高価な人生を浪費してはならない。
わたしに聞き従う男性、女性はいかに幸いなことか。
わたしが一日の仕事を始める為に、
わたしに声をかけ、わたしの期待に応える人の、
　いかに幸いなことか。
わたしを見出すときに、あなたは命を見出す。
　それは真の命だ。
その時あなたは神の恵みを受けて満足する。
もしわたしにひどいことをするならば、
　あなたの魂がそこなわれる。
わたしを拒絶するとき、
　あなたは死を弄ぶ（もてあそぶ）ことになる。」
——箴言8章1～11節、32～36節

9月15日

リアリティーの主軸

クリスチャンとノンクリスチャンの主な違いは、クリスチャンは神を真剣に受け止めるが、ノンクリスチャンはそう考えない。わたしたちクリスチャンは神が全ての存在の中心的なリアリティーであると真摯に信じる。わたしたちクリスチャンは神がどういうお方なのか、神は何を為すかを本当に注視する。わたしたちは事実として、他のリアリティーではなく、そのリアリティーに応える形で自分たちの人生を秩序づける。神に注視するとはどういうことなのだろうか。それは、神の働きがリアルなものとなっていく過程に参与することである。

神は生きて働き給う。神の御業は聖書に明確に記載されている。それで、わたしたちは「創造された世界

の枠組み」「贖罪という働き」「助け、共感することの実例」「慰め、救うというパラダイム」を持つのである。

パウロの手紙の最後はすべて、神の御業に参与するようにと、わたしたちを促す一連の命令で締めくくられる。神の御業からクリスチャンの行為は自然に生まれ、必ず広がり、信仰が展開する。このことを、パウロは一つひとつの手紙すべてで示している。たとえば、誰かを呪うことは、神の御業とは無関係に起こる行為である。だからそれらは、馬鹿げた行為、価値のない行為、実りがない行為となる。

備えなさい。あなたがたの戦いは、とてもあなたの手に負えるものではありません。可能な限り全ての助けを借りなさい。神が作り出す全ての武器を取りなさい。全てが終わってしまい、ただ叫びが響き渡る、そのような時でも、あなたたちは立ち続けることが出来るように。

――エフェソの信徒への手紙6章10〜11節

9月16日
作家であることと、牧師であること

「作家であること」と「牧師であること」は、わたしにとって、事実上同じことである。つまり、最初、混沌への入り口に立って、事態が**「はちゃめちゃ」**になり、徐々にそこから何かが作り出される神秘が起こって、何かよいもの、何か祝福させれたものが生み出されていく。そうしたことが作家の仕事であり、また、牧師の仕事でもある。詩、祈り、会話、説教、恵みを見出すこと――こうしたことは、そうして生み出される。これがヘブライ語の信仰深い言葉「ヨシュア：yeshua」で、あるいはギリシャ人クリスチャンの言葉「ソーテリア：sotēria」が示す内容である。それが「救い」である。それらの言葉は「創造の回復」「『神の像：imago Dei』の再創造」を意味する。著述とは文学的な作業ではなく霊的作業である。牧会とは宗教的ビジネスを経営することではない。それは霊的な探究でもある。

「神の御前で精神を集中しつつ、神に傾聴する祈り」がある。それこそが牧会と著述の中心となる。著述において、わたしは言葉を用いる。牧会においては、わたしは人々と共に働く。そこでわたしが出会うのは、単なる「言葉」や「人々」ではない。そこで出会うのは精神と聖霊を伝える言葉と人々なのだ。だから、祈りなしに「言葉」を用いたり、祈ることもなく「人々」に接してはいけない。そんなことをすれば、活き活きとした命が壊れて、そこから本質的なものが漏れ始めることになる。

どうか次のことをしっかりと覚えていなさい。あなた方のことを聞いた最初のときから、わたしたちは、絶えずあなたがたのために祈っていることを。「神がその御心に合わせて知恵の思いと霊をお与えくださいますように。そして、そのことによって、どのように神様がお働きになるかについて透徹した理解を得ることができますように」と、わたしたちが神に願っていることを。

——コロサイの信徒への手紙1章9節

9月17日

道徳的汚染

エレミヤ書3章1〜5節を参照——
「あなたはこの地を汚した」(3章2節)

道徳的汚染は環境汚染と全く同じく多くの悪影響を及ぼす。そして、道徳的汚染がもたらす結果について全く関心を向けない人がいる。そうして人が無遠慮に廃棄物を生み出すのだ。知らないうちにその廃棄物が「思想」と「言葉の流れ」という土壌を汚染する。いまだ生まれない時代にまで被害を及ぼしてしまう。

今日、いったいどんな道徳的汚染が起こっているのだろうか？

わたしは次のように祈っている――「主よ！　ここに危険があります。この地の道徳的汚染の広がりに気づくと、それに圧倒され、身がすくんで何もしなくなってしまう、そのような危険があます。絶望からわたしたちを守ってください。今日何を言い、何を為すことが出来るかを、わたしに示してください。あなたが今お創りになっている新しい天と地を示すことが出来ますように。アーメン

「自己本位」を植え付ける人、他者のニーズを軽視する人（つまり、神を軽視している人！）は、大量の雑草を刈り取ることになる。その人生が示すことになるすべては、雑草となるのだ！

――ガラテヤの信徒への手紙6章8節a

9月18日

復活したキリスト

誰かを訪問したり、会議に出席したり、スケジュールを組んだりする、その一つひとつ全てに、わたしはいつも、ある期待を抱く。「復活したキリストが、わたしより先にいてくださるのだ。」「復活されたキリストが、もうその部屋におられる。」「キリストは何をしておられるのだろうか。何を話されるのだろうか。何が起こっていくのだろうか。」という期待を、わたしはいつも抱く。

わたしは、牧師という職務の中で、この期待を確かなものとするために、次の御言葉を引用するように習慣づけている。その習慣とは、全ての訪問や会議の前に、次の聖書の言葉を聞くことだ。――「イエスは復活された！　イエスは『エモールトン通り１０２０番

地』へと、あなたより先に行っている。あなたは、そこでイエスに出会うだろう。イエスが前に言っておられた、通りに。」と。そして、エモールトンの仕事が終わると、次の聖書の言葉を聞くのだ。「イエスは復活された！　キリストはあなたより先に、『聖ヨセフ病院』に行っている。あなたはそこでイエスに会うだろう。イエスが前に言っておられた、通りに。」そして、その現場に到着し、目的の部屋に入る。その時、何を為し何を言えばよいのかは、わたしはもう頭を悩ますことはしない。そこで、わたしは「復活されたキリストが何を為し・何を語るか」に注意を払うだけだ。復活したキリストが今ここで何かを為さり、何かを語られる。その一つひとつが、わたしの歩みから流れ出て、福音の物語を作り出す。わたしはその流れに従う——それで牧師としての役割を果たせる。これを伝統的神学用語では「神の先行」という。つまり恵みの先行である。わたしたちは、いつも、何か既に起こっていることに出会い続けるている。時折、わたしたちは言葉や感情をはっきりさせたり、見失われた関係を突き止めたり、記憶の一つひとつの根源的意味を取り戻すよう助けたりする。だがしかし、わたしたち牧師は、いつも復活されたキリストが既に始められたことに沿って進んでいるに過ぎない。復活されたキリストは既に何かを行ったのだ。わたしたちは、そのことに関わるだけなのだ。

天使たちは婦人たちに言った。「ここには何も恐れるものはない。あの、十字架に釘で吊り下げられたイエスを。あの方は、ここにはおられない。復活なさったのだ。あの方自身がそう言っておられた、まさにその通りに。さあ、入りなさい。そして、イエスの体が置かれていた場所を見なさい。」「さあ、来た道を急いで戻りなさい。それから、イエスは弟子たちにこう告げるのだ。『あの方は死者の中から復活された。あの方は、あなたがたより先にガリラヤへ行っている。そこでお目にかかる。』これが伝えるべきメッセージなのである。」

——マタイによる福音書28章5～7節

9月19日
神の「似姿」として創造される

わたしたちは神の**「似姿：image」**として創造されたのである。だからその帰結として「想像力(imagination.)を持っている。想像力とは、「目に見えないもの」と「目に見えるもの」を結び、天と地を結び、現在と過去を結び、現在と未来とを結ぶ能力なのだ。「目に見えないもの」にこそ、最大の投資をするのがクリスチャンである。クリスチャンと想像力は切り離せられない。現実に起こる事柄の全てを、その背後にある全体像の中にきちんと位置付けて見るために、わたしたちは想像力を用いなければならない。

信仰の行為に従って、モーセはエジプトを立ち去った。怒りに我を忘れる王を無視し、彼は断固として立ち去った。彼はただ一人の方にだけ目を注いでいた。彼が見ていたのは、人の目で見ることができない方であった。そして彼は、正しい道をぶれることなく進んだ。

――ヘブライ人への手紙11章27節

9月20日
全てのニーズに応えた果てに

宗教の世界に、一つの巨大な市場が生み出されている。その市場では、ショピングセンターでは満足が得られないニーズが満たされている。この「宗教の市場」で一目置かれているのが牧師である。顧客に満足感を与える商品の提示が、牧師たちに期待されている。そしてすぐに、わたしたち牧師は「道徳的な忠告」や「宗教的な慰め」の売買取引を開始し、手垢のついた「お決まりの手順」へと嵌まり込んでしまう。そして遠からず「流行りのプログラム・ディレクター」となったビジネスマンのような自分を見出す。わたしたち牧師は「神が造った商品（god-product）」を魅力的に展示するための方法を考案することに多くの時間を費やし、お客を喜ばせるために熟練するようになる。そして気が付くと、柔らかくてデリケートで捕らえがたい魂にはじまって、秘儀や神の愛や神の尊厳までもが、宗教的な市場の狂信と騒音の中で消し去られている。

　また一方では、そびえ立つような高遠な主、あるいは救い主、そのような神がいる。顧客のニーズを満足させるべく出来合いの包装紙にくるまれ高価な値札がつけられたもの――そんなものは神ではない。その「神」の名を呼び、その姿を共同体のみんなが見ることが出来るようにする人が必要とされている。さて、そんな人は、はたしているのだろうか？　混乱や祝福、闇や光、「傷つけること」と「癒すこと」が共にある、そのような複雑な場所で、男とも女とも、大人とも子どもとも、寄り添ってくれる人。そして遂に、表面的には全く見えない奥深い所に栄光と救いが明らかになるのを見る人。そのような人がいるのだろうか。誰もかれもが「教会という店舗」の経営することに熱中している中で、誰が「本当の牧師」として立っているのだろうか？

そこで十二人は弟子たちを集合させて、こう言った。「貧しい人々を世話する働きによって、説教をし神の言葉を教える責任をなおざりにしてしまうのは、わたしたちにとってよいことではない。そこで、親愛なる諸君、あなたたちの間から、7人を選ぼう。信頼できる人で、聖霊に満たされ、よい感性を持っている人を選ぼう。その7人に、この仕事を任せよう。そして、わたしたちは委ねられた任務に、つまり、祈りと御言葉に、専念することにしよう。」

――使徒言行録6章2～4節

9月21日
最初の霊的な指導者

わたしはその人が霊的指導者であることを初めは知らなかった。彼は自分が**「霊的な指導者」**とは思ってもいなかった。**「霊的な指導者」**という専門用語を、彼もわたしも一度も聞いたこともなかった。わたしたちはお互いにその専門用語を知らなかったが、そのことは何の妨げにもならなかった。わたしたちは共に「まだ名付けられていない働き」に従事していたのだ。夏の火曜日と木曜日の夕方にわたしたちは、教会の地下室にある祈祷室で祈りと会話をするために集っていた。それは素晴らしい時であった。彼こそ、わたしが出会った最初の霊的な指導者だったのだ。それだけではない。彼は、まさに最高の霊的な指導者の一人でもあった。わたしたちが行った祈祷室での集まりは、わたしの人生に長く影響を残す重要な一つの交わりを作り出した。わたしたちの間で起こった出来事を的確に説明する語彙が見つかるまで、すなわち、彼こそがわたしの「霊的な指導者」だったと分かるまで、実に20年以上もの時間を要したのである。

正しい者の口は澄んだ知恵の泉。
下品な口はよどんで腐った沼地。
——箴言10章31節

9月22日
仕事に適したもの

わたしは要するに、ただ牧師とはどういう意味なのかを正確に把握しようとしているだけである。そして、その仕事に適したスピリチュアリティーを育成しようとしているだけである。

わたしを牧師へと導いた人がいる。その人がわたしに引き継いだ霊性、つまり所謂「霊性＝スピリチュアルティー」について考えて見ると、それは「牧師の仕事」に適していない。それは衰弱し使い古した霊性であった。それは制度的で経歴優先的な霊性であった。それは牧師の仕事に適していないものである。

また、うわべを飾る「化粧のような霊性」というものもある。それは個人に帰せられる「カリスマ」という霊性である。それも牧師の仕事には相応しくない。

それとは違う**「聖書的な霊性」**がある。キリストにゆっくりと時間をかけて親しみ、聖霊に浸され、創造や契約に根差し培われる霊性である。わたしはその霊性を求めている。

わたしのために祈ることを忘れないでほしい。
何を語るべきか、知ることができるように。
語るべき時に語るべきことを
　語る勇気をもてるように。
福音の神秘を一つ残らず語ることができるように。
わたしはこの福音の使者として鎖につながれている。
しかしそのわたしこそ、このメッセージを
　語り出す責任を負っている者の一人なのだ。
――エフェソの信徒への手紙6章19～20節

9月23日

霊的な読み方

次の6日間は、「取って、読め」というタイトルの本から選んだもの。この本は霊的な書籍をリストアップして注解している。

先達者たちが残した**「霊的な読み方」**は、ラテン語では（lectio divina）と言われるものがある。しかしそれは、今、顧みられていない。それは「矢筒の中にある高価な矢」で神について自覚的に人生を豊かにすることを人々が大切に使い続けてきたものである。しかしそれは、わたしたちの時代になると、ひどい鈍感さにさらされ、ひどい扱いを受けるに至っている。この「特別な矢」は、矢じりを失いつつある。それは「無関心」や「悪意」よりもむしろ「無知の結果」として、そうなっている。それで**「霊的な読み方」**という時、「霊的な＝スピリチュアルな」という言葉がそこで使われているが、その意味は実際よく分からなくなっている。「スピリチュアルな本を読む」のではなく**「スピリチュアルに読む」**ことが**「霊的な読み方」**の意味なのである。「霊的な読み方」とは「霊的で宗教的な本を読むこと」ではない。身近にある一つひとつの本を「霊的に読むこと」なのだ。聖霊に聴くことが「霊的な読み方」なのだ。神が暗示しておられることに注意を払うことが「霊的な読み方」なのである。


わたしは天使に近づき、こう言った。

「その小さな巻物をください」。

天使は言った。

「受け取れ、それを食べよ」

――ヨハネの黙示録10章9節a

9月24日

心で読め

今日、読書は往々にして「消費」として広まっている。人々は本や雑誌やパンフレットを読み耽って情報を得ようとしている。それは、人間の大志や経歴、あるいは能力への「燃料補給」と考えられている。速読・多読こそがよいとされている。「分析的な読書」が推奨され、読書を通して物ごとを明確にすることが推奨される。そうでなければ、無意味で時間の無駄である。「霊的な読書」とは概ね恋人の活動である。つまり、言葉との戯れであり、文章の行間と文章そのものを同じほどに読むことである。それは悠々とした活動である。古い本の再読にしても、新しい本を始めるにしても、いつでもその準備ができていることである。また、遊び心に満ちたものでもある。つまり、友情の喜びを予測する活動である。

また、祈りに満ちたものでもある。つまり**「肉となった」**言葉から始まった永遠の対話の中で、頭だけでなく心で読めば、すべての正直な言葉が何らかの形で進化できると確信している。「霊的な読書」とは、ホセアだけでなく、ホメロスにも通じるものである。

あなたから来る
叡知のかけらの一つから熟考し
あなたが為したことを
注意深く見ている。
あなたが命に関して述べた
全ての御言葉を味わい
命のことばの一つたりとも
忘れることはない。

——詩編119編15～16節

9月25日

真の栄養素

「霊的な読書」のために、回復すべきこと、獲得しなければならない技術がたくさんある。それは、最近の流行りの技術とは一線を画すものである。「霊的な読書」のために、ゆったりとした読み方を取り戻し、何度も繰り返し読む思慮深い読み方の技術を獲得しなければいけない。「霊的な読書」においては、「情報を得ること」が読書の第一目的ではない。「交わりを得ること」が、その第一目的である。「霊的な読書とは、がつがつと食べるような読書ではない。逆に、薬用ドロップをしゃぶるようなものである」と。「霊的な読書」によって、わたしたちは知識となる情報を収集すると同時に、心を作り上げるために栄養を摂ることである。それは言葉の骨髄から真の栄養素を吸収することなのだ。

イエスの母は、これらのことを、深く、

彼女自身の心の中に留めておいた。

イエスは大人となり、肉体と精神において成長し、

神と人とに祝福された。

——ルカによる福音書2章51b～52節

9月26日
最も重要な本

クリスチャンにとって、聖書こそ「霊的な読書」の中でもっとも重要な本である。聖書を読み進んで行くと、わたしたちは自然と、同じ聖書を読んでいる友人と出会い、対話が始まることになる。これはある種のレジャーでもある。そのように始まる対話はリラックスしながら、繰り返されていく。その対話は、色々な読書の中で、多くの著者との出会いが起こる。それは色々な大陸を超え、世紀を超え、言語も超えて続いて行く。つまり「霊的な読書」のために、聖書を取り扱う様々な本が提供されている。そのような本に親しむことを数年間続けると、多くの場合、「同じ本を繰り返し読む」こととなる。聖書を霊的に読む時も、それと同じことが起こる。C・S・ルイスは、かつて「本を一度だけしか読まない人」を「非文学的な人」と定義している。

ベレアにいたユダヤ人たちはパウロの御言葉を熱心に聞き、日々毎日パウロに出会い、彼らがパウロの言ったことを支持するか否かを検討すべく聖書を調べていた。

——使徒言行録17章11節b

9月27日

常に創造的な行動

ゆったりすること、反復すること、これらはとても大切なことである。それは「いい加減」とか「怠惰」を意味しない。G・K・チェスタトンは「溌剌とした人が本を読むのと、疲れ切った人が本を読むのとの間には雲泥の差がある」と述べる。ニコラス・ベルジァーエフは『**夢と現実**』の中で溌剌とした精神の人々をこのように述べる。「読書の過程において、わたしは決して受け身にならない。読書をしている間、わたしは常に創造的な活動をしている。読書は創造的で持続的な活動である。読書をしながら本の内容を理解しながら、わたしはいつも同時に、直接的・間接的に惹き起こされる思想に気づかさせられるのだ」と。

「聖霊に応答できるように、よく注意して準備しなければならない」ということを、ジュリアン・グリーンが1941年10月6日付の日誌に記している。彼女はこう書く。――「マナの物語にはとても大切な意味が隠されている。ヘブライ人はマナを集め貯蔵すると、マナは腐敗してしまった。それは恐らく次のことを意味する。霊的な本を読む時、そこから学んだ全てを、祈りや行動で使い尽くさなければならない。そうしないと、わたしたちの内側で腐敗をもたらす結果となる。つまり、あなたがたは素晴らしい格言で満たされた頭と、完全に空っぽな心で死ぬことになる。」

フィリポが走り寄ると、宦官（かんがん）がイザヤ書を朗読しているのが聞こえた。フィリポは「あなたが読んでいることが分かりますか?」と尋ねた。宦官は「助けなくしてどうして分かりましょうか?」と答え、馬車に乗ってそばに座るようにフィリポに頼んだ。

――使徒言行録8章30～31節

9月28日

「死んだクリスチャン」によって書かれた本

一人のわたしの友人のことを話したい。彼は10代後半の若いころにクリスチャンになったが、利己的で破廉恥な宗教指導者たちに、搾取し騙されたのである。彼は幻滅しながらアルコールや麻薬の世界に逸脱してしまった。彼は薬物から自分のスピリチュアリティーを得るため20年間も費やした。

彼は麻薬を手に入れようとメキシコの山にいたある日、クリスチャンになり立ての麻薬売買人に出会った。その麻薬売買人はイエスについて話し、彼のために祈ってくれた。そうして彼は再びクリスチャンの道に戻ってくることができた。

彼はカナダの家に戻ったが、新しい生活には助けが必要なことが分かっていた。しかし彼は、以前の宗教指導者たちから受けたひどい経験があったので慎重に対応した。ある日、彼は本屋に行き店員にこう尋ねたのである。「生命のないクリスチャンが書いた本がありますか？　わたしは生きている人間の誰一人も信じることができないものですから。」彼はA・W・トーザーが書いた本を勧められ、一年の間、トーザー、つまり「死んだクリスチャン」の書いた本だけを読んで過ごしていた。彼はそこから、自分自身で、生けるクリスチャンの群れに戻るよう慎重に努力を続けたのである。そして今、彼は最も活気に溢れるクリスチャンのひとりとなった。

イエスは巻物（イザヤ書）を巻き、助手に手渡し座った。そこにいた全ての目が彼に注がれた、注意深く見守るその中で、イエスはこう言った。「聖書が歴史を作りだす時に鳴る一つの音がある。まさに今、あなたがたは聞きました。今まさに、ここで、聖書が歴史を作ったのだ。」

――ルカによる福音書4章20～21節

9月29日

モーセと共に祈る

聖書の初めの五書に書かれている言葉は、命を創り出し、個性を形づくる力を持っている。このことはどんなに強調しても強調しすぎることはない。その言葉は、三千年の間、イスラエルと教会にとって基礎をなすテキストとして役割を果たしてきた。何百万人の男女がこれらの言葉を深く考え、その意味を吸収し、その含意をよく考え、その文章のリズムや音を彼らの魂に響かせてきたのである。

多くの場合、御言葉の朗読が祈りへと発展していく。祈りへと！　なぜならば、この言葉が読まれていく過程において、この言葉は個人的に意味のある言葉になり、自分個人に向けられた答えが求められる。

聖書は神の聖霊の霊感をもって書かれた。これは広く信じられている。同様に、聖書を読むこともまた聖霊の霊感をもってなされる。これも広く体験されている。聖書が書かれた昔の時も、いや現在それが読まれる時も、同じ聖霊が現臨し働くのである。聖霊が働く時**「聖書を読むこと」**は**「聖書を祈る」**ことになる。その時、聖書の言葉はわたしたちの頭から心へ移っていく。思考と概念だけでなく、生きるための状態とエネルギーを与える場所が心である。聖書の言葉は心まで届く。そのように聖書を読み、祈ることは大きな喜びとなる。

「シリアの聖エフラエム」と呼ばれる聖人がいる。彼は五世紀に生きたクリスチャンである。彼は初めのページを読んだ時の体験を次のように述べる。

「それは聖書の最初の箇所だった。そこを読んだ時、わたしは大きな喜びに満たされた。その一言一言、一文、一文が手を広げてわたしを歓迎してくれたと感じた。最初の文章が駆け寄ってきてわたしに接吻した。そしてさらに先へと、わたしを導いてくれた。」

神の律法は、空の星々やあなたの足元の土台よりも真実で長く続く。星々が燃え尽き、地球がなくなった後でも、神の律法は生きて働く。

——マタイによる福音書5章18節

9月30日
友人同士の意図的な集い

人を祈りに招くために祈る人々がいる。友人同士の意図的な集いや、互いに傾聴し学び合う集会を企画する人がいる。あるいは電話をかけたり、手紙を書く人もいる。そのような人々は誰かを祈りへと導こうとする祈りの人である。わたしはそのような人をいつも励ましている。

初代教会のクリスチャンたちは極めて快活で喜びに溢れた集会を持っていたのである。彼らは会話し食事をするように、自然と祈りをそこで会得したのである。

わたしたちの滞在期間が終わった時、人々は町の中からわたしたちを船着き場に連れて行ってくれた。誰もかれも、ついて来てくれた。男も、女も、子どももいた。よい機会だ、ということで、わたしたちは送別会をもったのだった！　わたしたちは浜辺に跪き祈りをささげた。そして互いに別れの挨拶をしてから、わたしたちは船に乗り込み、人々は自分の家に戻って行った。

——使徒言行録21章5～6節

10月

October

10月1日

秘訣

エレミヤは23年の間、たとえ何が起ころうとも、我慢することを決めたわけではない。エレミヤは毎朝、朝日と共に起床したのである。その日は神のものであり、人間のものではなかったからである。エレミヤは拒絶されることに直面するために目覚めるのではなく、神と出会うために起床したのである。エレミヤは新たに繰り返される嘲笑に耐えるために目覚めるのでなく、主と共にいるために起床したのである。ここに、彼の辛抱強い人生の秘訣がある。彼は「今この時」を、今後営々と歩み続ける長い道のりを恐れながら捉えるのではなく、目の前の一時、すべての一時を従順な喜びと、期待に満ちた希望を抱いて迎える。——「わたしの心は準備万端なのだ」と。

準備は整った。神よ、もう大丈夫。
準備万端となりました。
賛美に準備も
神を褒めた準備も
「目覚めよ、わが魂よ！　目覚めよ、竪琴よ！
目覚めよ、この愛する寝坊助！」
——詩編108編1～2節

10月2日

維持点検の詩編

次の5日間は詩編131編に基づく

詩編131編は維持点検の詩編である。この詩編は庭師が枝を剪定することが効果的であるように、信仰者にも役に立つ。物ごとを弁えない人がつい選びがちなものを、この詩編は取り除いてくれる。また、「わたしたちの心」と「神の内にあるわたしたちの心の根源」との間にある距離を、この詩編は縮めてくれる。

詩編131編は二つのことを剪定する。一つは「始末に負えない野心」と、もう一つは「子どもじみた依存心」である。「自意識過剰」とか「駄々をこねる」という態度を、この詩編は切って捨てる。この二つは、特に信仰者の歩みをよく知らない人々の間で、うっかりすると美徳の一つと見なされてしまう。用心しないと、自分自身を破壊する、正にそのものを勧めてしまうことになるだろう。わたしたちは特別な方法で、繰り返し、矯正されなければならない。剪定を必要としている。

イエスはこう言われた「わたしの枝で実を結ばない枝は神が切り取る。ぶどうの木が豊かに実るようにと、神は全ての枝を剪定する」（ヨハネ15章2節）。わたしたちの主なる聖霊は一度ならず主の民の間で重要なことをなすために詩編131編を用いている。わたしたちが詩編を身近に理解する時、主はわたしたちに詩編を用いて働いてくださる。「わたしたちが豊かに実を結ぶように」してくださる。

「イエスは言われた」「わたしはまことのぶどうの木。わたしの父は農夫である。わたしというぶどうの木の枝で、実を結ばないものは、御父がすべて切り落とす。ぶどうの実を結ぶ枝については、御父はやはり、剪定する。そうしてさらに豊かに実を結ぶようになる。あなたがたはわたしが語った言葉で、既に刈り込まれている。」

——ヨハネによる福音書15章1〜2節

10月3日

プライドを罪と認識する

「プライドはどこから見ても美徳だ」という考えを持ってしまうと、それが罪だとはなかなか思えなくなる。「プライドは役に立つ」と力説されたり、「業績によってプライドが得られる」と言われると、やはり「プライドが罪だ」とすることは難しくなる。聖書は「根本的な罪・原罪」をどう説明するのだろうか。「自分の力に頼る罪」とか「自分を神とする罪」あるは「目前にあるものを自分の物にする罪」などは、今や「根本的な知恵」と言われている。「可能なあらゆる手段を用いて自分を向上させなさい」あるいは「どのような犠牲を払おうが前進せよ」という「知恵」が語られている。確かに、それは暫くは役に立つ。だが、最後は悪魔の手に落ちてしまう。その先には破滅があるだけである。

自分のやり方をみんなの前に見せびらかすな。自分のやり方で目立つようなお世辞を言うな。あなたは自制して、他の人を援助し、先に進ませなさい。自分の利益に没頭してはいけない。手助けするために、しばらくの間、自分のことを忘れなさい。

――フィリピの信徒への手紙2章3～4節

10月4日

向上心は創造的なエネルギー

さらに難しいのは「始末に負えない野心」を罪と認めることである。というのも、「野望」は「向上心という美徳」と、ある種のつながりを持っているからだ。平凡なことに耐えきれなくなり、創造者に憩うまではどんなことにも満足できず、神からの最高の賜物に望みをかけて精一杯努力すること――そのような「向上心」が美徳とされている。パウロがそれと同じようなことを述べている。「わたしはイエス・キリストによって上に召してくださる神からの賞を得るために目標を目指してひたすら走っている。」（フィリピ3章14節）と。しかし、もし、わたしたちが向上心を生み出すエネルギーを得て、神を無視し、神を露骨に描き出した自分の自画像と取り替えるならば、わたしたちは卑劣な傲慢に陥る結末になる。「野望」とは狂気に化した向上心である。「向上心」とはそもそも調整された、創造的なエネルギーである。「向上心」によって、わたしたちはキリストのうちに成長するよう促され、聖霊によって目標が見えるようになる。「野心」は、それと同じエネルギーをもって成長と進化をもたらす。しかしその結果、わたしたちは「野心」によって派手で安っぽいものを作り出してしまう。せっかくエデンの園で休暇を過ごせる時に、汗だくになりながらバベルの塔を作るという愚かなことに、わたしたちを追い込むのが「野心」である。

このことについて言えば、わたしは自分自身を専門家だとは全然考えていない。ただ神が前方においてくださったゴールに目をとめているだけだ。つまり、イエスをひたすら見つめている。走ったり休んだりしながら、とにかく、後ろは振り向かずに、わたしはそうしている。

——フィリピの信徒への手紙3章13〜14節

10月5日

素晴らしく生きる人生

創造の枠組みの中においてのみ、わたしたちの人生は「素晴らしいもの」となる。神が愛してくださるので、わたしたちは「愛されている」ものとなる。神が創造してくださるので、わたしたちは「被造物」でいられる。神が啓示するので、わたしたちは「理解」をする。神が命じるので、わたしたちは「応答」する。クリスチャンであるということは「創造」を受け容れることである。神をわたしたちの創造主そして贖い主として受け容れ、キリストのうちに益々栄光ある被造物へと日々成長し、喜びを広げ、愛を味わい、平安のうちに成熟する。——それがつまり、クリスチャンであることの意味である。「神の似姿に創造された」ということがどんなに大いなることであるかを、キリストの恵みによって、わたしたちは経験するのである。このような生き方以外には、希望はない。この生き方を拒絶すると、「人間の似姿」のうちに、どうしようもない無用な偽物の神を見て生きることになるだろう。

わたしは聖書の一連の流れをこう受け止める。最初のアダムは命を受けた。最後のアダムは命を与える霊である。物理的生命は最初に来た。その次に霊的生命が来た。——しっかりした土台は土から作られた。最後の完成は天から来る
——コリントの信徒への手紙（一）15章45節

10月6日

喜んで神を信頼する

信仰の道を旅する多くの人は、何がなんでも神を捉えようとする「子どもじみた信仰」から、あたかも「乳離れした子どもが満足するように」愛をもって神に応答する、そのような成熟した信仰の変遷が起こることを述べている。多くの場合、意識の高いクリスチャンの歩みは、自暴自棄に陥ったその瞬間から始まる。神はもちろん、わたしたちのニーズに応えることを拒まない。天にはわたしたちの失望を打ち破る慰めがある。その慰めは「全てが上手く行く。そのやり方でいいのだ」と確信させる。クリスチャンが信じるその初期段階では、神秘的なサインや霊的な高揚感が起こることがある。天からの慰めが到来することは稀なことではない。しかし、弟子として従うことを続けて行くにつれ、この慰めは徐々に感じられなくなる。神はわたしたちが神経症的に依存することを望まない。神をむしろ喜んで信頼することを望む。神はわたしたちを乳離れさせる。幼児期は必要以上に感傷的に延長されることはない。離乳時期はしばしば煩わしい。それで次のような誤解も見られる。「わたしがクリスチャンになった時に感じたことがもう感じられなくなった。わたしはもうクリスチャンではないのだろうか？

神はわたしを見捨ててしまったのだろうか？　何か恐ろしく悪いことを、わたしは行ったのだろうか？」、と。

答えは否だ。「神はあなたを捨てたりはしない。あなたが何か悪いことを行ったのでもない。あなたはただ「乳離れ」している最中なのである。母親の言いなりから自由になってきている。神の御許に行く行かないかは、あなたの自由となったのである。ある意味で、主に聞き、主を受け容れ、主を喜ぶためには、あなた自身が心を開いて主を招くか否かにかかっている。

詩編131編の最後の一節には、この新しく獲得された自由が表現されている。「イスラエルよ！　主を待ち望め！　これからも、そして、とこしえに！」（詩編131編3節）神と共にいることを選ぼう。神の道を熱望しよう。神の愛に応えよう。

その子（ヨハネ）は健やかに成長し、霊に満たされていた。イスラエルで預言者として初舞台を踏むまで、荒れ野に住んでいた。

――ルカによる福音書1章80節

10月7日

鏡

人は自分がどう見えているかを知るために鏡を見る。人々は自らが何者であるかを知るために詩編を見る。わたしたちは自分の外見を学ぶための素晴らしい道具として鏡を用いる。同じように、自分自身を見出すためのよい手がかりを得るために、わたしたちは詩編を用いる。「ここに新しい皺がある」とか「あそこにあるイボはずいぶん前からあったな」という感じで、鏡を使って、わたしたちは色々見出す。できる限りの努力をして「よそ行きの顔」を作ろうと、わたしたちは髭を剃ったり化粧をするが、その時に使うのが鏡である。「古代にあった悲哀の気づき」とか「隠されていた喜びを明らかにする」ために、わたしたちは詩編を用いる。可能な限り「神の御前の自分」を意識し、誠実でありのままの自分であろうとするために、詩編を使う。

自分の鼻の形や顎の曲がり具合を見せてくれるのが鏡である。他人から教えてもらって初めて気づくことを見せてくれるのが鏡である。自分の魂の形や罪の曲がり具合を、わたしたちに見せてくれるのが詩編である。つまり、わたしたちの内にある深い現実、隠れていて正体不明な現実を見つけるために必要な観点と具体的な呼び方と定義を見せてくれるのが、詩編である。

神よ！　わが歩みを究め給え。
私の人生を究めてください！
わたし自身の全てを探り出し
厳しく詰問し、試し給え
わが姿を　さやかに見せ給え

——詩編139編23節

10月8日

詩と祈り

詩編は「詩」であり、「祈り」でもある。——この二つの両方を持っている詩編の特徴は、常に心に留めておく必要がある。どちらか一方が忘れられると、詩編は誤解されるだけではなく誤用される。

神よ　わが羊飼いよ！
わたしは何も必要としない。
あなたがわたしを青草の原に伏させ
水を飲む静かなほとりで、
わたしを見出し給うから

——詩編23編1節

10月9日

露わにされ、磨かれる

「詩」とは強さをもった言語である。「詩」とは多くの人が考えるような「飾り立てたスピーチ」ではない。ぼんやりした目が霞み見落とすことがある。騒々しいおしゃべりで耳が聞き逃すことがある。わたしたちの周りや内部にあるものを見落とし聞き逃すことが沢山ある。そうしたものがあることを「詩」はわたしたちに語り、教えてくれる。言葉を使って、「詩」はありのままの現実の深みにわたしたちを引き込む。「詩」は、人生についての報告書ではない。「詩」は、わたしたちを押したり引いたりしながら、人生の只中に連れて行く。「詩」は実存の核心に響くのだ。「うわべの言葉」を遥かに超えて、「詩」は腑に落ちる言葉「根源の言葉」である。わたしたちが一度も経験したことがないようなことを、「詩」は余り語らない。むしろ「詩」は、隠れていること、忘れていること、看過していることに気づかせる。詩編は、おおむね、このような「詩」の言葉で出来ている。それが分かると、「神の理念について」とか「道徳的な行動指針」をまず第一に詩編の中に探すことがなくなるだろう。むしろ「人間が神の御前でどのような意味をもっているか」について、はっきりと詩編から見つけ出すようになる。

「祈り」とは神との交わりで用いる言葉である。神の御前で感じ、望み、応答することである。それらについて語り出すこと、それが「祈り」である。神がわたしたちに語る、神への応答が「祈り」である。「祈り」は、必ずしも理路整然としていない。沈黙、嘆息、うめき――こうしたものが神への応答でもある。それでも、神は、いつも関わってくださる。わたしたちが闇にあっても、光にあっても、信じている時も、絶望している時にも、神はいつも関わってくださる。これに慣れることは難しい。それは至難の業である。わたしたちはつい**「神について」**話してしまう。**「神に向**

かって」話さない癖がついている。わたしたちは神と議論することが大好きなのだ。しかし、詩編はその議論に抵抗する。詩編は神についての教えを提供するものではない。神にどう応えるかを身に着けるための鍛錬の機会を提供する。詩編をもって祈ることができなければ、詩編を学んだとは言えない。

わたしは、あなたを呼び求める。
神よ。あなたは答えてくださるはずだから
そうだ——答え給え！　耳を傾け給え！
さやかに聴き給え！
恵みの落書きを塀に書いてください。
受け入れ給え、
恐れおののく子どもらを
ともだちにいじめられているあの子たちを、
あなたの所へ　まっすぐに
——詩編17編6～7節

10月10日　助けてください！

詩編3編は詩編作家の最初の祈りである。詩編の1編と2編は祈りの準備となっている。詩編3編は祈りである。自分自身で助からないと気づいた時、祈りが始まる。そのような時、神に心を向けざるを得なくなる。「助けてください！」という言葉は基礎的な祈りである。わたしたちは悩み、深い淵に陥る。神の助けがなければ、どうにもならない。もし神が助けてくださるなら、救われる。そのような時に、祈りが始まる。「助けが必要だ」ということに気づかなければ如何なるのだろうか。祈りは必ず、人生の付け足し、雰囲気の問題、あるいは単なるお行儀のよさといったものになる。でも、自分が困っていると気づいたその瞬間、祈りは死活問題となる。

立ち給え、神よ！
わたしの神よ、助け給え！
——詩編3編8節a

10月11日

歩むべき道を示す

祈りは人の歩むべき道を示してくれる。わたしたちは自分が「何処にいるか」に気づいた時、自分が「誰であるか」に気づき始める。進むべき道を示されないままに歩むことは、本当に恐ろしいことである。自分のいる所が分からなければ、不安と心配に陥る。それは危険なことでもある。その場の空気が読めないからだ。敵の中にいるのに、そのことを知らなければ、命を失うかもしれない。友人たちに囲まれているのに、そのことを知らなければ、よき友人関係を失うことにもなりかねない。崖っぷちにいるのに、それを知らなければ、足を踏み外すことになるかもしれない。詩編8編をもって祈る時、わたしたちは自分が何処にいるのかを見出し、自分が誰であるか、その重要なポイントを発見する。

なぜあなたは困惑させるのか。
なぜあなたはわたしたちの歩みを顧みられるのか。

わたしたちは　神々であったのに、
　それをほとんど失いかけた。
エデンの朝日はわたしたちを照らしていたのに
あなたはわたしたちに
御手によって創造したものを任せ
あなたのお創りになったものを任せると
繰り返し言われた。

——詩編8編4〜6節

10月12日

わたしたちの罪について祈る

神はわたしたちをよい者として創造してくださった。これは基本的な事実である（詩編8編）。このことと並んで、わたしたちが過ちを犯してしまったということは、等しく根本的な事実である。わたしたちは罪について祈る。それは、自分自身が何者であるかという真理を知るためである。また、わたしたちは、神が罪人をどう扱うかを見出すために、わたしたちの罪について祈る。わたしたちが経験する罪とは、つまるところ何なのだろうか。それは結局「いくつかの悪事を行ったこと」ではない。そうではなく**「悪い存在である」**ということである。わたしたちの存在そのものの基本的な状態に問題があるのだ。間違ってやってしまった一時的過失という問題ではない。罪について祈ることは、もう二度と罪を犯さないと決意することではない。罪について祈るとは、罪人であるわたしたちと共に神が何を決意したのかを見出すことである。

わたしの罪責をこすり落とし給え
あなたの洗濯機で
わたしのもろもろの罪をうるかし流し給え
自分がどんな悪いものであったか
わたしは知っている。
わたしの罪が
わたしをにらみつけている。
——詩編51編2〜3節

10月13日

わたしたちの恐れについて祈る

この世界は恐ろしい場所である。両親、先生、友人たちの助けを借りて、わたしたちは幼児期から子ども時代に続くいくつもの危険を潜り抜けて生きて行く。その時、わたしたちは、事故、攻撃、病気、暴力、対立、といった恐怖に満ちている大人の世界に乗り出す自分を見出すのである。祈りによって、わたしたちは恐怖に照準を合わせる。祈りによって、わたしたちは恐怖と向き合う。しかし、祈りはさらに大いなるものである。祈りによってわたしたちは、勇気をもって恐れと向き合うのである。しかし、祈りは勇気をもって恐れを直視するだけではない。祈りによって、わたしたちは、恐れの中に神が臨在していることを確認するのである。

たとえ、わたしが歩むこの道が
死の陰の谷の中にあったとしても
わたしは恐れない
あなたが傍らを歩いてくれるのだから
——詩編23編4節a

10月14日
わたしたちの憎しみを祈る

神の御前では最高の状態でいたいと、わたしたちは願う。「祈りとは、神の御前でプレゼンをして、神に気に入ってもらえることだ」と、わたしたちは祈りについてそう考えてしまう。「よそ行きの服を着た祈り」という訳である。しかし、如何だろうか。ここに詩編という「神の民の祈り」がある。この詩編をもって祈る時、そのような祈りは出来ないと分かる。その時、「実際の自分自身」をさらして祈らなければいけない。「あるべき自分」を考えて祈ることは、出来なくなる。ここに詩編137編がある。この詩編は、わたしたちの中にあるベストのものではなく、わたしたちの中にある最悪なものを明示する祈りである。卑劣、悪意に満ちた、意地悪な憎悪——こうした憎しみがわたしたちの中で露わになる。神はこの憎しみを解決出来るのだろうか？

汝、バビロンよ――略奪者よ！
汝らに報復する者に報いあれ
わたしたちにした全ての悪事の故にこそ
そうだ。汝らの幼子をつかみ取り
その頭を岩にたたきつける者に
大いなる報いあれ！
――詩編137編8〜9節

10月15日

健全なクリスチャンとして成長する

人間の「回心」という出来事は、わたしたちを感激させる。それは自然で、妥当なことでもある。「新生」と「キリストの内に新しく作られること」の二つは、人生で最も重要な出来事である。しかし他方で、この「回心」を通して、全てのクリスチャンは複雑な「成長」を体験する。「新生」は重要なものである。それは人を熱狂させる。しかしだからと言って、人がこの「成長」を軽視したり、無頓着になっていいということにはならない。

「成長」とはそもそも、色々なものがそこに含まれ、細々としたもので、途方もないほどの時間を要し、多くの修練と忍耐などを必要とする。それで、わたしたちは「成長」を邪険に扱い、手早く取り扱うことが出来る事柄へと関心を移してしまう。そうして、わたしたちの関心を「回心」という出来事に向けてしまうことが、度々起こる。そのために、福音伝道の中ではスピリチュアリティーばかりが語られ、「成長」に関する事柄は話題にもならない、ということが起こる。たとえて言えば、「出産すること」自体には、使命感が伴う訳ではない。しかし「親になること」には使命感が必ず伴う。この二つを比べるなら、もちろん「出産すること」の方がやさしいと言える。

しかし、教会は如何だろうか。新しく生まれ変わった人々を成人するまで導く、長く複雑で苦悩に満ちた仕事がある。その仕事を拒否し無視する教会に対しては「聖書に述べられているほとんどのことに怠慢だ」と言わざるを得ないのではないか。

神の味を知っているあなたへ。
さあ、胸に抱かれた乳飲み子のように
混じりけのない神の純粋な慈しみを
深く飲みほしなさい。
神がどのようなお方であるかを知っている。
そうすればあなたは神にあって成長し、
全き者となるのだから。
――ペトロの手紙（一）2章2節

10月16日
成長と育ち

聖書は実によく「成長と育ち」ということに言及している。例えば、ルカによる福音書には、イエスとバプテスマのヨハネを「成長する人物」として記している。「霊において逞しく育ち」（1章80節）とヨハネについて述べ、イエスは「知恵と能力において成長し、神と人とに愛された」（2章52節）と記している。ヨハネとイエスが公生涯についての物語を開始する直前に、英語の聖書では**「成長した（grew）」**という単語が使われている。つまり「最も偉大な預言者」と「唯一の救い主」はそれぞれの宣教の豊かさを宣べ伝える者として「成長した」ことが強調されている。

使徒パウロも「成長」という言葉をよく用いている。例えば、自分の人生の意味を聖霊の内に十全に入れ込むよう強く勧める時に、この「育つ」という言葉をしばしば用いる。わたしたちが信仰的に成熟する時に、パウロは「わたしたちはもはや幼子ではなく……あらゆる面で、頭であるキリストに向かって成長していく。」（エフェソの信徒への手紙4章14、15節）と記すのだ。パウロはテサロニケの教会を称賛する時にも「あなたの信仰が益々成長し」（テサロニケの信徒への手紙二1章3節）と述べている。

ペトロも同じである。例えば「わたしたちの主、救い主イエス・キリストの恵みと知識において成長しなさい」（ペトロの手紙二3章8節）と、ペトロはクリスチャンに力説している。ペトロは成人した者と乳幼児を比べて「純粋な霊的ミルクを慕い求めなさい。それを飲んであなたがたが救いに成長するように」（ペトロの手紙一2章2節）と述べている。

わたしたちを神の国に参与させる色々な譬え話がある。「成長」はその根本的な隠喩である。「成長」イメージが最もドラマチックに書かれているのはヨハネによる福音書12章24節の中心部にある次の言葉である。「一粒の種が地に落ちて死ななければ、成長しない。だが死ねば、成長する」これはイエスの言葉である。「成長」はヨハネによる福音書の重要な関心事であった。「神がキリストにおいて為すあらゆる御業へと成熟させること」と「わたしたちの人生の営みの一つひとつを、イエス・キリストの御業に結集させること」に、ヨハネは関心を寄せている。ヨハネは福音をこの二つに等分している。そして12章24節における「成長」というイメージが、この両者をつなぎ合わせる蝶番（ちょうつがい）となっている。

イエスは言われた。「よく聞きなさい。もし一粒の麦が地に落ちて死ななければ、一粒の麦以上には決してならない。だが、もし地落ちれば、芽を出し何倍にも実を結ぶ。同じように、命に固執する者はそれを滅ぼす。しかし、命をあなたの愛の内に思い切って手放せば、永久に、現実に、永遠に、命を持つことになる。」

――ヨハネによる福音書12章24～25節

10月17日

成長は痛みを伴う

神がわたしたちの中で何かを為そうとする時、わたしたちは成長する。だからと言って、成長する時に痛みが伴わないということではない。成長する時、心や感情や体の中で新しい部分が目覚める。その時、わたしたちはしばしば痛みを感じる。わたしたちは、そのように成長することに慣れていない。しかし、そのような痛みは驚くべきことではない。——新しい運動を始める時はいつも、わたしたちの肉体は筋肉痛を感じる。アスリートはトレーニングを始める時、ひどい筋肉痛を覚悟する。キリストに献身し、キリストの戒めに服従する時、わたしたちは自分自身を超えて行く。その時、わたしたちは自分が成長するのを感じ、痛みを覚える。しかし、その痛みは、拷問や刑罰がもたらす痛みとは全く違う。成長する時に味わう痛みは、後に後悔を残さない。その痛みは健康に導くもので、病気やノイローゼにさせるものではない。

このことについて述べるにはたくさんの時間が必要だ。しかし、あなたは他人の話を聞こうとはしない悪癖をつけてしまった。それで、このことを分かってもらうことは難しいと思っている。なぜなら、いつもどうしても聴こうとしないのだから。本当は、もうあなたは自分ひとりで学ぶべきだが、なお一緒に座ってくれる誰かを必要としている。神についての基本的な事柄をもう一度、最初からやり直す必要がある。つまり、ずいぶん前から、あなたは固い食べ物を食べる年齢になっているのに、あなたはまだ、幼子のミルクを必要としているのだ。

——ヘブライ人への手紙5章11~12節

10月18日
自己反省

ここでは、自己反省を事前に慎重な塾慮なく軽率に扱われている。霊的に熟練した人々は、わたしたちの信仰において、自己反省というものに一貫して反対している。成長は静寂の内に、隠れた仕方で、沈黙と孤独の中で起こる。そのプロセスは観察可能なものではない。霊的な体温をいつも計り続けると健康を損なう。自分が成長しているかどうかを自己反省する時、実際のところ、わたしたちは何をしているのだろうか。——その時はいつも、わたしたちは「自分の感情がどうであるか」を確かめているに過ぎない。そして、その感情は、特に信仰の問題において、札付きの嘘つきなのである。

自らの霊的成長に強く関心を向けると、どうしても、内にこもりノイローゼになってしまう。だから、そうではない形で霊的成長を確認する仕方をとるべきなのだ。それは礼拝する共同体に参画することである。健やかな霊的成長は他者の存在。——つまり、兄弟姉妹や牧師や教師など。——を必要とする。個人の中に閉じこもる孤高の生活の中では、霊的な成長は望めない。キリストの名の下に二人または三人が共に集うこと。そうして初めて、わたしたちは互いに健やかに保てるものなのだ。

父なる神の御前に合格するような真の宗教とは何か。
それは、窮地にあるホームレスや
愛されない人に手を差し伸べ、
不道徳なこの世の汚染から身を守ることだ。
——ヤコブの手紙1章27節

10月19日

公の礼拝

神は成長する色々な方法を与えている。たとえば、祈りと聖書、沈黙と孤独、苦悩と奉仕――その中で巨大で根本的なものこそ、公の礼拝である。霊的成長は孤立から生まれない。霊的成長は、クリスチャンと神との間で起こるプライベートな事柄ではない。隣人と自分自身も両方とも愛してくださる神の御前に、わたしたちは礼拝を通して、共に立つのである。他のどのような機会にも優って、礼拝を通して、わたしたちは自分自身の心を意識的に開くことが出来るようになる。そうして「神の御業」と「隣人のニーズ」の両方に、わたしたちは開かれる。その両方が、キリストの満ち満ちた高みへと成長するよう、わたしたちを促す。このキリストは「神であり、同時にまた人である」という方である。つまり、キリストはわたしたちのために「そのような方」でいますということだ。子どもが成長する時に逃れ場や食べ物が不可欠なように、いつもの礼拝・信仰に溢れた礼拝は、クリスチャンが成長するために、必要不可欠なものである。成長期の子どもには十分な食物と安全な場所が必要である。礼拝は光であり空気である。霊的な成長は公の開かれた礼拝で起こる。

> 彼らは食事をした後、
> 日毎の礼拝を神殿で守っていた。
> その食卓はそれぞれ神を賛美するにふさわしく、
> お祝いの席となり、
> 活き活きとして喜びにあふれていた。
>
> ――使徒言行録2章46~47節

10月20日

迫害される人々は幸いである。

そっけない荒々しい水流が、
友達のように優しいことをしてくれる。
呪いに満ちた災い　断崖にかかる爆布
それらに磨かれ　石は磨かれる
激しく流れ落ちる白波の嵐に
嫌悪が引き起こす冒瀆が洗い流される。
白波は太陽の光を浴び　虹のしぶきが
ヨヨゲイニ（ペンシルバニア州の大河）にアーチをかける。
鉄面皮の水の流れに襲われて
地表は岩盤まで沈下する。
そこに培われるのは　賢慮を伴った服従
それは静かな　ごつごつした　その時だけ生まれる、
水たまり。
そこで奔流は精錬され鎮まる。
そこには白い小さなヘムロックの花が咲き乱れ
生い茂ったその緑の下に　満々とした水。
鳥とシカが来て　喉を潤し水浴びをする。
平和の裡に――迫害の賜物は、ここにある。
苦労して手に入れたものに　祝あれかし。

イエスは言われた。
「神への献身が迫害を呼び起こす時、
あなたは幸いだ。
迫害があなたがたを益々深く
神の御国へと導くのだから。」
――マタイによる福音書5章10節

10月21日

聖なる天職

次の抜粋は「牧師」を「主婦」「店長」「教師」「労働者」などに置き換えることが出来る。

わたしがドストエフスキーと初めて出会ったのは、彼の著書「白痴」に記されているムイシキン侯爵を通してであった。当時わたしは後に「職における聖なるもの」と呼ぶものを求めていたのだが、ムイシキン侯爵がそれがどういうものかを把握するイメージを広げてくれた。

この世をどう変えたらよいのか。この世は「はちゃめちゃ」である。人々は霊的困窮、道徳的退廃、物質的混迷に生きている。何か大がかりなオーバーホールが求められている。誰かが何かを**「実践する」**必要がある。「このわたし」が何かをしなければいけない。どこから始めたらいいのだろうか？

「自我の王国」に浸りきった文化で「神の国」を語る意味が何処にあるのか？　繊細、脆弱、壊れやすい言葉がお金や武器や脅迫者に対抗して生き残るにはどうすればいいのか？　無力な牧師たちに一体何ができるのだろうか？　カントリー歌手、麻薬組織のボス(drug lords)、石油大企業家などに大金を払うのが、この社会である。

どうすれば健全なアイデンティティーを保つことが出来るのだろうか？　わたしの周りではみんな、男性像・女性像・牧師像を「主義主張や権力」によって組み立てようとしている。それらの男性像・女性像・牧師像は、みな、何かを引き起こすような力と「これは重要だ」と印象づけるイメージに基づいた実に力強いものとなっている。しかしそれらのイメージはどれも、わたしの内に示される「神からの召命」と合致していない。それなのにどうも、現実には、神とは関係のないただの「野心」が「召命・天職」のように見えるのはなぜだろうか？――その謎を解いてくれるのがドストエフスキーのムイシキン侯爵なのだ。

彼は出会う全ての人に単純で天真爛漫な印象を与える。「ムイシキン侯爵はこの世がどう動いているかを知らない」という印象である。「ムイシキン侯爵は社会の複雑さを全く経験していない」。彼は「現実の世界」に無知である。つまり「白痴……」なのだ。

「召命・天職」とは一体何なのか――社会にうんざりしている人が、この問題と向き合っている。

わたしは**「どう」**関わっていけばいいのか？

この問題と向き合う際、

中心に置くべきものは何なのか？

それは「銃」なのか「恵み」なのか？

ドストエフスキーはある種の登場人物を作り出した。その人物は「キリストのための愚者」である。「恵み」を選ぶ人々だ。ドストエフスキーは、キリストのために馬鹿になる登場人物を創作したのである。その中でも、わたしのお気に入りはムイシキン侯爵である。

イエスはこう言った。

「これこそ大いなる業、

わたしがあなたがたに天職として授けたものだ。

それに圧倒されてはいけない。

小さなことから始めることだ。

それが一番いい。

たとえば、喉が渇いている人に

一杯の冷たい水を差し上げることだ。

与えたり受けたりする、その最も小さな行為が、

あなたにとって本当の研修となるだろう。

あなたはその一点において、

報いを受け損なうことはない。」

――マタイによる福音書10章42節

10月22日

ネロ・ウルフ　太った私立探偵

次は Rex Stout 著『Fer-De-Lance』の黙想。

レックス・スタウトが著した殺人シリーズがある。その主人公ネロ・ウルフは、太った私立探偵であって、聖職者ではない。しかしこの30年間、わたしも、わたしの友人たちも、この本を読むことが「キリスト教瞑想の現代的実践」となると思い、一つの譬え話として、この本を楽しんできた。ネロ・ウルフの物語は単なる探偵小説としてだけで、世間に広く知れ渡っている。これこそ、現代的な感性が人々を鈍麻させている証拠である。ジョナサン・スウィフト【アイルランド生まれの英国風刺作家】のように、このシリーズの著者スタウトは、神学的明瞭さを帯びた作品として、この作品を著したのである。作者スタウトこそ、知的で内容豊かな探偵小説を著したベストセラー作家として、世間に認められるべき人物である。スタウトは実際にそう認められていた。しかし、彼が得た経済的利益に比べて、その内容への人々の理解はどうだろうか。今もなお、彼は完全に誤解されている。それは真面目で誠実な作家である彼にとって、実に屈辱的であるに違いない。

神学的意味を読み取れる読者には、その捜査の様子を少し見るだけで直ぐ「私立探偵ネロ・ウルフ」自体が現代世界の教会の在り方を表していると分かる。まず、ウルフは身体的に明らかな特徴がある。そこには教会と同類の何かが読み取れる。つまり彼は巨大なのである。読者は彼の「体重」に圧倒される。それは聖書的な意味での「栄光」の語源（ヘブライ語の「栄光」の語源は「よく知られている」）を思い起こす。他のどれにも優って、彼はそこに存在している。それは一目でわかる。彼を見落とすことは絶対に出来ない。——彼はとにかく「デブ」なのだ。教会はキリストの体である。キリストの肉体としての教会の大切さを強く主張することに加えて、キリストの体としての教会には「魅力が何もない」という意見が広まっている。キリストの体としての教会は、中傷とジョークの対象となっている。ここにウルフと教会の共通点がある。

ウルフの天才は、その知性とスタイルによって描き出されている。彼はお客におべっかを使わない。「コネ(contacts)」を手に入れようともしない。「ついでに言えば、ネロ・ウルフはコネという言葉を決して使わない。彼はかつて「コネ」という言葉がきちんと定義づけて説明されているということで、辞書を一ページずつ破って燃やしたことがある。」

ウルフは自分から出て行って捜査をしない。つまり彼はこの世のニーズに自分自身を合わせようとしない。物語が展開して行く、その中心にウルフはいる。彼は意思や黙想の中心にいる。彼は力や活動の中心にはいない。ウルフはキリスト教のスピリチュアリティーの理論的枠組み(パラダイム)を提供してくれる。そのスピリチュアリティーは寡黙で、打ち解けずシャイなのだが、ここぞという時に、巨大な存在感を示してくれる。ウルフは宣伝テクニックや広報プログラムを必要としない。彼はそこに存在して、必要とされている。なぜならば、この世に問題(殺人、その他の過激な犯罪)があるからだ。彼は黙想的な生活のモデルを提供してくれる。それはこの世では慕われていない。それは人から好かれるようにデザインされてもいない。それは素晴らしく堂々としている。中核的で、重要で、実際のところ、それが彼の天才の所以となっている。しかし、それは「あなたの好み」には合わないかもしれない。

以上全ての中に、現在の教会への批判が読み取れる。教会は今広報担当者によって引きずり倒されている。広報担当者たちは牧師となって、キリスト教の説教壇に登場し、教会を魅力あるものとし、擬人化し、感傷的なものとしてきたのだ。ウルフはそのような在り方に冷や水を浴びせる存在である。さらに、ウルフは自己弁護的な言辞を忌み嫌う。つまり、バルト主義者が示すとおりの「弁証学」への忌避がそこに続く。「この世界においてキリスト教が頼りになり効果的であること」を保証する努力を忌避する。ウルフはただこう語る。「教えてあげることも出来るよ。でも、どうだろうか。わたしはその価値が分かるが、あなたにはその価値が分からないだろうなぁ。」教会が自己弁護を試みる時、あるいは、世界が理解できる方法で自分のことを受け容れやすく宣伝する時に、霊的な命は安っぽくなる。ウルフはそのことを教えてくれる。

あなたがたが知っているように、
　教会とはこの世の些末なことがらに関わない。
この世は、教会にとって些末なのだ。
教会はキリストの体である。
キリストは教会で語り、行動する。
教会を通してキリストが臨在し全てを満たすのだ。
——エフェソの信徒への手紙1章22〜23節

10月23日 信仰の深さを測る

「わたしたちはどれほど信仰があるか」「どうしたらもっと信仰深くなるか」——わたしはこのような話題を全く避けることは賢明なことだと考える。「信仰とは感覚」と考える人がいる。信仰とは「信念に関する感覚」あるいは「敬虔についての感覚」だという。そういう人は「信仰」について検討しているつもりで「情動」を検討してしまっている。「信仰」は「感覚」ではない。信仰は純粋に「同意」の行為である。「心を開く」行為である。「好み」とは全く違う。信仰とは「神がなさること」に関わることで「わたしたちがどう感じるか」に関わらない。

信仰の深さを測る時、わたしたちはまず、自分の観点から計ろうとする。そして常に間違ったものを見てしまう。その代りに、もし「神がなさること」だけに注意を向けると、「神がなしておられること」がどんどん見えてくる。本当にそれは無尽蔵であることに気づく。「神は御霊を計り知れないほど、計測不可能なほどに、お与えになる」（ヨハネ3章34節）とイエスが言った通りに、だ。神は御霊を惜しみなく与えてくださる。神の無限と贅沢さが、ここにはある。しかし自分の側から物ごとを計測していると、決して見つけることは出来ない。

10月24日

願望と希望

イエスがこう言われた。
「神が御霊を小出しにチョコチョコとお与えになる、などと考えてはいけない。
御父は御子を途方もなく愛される。
御父は御子にすべてのものを引き渡された。
それで、御父はすべてのものを
御子に渡し切ることが出来た。
つまり、賜物の贅沢な分配があるのだ。
だから、御子を受け入れ信頼する人は誰でも、
すべてにおいて、その分け前に与るのだ。」
――ヨハネによる福音書3章34b～35節

「希望」と「願望」を区別することは絶対に重要なことである。この二つは同じではない。「願望」を、わたしたち全てが持っている。「願望」とは、わたしたちがやりたいことや必要と考えていることの未来に向けての投影である。わたしたちはよいことや聖なる物を願うこともある。しかし、それだからと言って、その「願望」が「希望」であるとは限らない。「願望」とは、自分のエゴを将来に広げることを切望することである。「希望」とは神が為そうとすることを切望することである。しかも、その「神が為そうとすること」が何であるか分からないうちに、それを切望すること――それを「希望」と

いう。

「願望」はわたしたちのエゴから育つ。「希望」は、信仰から育つ。「願望」は、必ず、わたしについて、人や神について「足りない」と感じることとつながっている。「希望」は必ず、わたしについて、物質世界について、人間世界について、わたしを超えて「足りない」と、神が感じることとつながっている。

「願望」は未来への反映されたわたしたちの意志である。他方で、「希望」は未来からくる神の意志である。あなたがたは次のことを想像して見てください。「願望」はわたしたちの中から孤を描いて進む。それは未来へ飛び去る矢である。「希望」は神の中から孤を描いて進む。それはわたしに飛んでくる矢である。

「希望」はわたしたちの驚きとなる。わたしたちは自分たちにとって何がベストであるかが分からない。わたしたちは自分の生涯が如何にして全うされるのかをも分からない。だから「希望」はわたしたちの驚きとなる。

「希望」を育むには「願望」を抑えなければならない。自分の「願望」を空想することを拒否しなければいけない。そうして初めて「希望」は育まれる。

……次に神が何を為すのかを、機敏に対処しなさい。このような機敏な期待感を持つと、決して物足りなさを感じることはない。反って――容器がいくつあっても、神が聖霊を通してわたしたちの人生に惜しみなく注ぐものを収めることは出来ない。

――ローマの信徒への手紙5章4b~5節

10月25日

期待に満ち、そして、活き活きと

希望によって、わたしたちは期待し、活き活きとさせられる。そのようにして、希望はクリスチャンの生活に影響を与える。希望を僅かしか持たない人々は、単調で退屈な人生を生きていく。というのも、そのような人は「次に何が起こるかを知っている」と考えているからだ。そういう人は神や周りの人のことや、自分のことを自ら勝手に予測し査定してしまう。「何が起こるかも知っている」と決め込んでいる。

希望を持つ人は、次に何がおこるかを全く知らない人である。そういう人は、神はよきお方だという理由で、これからよいことが起こると期待する。災難が起きた時にも、如何にして神がよいことのために邪悪なことも用いられるのかと期待して見る。希望を持つ人とは、そういう人である。

希望を持つ人は活き活きと神に向き合っている。希望は力強い。希望は刺激的だ。希望はわたしたちをいつもわくわくさせる。希望によって、わたしたちは、予期せぬものを探し続ける。

待つことが妊婦の評価を下げたりしないと同様に、待つことはわたしたちの評価を下げない。わたしたちは、待つことにおいて大きくなる。もちろん、大きくしてくれるものが何であるか、わたしたちは全く知らない。ただ、待ち望むほどに、わたしたちは大きくなり、そのぶんだけ期待が喜びに溢れてくることなのだ。

——ローマの信徒への手紙8章24〜25節

10月26日

訓練が無意味で空虚に感じる時

多くの場合、ほとんどの訓練は退屈で命がないように感じる。信仰者はこのことにもっと注意を向けるべきである。アメリカでは特にそうなのだ、何かを長時間待たなければならない時、待ちきれないことがある。わたしたちは訓練において、安直な刺激を見出せないと、直ぐに「これは駄目だ」と安易に判断してしまいがちである。しかし、私たちが「活気がない」とか、「味気がない」とか、「退屈」というものは、実は単純に私たちの目覚めが遅いことに他ならない。それを我慢するしかない。
「生きる」というものは、そもそも、端的に「単調」で「退屈」なものである。だから、キリスト教的生活において「もっと」と願うシンプルな欲望が出てくる。辛抱強く待ちなさい。それは聖霊の御業である。聖霊の働きにシンプルに身を委ねなさい。そうすれば、わたしたちのうち内に聖霊が働いてくださる。

その間に、わたしたちが待っている間に疲れ果ててしまう時がある。神の御霊がわたしたちのすぐそばで助けてくださる。わたしたちが如何のように何を祈ったらいいのか分からない時、それは問題ではない。御霊自らわたしたちのために、わたしたちの中で、言葉にならない嘆きと痛みを伴う呻きをもって祈ってくださる。
——ローマの信徒への手紙8章26節

10月27日

御言葉に「聴く」ことを学ぶ

聖書を「霊的道具箱」と捉えてしまうと見当違いがおこる。色々な物を取りだし、それを自分のために使う、そのように聖書を利用することは出来ない。なぜなら、「神の御前に立つこと」が霊的生活のすべてのプロセスである。神は生きており、神の御言葉を通して現臨し、御言葉を通して創造し、贖う。わたしたちが聖書を使うのではない。神の御心がわたしたちの中に働くように、神が聖書を用いられる。

イエスは言った。
「あなたがたは、永遠の命が見つかると考えて、
いつも聖書に没頭している。
そして、木を見て森を見失っている。

聖書は全て『わたし』について書いているのだ！
わたしはここにいる。わたしはあなた方の前にいる。
あなたがたは命を欲しいと言っている。
ただ、その命を、わたしから受け取りたくないのだ。」
――ヨハネによる福音書5章39～40節

10月28日
書かれた神の御言葉

何時でも読むことが出来るようにと、聖書という形で「神の言葉」が書かれ印刷されている。これは大きな幸いと言えよう。しかし、神の言葉が書かれているということは一長一短なところがある。つまり聖書に「書かれている」というために「神の言葉」にいつも十分注意を向けることが困難になることがある。この困難は、霊的人生の只中に存在している。この困難は「所有権」という概念に端を発していると言ってもいい。

――いまここで『神の言葉』がわたしたちを所有しているのではなく、むしろわたしたちが「神の言葉」を所有している」と考えてみれば、それが分かると思う。「聖書を一冊購入する」という、ただそれだけの単純な行為に、実は微妙な副作用がある。それに、わたしたちは向き合う必要がある。わたしたちが聖書を購入し、それを所有する。だから、「聖書を自分が欲する方法で使うことが出来る」と、そのように安易に考えてしまう。

クリスチャンの多くが読み書きが出来ない時代があった。その頃、この危険は深刻ではなかった。というのも、聖書は聴くもので、決して読むものではなかったからだ。まず、一つひとつの聖書の言葉は語られ、人はそれを聴いた。活字となる前、聖書の多くは、音声に乗って届けられ、人々に聴かれたのである。新約聖書にある「書簡」さえも、それらは手紙として最初に書かれたのだが、それらは、それぞれの手紙の宛先となった教会の中で大きな声で読まれ、人々はそれを聴いていたのである。

聴くことと、読むことは違う。わたしたちが耳に言葉が入ると、応答を促される。その時、何か出来事が起こる。人は言葉を聴く時、その片言隻句(へんげんせっく)やワン・フレーズを聴き取るに留まらず、それから一歩踏み出す、それを分析する。そうして、聴く人はいつしかメッセージを待ち望むようになる。語る者はメッセージ総体を提示し、それを聴くわたしたちは全人格で応答することになる。しかし、このメッセージが一旦書かれると如何なるのだろうか。その時、自分の思いに任せて、いつでも「聴くことを止める」ということが出来るようになる。

イエスは言った。「あなたがたは聖書を一度も読んだことがないのか。神が柴の所でモーセにこう言われた。わたしは、アブラハムの神、イサクの神、ヤコブの神である。(であった、ではない)。生ける神は死んだ者の神ではなく生きている者の神だ。あなたがたは全く間違っている。」

――マルコによる福音書12章26b～27節

10月29日

「在る」ことと「為す」こと

イエスはこう言われた。「神への近道を求めてはいけない。世の中には『あなたの余暇時間で』とか『あなたはできる』とか『楽に必ず成功する』という言葉で呼びかける、ありきたりの手法を用いた宣伝文句に溢れている。多くの人々がそれに引っ掛かっている。そのような代物に近づいてはいけない。命への道、すなわち神への道は、そのようなものではない。それは活力に溢れ、あなたが全身全霊で集中するよう求めるものなのだ。」

「いつも笑顔を絶やさない偽牧師、わざとらしい誠実さを売り物にするまがいものの牧師に警戒しなさい。彼らは色々な仕方で騙そうとしてくる。カリスマに魅了されてはいけない。品性に目を留めなさい。説教者がどんな人物で『在る』か、が重要なのだ。その言葉遣いには、ほとんど何の意味もない。本物の指導者は、決して、あなたの情緒や財布から何かを搾取したりはしない。悪いリンゴを実らせる病んでいる木は、切り倒され焼かれてしまうだろう。」

「正確なパスワード――例えば『主よ！　主よ！』という言葉を使っただけで、あなたが私から得られるものはない。求められているのは、真摯な忍従だ。必要なことは、わたしたちの天にいます父の御心を『為す』ことだ。今、わたしには見えている。――終末の最後の日に、何千人もの人々が胸を張ってわたしに次のように言う『主よ！　メッセージを説教で語りました。悪魔も打破しました。神様の出資で始めたプロジェクトは、実に、みんなの知るところとなりました』さて、その時、わたしたちは何というだろうか。『あなたは絶好の機会を逃してしまった。あなたは自分がひとかどの人物であると見せかけるために利用しただけだ。あなたはこれっぽっちも感銘を与えることがなかった。ここから出て行け。』

――マタイによる福音書7章13～23節

10月30日

土台となる言葉

わたしがあなたがたに話すこれらの言葉は、あなたの人生にとって、決して枝葉末節のものではなく、付け足しのものでもない。あなたの生活の基準に関する話をしたいのだが、それは、家主が自分の家の改築を議論するような話ではないのだ。

わたしがこれから話す言葉は、人生の基礎そのものであり、人生が打ち立てられるべき土台である。あなたがこのわたしの言葉を生活の中で用いていくなら、その時、あなたはまるで岩の上に家を建てた賢い大工のようだと、言えるだろう。雨が降り、川が氾濫し、竜巻が襲っても、そうした大工が建てた家は、びくともしない。岩の上に固定されていたからだ。当然のことだ。」

「しかし聖書研究でだけ、わたしの言葉を使い、自分の生活に用いないなら、その時、あなたはまるで砂の上に家を建てた愚かな大工ようだ、と言えるだろう。嵐が吹き荒れ、波が襲う時、そうした家はトランプのカードを組み合わせて作った家のように崩れてしまうだろう。」

イエスがこう語り終えると、群衆は威勢よく拍手喝采した。このような言葉を一度も聞いたことがなかったからだ。イエスは言行を一致させていると、人々にははっきり分かった。——その点においてイエスは、当時の宗教指導者と全く違っていたのだ！　群衆にとって、これまで聞いたどんな教えよりも、イエスの教えは素晴らしかった。

——マタイによる福音書7章24～29節

10月31日

心の清き人々は幸いである。

このゴツゴツ厳しく簡素な大地
春の雪崩に襲われて
ごっそりと滑り落ちてしまった崖錐斜面
あるいは、モンタナ州にあるグレイシャー国立公園のアペクニー地層
そんな泥岩が、牧草地となる。
高地には純白の花をつける
ユッカ・フラギダの群生が輝く
その輝きは岩を照らし、岩につく苔を照らし、
山間の湖を照らす。
太陽が放つ死の光線は変えられて
熊の食料となり、鳥たちの飲料となる——
心の清い被造物たちは祝福の中で活き活きと

その上に神の御顔が臨んでいる。
それなのになお、わたしたちのように、
はるかに落ち込んだ場所にいる者は
その御顔を見ることができず、また
生気を失っている。
一つ一つの花を見よ。その内には
暗黒の中にいつか開く光景があり
新しい誕生を手探りするものがある。
こうした輝きを通して、
わたしたちの歩む道は栄光につながっていく。

イエスは言われた。「内なる世界――あなたの意識と心の世界――を正しい位置におくことができるなら、あなたは幸いだ。その時、あなたは神をこの世界の外側に見ることができるだろう。」

――マタイによる福音書5章8節

11月

November

11月1日

聖書を読む前の祈り

わたしたちの教育のシステムは総じて、間違った方法で聖書を読むように訓練している。わたしたちの教育システムに従うと、わたしたちは聖書から情報を得るために読むようになり、教理を取り出して手に入れるために聖書を読むようになり、何かを議論するために聖書を読むようになってしまう。いついかなる時にも、聖霊はわたしたちに語りかけてくださる。聖霊はわたしたちを愛と信仰の交わりに導いてくれる。ところが、わたしたちは聖書の一節一節を取り出しては研究することに忙殺されしまう。それは乱暴な読み方である。自分の子どもたちがそのようなことをすれば、わたしたちは決して我慢できないはずである。それなのに、自分の教会では積極的にそれが勧められている。そのような聖書研究に余り時間を取らないようにして、聖書を読む前の祈りにもっと時間をかけて祈る必要がある。御言葉を分析するよりも、むしろ御言葉をしてわたしたちに語らしめることが必要なのである。


イエスはこう言われた。

「農夫が種を蒔く、この物語に学びなさい。だれでも御国のニュースを聞いて、それを悟ることがなければ、その種は地面に留まるだけである。そうすると、悪い者が来て、心の中に蒔かれたものを奪い取る。農夫が蒔いて道端に落ちた種とは、つまりそういうことである。」

——マタイによる福音書13章18～19節

11月2日

物語を通して

クリスチャンの生活の偉大な任務の一つは聖書に耳を傾けることである。礼拝は、そのための王道である。根本的なことを言えば、礼拝とは、神の言葉に傾聴する行為であり、神の言葉に応答する行為でもある。礼拝堂は、クリスチャンが集う不可欠な集会所である。学習室や講義室ではない。

信者には、礼拝とは別にもう一つ、聖書に耳を傾けることを上達させる方法がある。それは、聖書が物語としてわたしたちに語りかけてくることに気づくことである。聖書は、わたしたちに体系化された教理、あるいは道徳的命令として整えられた文書として語りかけることはしない。聖書は物語である。物語の形式というのは、その物語が示す真理と同じぐらいに重要である。この語り口の目的の一つはわたしたちの聖書の読み方を方向づけることである。というのも、わたしたちが歴史を通して働く神の御業に引き込まれることがなければ、わたしたちの霊的な生き方は豊かにならない。歴史とは始めがあり、終わりがあり、筋道がある。物語として聖書に聴く時、わたしたちも、またその物語の中にいる自分を見出し、神に向かって旅をし、神に向かって引き込まれることを学ぶのである。わたしたちは旅をし弟子となる実感を高める。もし、わたしたちがこのような「物語のセンス」を高めることにうまくいかないと、わたしたちは必然的に聖書を**「応用し」**始める。――つまり、聖書の一節あるいは教理や道徳などを強く握りしめて、自分の中に存在する何かしらの欠陥を直そうとすることである。これは優秀なファリサイ人（聖書を読むのは得意だったが、神に聴くことは苦手であった）を生み出してしまう優れた秘策である。

イエスがこのように言われた。

「蒔かれた種は石地に落ちた。――それはつまり、聴くとすぐ情熱的に応答する人のことである。その人格には土壌にあたるものがないので、感情的に消沈し、様々な困難がやってきて、感激が消え失せてしまうと、見るべきものが何もなくなってしまうのだ。」

――マタイによる福音書13章20～21節

11月3日

聖書を二つの文脈で

聖書を二つの文脈で聞くことが重要である。聖書がイスラエルやキリストによって話され聞いた文脈と、わたしたちが聖書を聞いて生活している文脈である。神は同じ文章を色々な人々に色々な方法で語りかける。というのは、わたしたちは成長の過程が異なるからだ。家族の中でもそれが如何に機能しているかが分かる。父親が物語を話すと、2歳の子どもと15歳の子どもは別の側面を聞き取る。妻はなお別なことを聞く。彼らは皆同じ話を聞いている。そしてみな正確に聞いている。彼らはみな違うように答える。みな適切に答えている。聞く側のわたしたちが日々変わるので、わたしたちは聖書に日々聞き続ける。

わたしたちの先達者たちは、そのことを、わたしたちよりも上手に行ってきたのである。先達者たちは「聞き／応える」という方法で聖書に向かっていた。「学問的に／操作するために」という向き合い方ではない。先達者たちの聖書に対する畏れを抱き聞く姿勢に慣れ親しむことは、「受験生が試験の準備のために勉強する」という聖書へのアプローチがどんなに貧相なものかがよく分かる。わたしたちは聖書を**「利用し」「応用する」**誘惑から決して免れることはない。本当は、むしろ、わたしたちが聖書に従い、まだ見ぬ何かに向かって進むよう呼び掛ける神に聞くべきなのだ。わたしたちは絶えず警戒していなければならない。わたしたちは聖書に向かう時、「読み続け／聴き続ける」という姿勢を保たなければならない。つまり、「わたしたちが、聖書を」用いていくのではなく「聖書が、わたしたちを」用いていくべきなのだ。すなわち、たとえそれが善意に満ちていても、わたしたちが自分で決めた目的のために聖書を用いても、上手くいかない。

イエスはこう言われた。
「蒔かれて雑草の中に落ちた種というのは、
神の国のニュースを聞いても、
思い煩いと、『もっと』と囁く幻想、そして
日の下にある全てのものを得ようとする思いが、
雑草のように邪魔をして、
せっかく聞こえたニュースを握りつぶし、
そのニュースによって得られるべき悟りを
窒息させてしまう、そのような人である。」
——マタイによる福音書13章22節

11月4日

涙の祈り（詩編6編）

涙は生物学的な神からの贈り物である。涙は感情的・霊的な経験を表すための肉体的な道具である。しかし、わたしたちは涙にどう関わるかがよく分からないことを知っている。涙に溺れると、自己憐憫さが助長される。涙を抑えると、自分の感情に触れることを失う。だから、涙に「**祈り**」を加えてみなさい。その時、わたしたちの悲しみは、わたしたちの主の悲しみと繋がり一つとなる。そのようにして、わたしたちの悲しみの根源を見出し、そこからの脱出の道を見出すのである。

わたしのさすらう足取りを
あなたは一つひとつ覚えてくださった。

夜通しさすらうその間
涙は流れ　あなたの帳簿へ
一つひとつの痛みの跡を
あなたは記してくださった。
――詩編56編9節

11月5日

疑いの祈り（詩編73編）

疑うことは罪ではない。疑いは信仰にとって不可欠な要因である。誠実だから疑うのである。物ごとは外見では分からない。わたしたちは信じていることと、経験することが矛盾していることは知っている。今ここで何が起こっているのだろうか？　神はわたしたちにでたらめな情報を流したのだろうか？　なぜ物ごとは期待するような結果にならないのだろうか？信仰が成熟するためには、疑いが避けられない。疑いも否定しない。むしろ疑いは、信仰をして堅固な岩盤へと向かわしめる。

女は言った。「主よ、あなたはくむ物をお持ちでないし、この井戸は深いのです。どこからその『生きた水』を手に入れになるのですか。あなたは、わたしたち父ヤコブよりも偉いとでも言うのですか？　先祖ヤコブこそ、この井戸をわたしたちに与えくれました。ヤコブ自身も、その子どもたちや家畜も、彼自身も、この井戸から水を飲んだのです。そして、ここに、井戸が残されたのですよ。」
――ヨハネによる福音書4章11～12節

11月6日

死の祈り（詩編90編）

死は一般に好まれる話題ではない。わたしたちが住んでいる社会は死を無視することを特徴としている。これは異常なことである。この地球の上に住んでいるほとんどの人々は死に強い関心を抱いているからだ。よき死を迎える備えこそが、人生の終わりを受け入れることだった。それは数世紀にわたってそうだったのである。ただ、わたしたちの世紀は例外である。詩編90編こそが、数百万人のクリスチャンが死を迎える備えの一部となってきたのだ。

わたしたちは　七十路(ななそじ)の　あるいはさらに　年月を
生きる
(運がよければ　八十路の日々か)
わたしたちには功績として見せられるものの
何があるのか?　問題だけだ。
労苦と問題と墓の碑文などだ……。
なんたることか!
よき生き方を　賢い生を　わたしに教え
導きたまえ
――詩編90編10～12節

11月7日

賛美の祈り（詩編150編）

全ての祈りは、色々な方法があるのだが、最後には賛美となる。詩編150編は教会の祈祷書の最後の祈りとして、意図的に配置された歌である。どんなに苦しんだとしても、どんなに疑うことがあったとしても――全てが最後は賛美になる。賛美こそ、最後の頂点における祈りである。それは他の祈り、賛美が劣っているという意味ではない。そうではなく、全ての祈りは、満足するところまで追求すれば、賛美になるということである。

生きているもの　すべて
息あるものはみなこぞって
神をたたえよ

ハレルヤ！

――詩編150編6節

11月8日

天使たちと動物たち

天使たちと動物たち――この両者を組み合わせることは素晴らしい。そうすることで、わたしたちは霊性と感性という二つの次元で認識を広げてくれる。

動物たちの物語、ペット、写真、それらを観察することによって、わたしたちがほとんど気づいていない、自分たちの周りにある体の美しさと力強さの中へとより一層入り込むよう感性を広げてくれる。

天使たちの物語、天使の手紙や書籍、ふとした折に天使が見えることによって、わたしたちのほとんどが気づいていない、自分たちの周りにある霊的な美しさと力強さの中へと、より一層深く入り込むように霊性を広げてくれる。

以上のことは、ヨハネの黙示録において重要な意味を持つ。この書こそ、「感性と霊性」あるいは「動物たちと天使たち」つまり「イスラエルと教会」によって代表される人間の二つの側面が、神にささげられる賛美（ヨハネの黙示録4～5章）の内に統合される、そのような典型的な実例を、聖書の中に示すのである。わたしたち人間は「神の創造と救い」という神の壮大な御業に参与するために、「天使たちと動物たち」という両者の側からの助けを必要としている。

わたしは、天使の一群が王座と動物たちと長老たちの周りにいて、一万回も、一万人が千回、また千回、また千回と歌を歌っているのを聞いた。……

――ヨハネの黙示録5章11節

11月9日

メッセージをもたらす者

天使への注目がなくなることは一度もない。天使の逸話は、深刻なものから馬鹿げたものまで広範囲にわたって、民間宗教の中に溢れている。言い伝えを基にした天使についての憶測は、いくつものキリスト教世界の最も優れた人の考えにも現れている。代表的な例は、聖ディオニシウスやトマス・アクィナスである。しかし今、わたしたちにとって天使のイメージを最も直接で自然に示してくれるのは小説家や詩人たちである。その理由は簡単である。作家たちと天使たちは超越性を同じように、わたしたちに知らせるからである。作家たちや天使たちは、メッセージをもたらす者である。彼ら・彼女らは目に見えるものを超える事柄があるというメッセージをもたらすのである。

エリサベツが妊娠六か月となった時、
神は天使ガブリエルをガリラヤに遣わされた。
そこにあるナザレ村の一人の処女の所へ遣わされた。
この女性は、ダビデの家の末裔である一人の男と婚約していた。

——ルカによる福音書1章26～27節

11月10日

とらえどころがない

作家たちと天使たちはもう一つの特質を共有している。——つまり、とらえどころが見つけにくかったり、物ごとの進展の邪魔にならないように振る舞う傾向がある。わたしたちの最高の作家たちは彼らの著書に自分自身のことを隠してしまう。同様に天使たちもまた、ほとんどの場合、目に見えず、聞こえない。また、気配に気づかれることもなく、その音が聞かれることもない。というのは、超越とは、わたしたちに押し付けられることが出来ないものである。超越性は叫ばない。メガホンで自分の存在を知らせることもしない。道路にある掲示板に広告を出して自らを宣伝もしない。超越は決して強引なものではない。

超越に触れるためには、それに気づくことが必要である。超越について証しする人が超越性を生み出すわけではない。超越は既に「ここ」や「あそこ」に存在している。しかし、わたしたちが慌ててどこか別な場所でそれを手に入れようとすれば、超越を見逃してしまう。ここには、いつも目に見える以上のものがある。わたしたちは多くの場合、見逃している。銀行に行くために急いで道路を渡る時に、わたしのシャツの袖をつかみ引き戻し、見落としたものを教えてくれる友人が必要なのである。肩をトントンと叩き、延々と続く街の噂話の論評を中断させ、真理のことを聞くことが出来るようにする友人が必要なのである。わたしたちには超越がここにあることを話す証人が必要なのである。つまり、作家たちや天使たちが必要なのである。わたしたちが立ち止まり、見て、聞く、作家たちや天使たちが必要なのだ。


イエスは言われた。

「父よ、御名の栄光を現わしてください」

すると天から声が聞こえた。

「わたしは既に栄光を現わした。

　再び栄光を現わそう。」

そばにいた群衆は、これを聞いて「雷だ」と言い、ほかの者たちには「天使がこの人に話しかけたのだ」と言った。


――ヨハネによる福音書12章28～29節

11月11日

歩行者の視点

クリスチャンたちは読書をする。クリスチャンにとって、読書は根本的で身につけるべき技能である。読書が出来ない人がクリスチャンになれば、わたしたちはそのような男性や女性の所へ行き読書をするように勧め教える。それはもちろん、神がイエスにおいてご自身を啓示され、言葉は肉体となったからである。わたしたちには、この啓示に対して66の証言者がいる。彼らは自分の証を紙の上にインクで書き記した。これらの証が収集されて聖なる書の一冊としてまとめられた。それが聖なる書、聖書である。聖書は、イエスにおける神の啓示への、わたしたちの根源的で、公認された(よって権威のある)アクセスである。クリスチャンは神がどういうお方なのか、神はどう働くのかを知りたいと願う。自分が神の似姿に造られたとはどういう意味なのか、御子によって救われるとはどういう意味なのかを知りたいと願う。聖霊に満たされるとはどういう意味なのかなどを、知りたいと願う。そのために、わたしたちは聖書を読むのである。

以上のことが、クリスチャンの「読書」である。クリスチャンにとって、それは中心的なことであり、付け足しではない。ある人々は、神の啓示を知るために、これ以外の方法を選ぶという人もいるだろう。しかし、わたしたちはそのような人々に「否」という。わたしたちは「この方法でなければ駄目だ」という。例えば、神体験を得るために「恍惚状態」になっていくことが大切だという人もいる。しかし、わたしたちはそれに「否」という。ヘラクレスがしたような大きな事業に取り掛かり、道徳的な英雄であることを示し、わたしたちの内に秘められた神がかりの力を見出すことが大切だという人もいる。そうしたことに、わたしたちは「否」という。山にある洞穴に引きこもり、思考・感情・欲望のすべて、自分のすべてを空にして、「存在」

に肉薄することを妨げるすべてを手放すことが大事だという人もいる。それに対しても、わたしたちは「否」という。わたしたちクリスチャンは度々このような打ち上げ花火ような霊的事象に感動してしまう。そして度々「おぉ、あぁ」と歓声を上げる。わたしたちより賢明な指導者たちはこのようなことを奨励はしない。わたしたちの取るべき道は、魅惑的なスピリチュアリティーとは正反対の方向を向いている。わたしたちの方法は「歩く」ことである。文字通り「歩行者」である。わたしたちは片方の足を、他方の足の前に出し、一歩一歩と置くのである。そして、一歩一歩、イエスに従うのである。イエスがどういう方なのかを知るために、イエスがどこへ行かれるかを知るために、イエスがどのような足取りで歩くのかを知るために、わたしたちは一冊の本、すなわち「聖書」を入手し、それを読むのである。

これはわたしたちの間で起こった御言葉の偉大なる収穫と歴史の物語である。この物語は、人生そのものでこの御言葉に仕えている第一目撃者が伝承した報告を用いている。

——ルカによる福音書1章1〜2節

11月12日

読者よ留意せよ

クリスチャンたちは、歴史的にも、**「聖書を如何に読むか」**と同様に、**「聖書を読むこと」**に関心を抱いてきた。クリスチャンの共同体の中では、全体として、誰かに聖書を手渡し**「これを読みなさい」**と言っておけばそれで十分だとは決して考えてはいない。それは思春期の人の手にホンダの車の鍵を渡し**「運転しなさい」**というのと同じ程に馬鹿げている。それは危険極まりない。わたしたちの手に技術の一端を手に入れて、それを自分の無知や破壊的な意思とに組み込むようなことで、危険なことである。

印刷とは技術である。わたしたちは神の言葉を、自分の手中に持っている。実に「わたしたちの手中に」神の言葉を持っている。わたしたちは今や神の言葉を操作できるようになったのだ。わたしたちは神の御言葉を自分の許に置き、御言葉を支配し、管理し、使用し、応用できるのだと考えるようになってきてしまったのだ。

実際、機械の技術以上のものが、ホンダの車にはある。同じように、印刷の技術以上のものが、聖書にはある。機械技術の周りには、車重と内装、車両価格と速度、外装と障害物、シボレーとフォード、交通規則と警察、他の運転手たちや、そして雪や氷や雨という「自動車の世界」がある。そうなのだ、自動車は変則ギヤとハンドル操作だけで出来ているのではない。自動車を運転することは「イグニッションキーを回してアクセルを踏む」という以上の行為である。「自動車の世界」を知らない人が自動車を運転したら、すぐ死んでしまうか重傷を負うことになるだろう。

それと同様に**「聖書の世界」**がある。それを知らない人は、「自動車の世界」を知らない人が自動車を運転すると同様に、自分や他人をも傷つけしまう。そういう訳で、わたしたちが聖書を手渡し、聖書を読むことを奨励する時には――「Caveat Lector：読者ヨ、留意セヨ」という。

イエスがこう言った。
「よい土地に蒔かれた種とは
ニュース（御言葉）を聞き取る人であり、
その人の最大の夢を超える実りを
生み出す人のことである。
――マタイによる福音書13章23節

11月13日

スピリチュアルな読書

発行者が紙に印刷をし、そして、読者が名詞と動詞を区別する程度の方法を知っておく――それだけでは不十分である。聖書を読むとき、正しいやり方を採用しなければ、大きな問題が起こり得る。あなたは自分の聖書を持っているかもしれないが、自分の都合に合わせて神の御言葉を所有している訳ではない。――実に、神こそが主権者である。モロッコ産のなめし皮で作られた聖書を50ドルで買えるだろう。でも、神の御言葉は人格的で、生きて働きかけるものである。――つまり、神は愛である。わたしたちが聖書を読む時に、神の主権に服さず、その愛に応答しないならば、わたしたちは知的な面で傲慢で、非人間的な態度をとることになる。

数世紀にわたりこの問題で展開してきた叡知と忠告と技能が、あるラテン語の言葉の中に集約されている。そのラテン語は「Lectio Divina」というものだ。英語では「spiritual reading= スピリチュアルな読書」と訳されることが多い。この言葉が示す方法で、わたしたちは聖書を謙遜と親しみを抱いて読むことを教えられる。

この「スピリチュアルな読書」という言葉は「霊的な何か」を読むことを意味しているのではない。その「読み方」について霊的であることを意味する。第一にこのことは「聖書をどう読むか」に関わるべきものである。聖霊に聴くことに関わるべきもので、油断なく神からの示唆を感知するというものである。しかし、それだけではない。この「スピリチュアルな読書」の技術は書物一般のほとんど全てにわたって活用できるものである。つまり、手紙や詩や小説やあるいは料理の本であっても、広く活用することが出来る。

「Lectio Divina =スピリチュアルな読書」が目指すところは、実に単純である。――少なくとも端的に理解しやすい。それは人格的に読むことである。非人間的に読むことではない。それはまた、自分自身が誰であって、どのようになって行くか、あるいはわたしたちは如何に生きるかということに関わるメッセージを読み取ることでもある。つまり、自分の生活水準を高めるための情報を得るためだけの読書ではないということである。

パウロは彼らに、一日中語り続けた。朝から晩まで語り続け、神の国に関わる全てを説明し、またモーセの律法や預言者がイエスについて書いたことを指摘しながら、イエスについて彼らの説得につとめた。ある者はパウロのことを聞いて説得された。しかし、他の者はパウロの説得の言葉を信じることを拒否した。
——使徒言行録28章23b～24節

11月14日
ランニングと読書

「スピリチュアルな読書」には、読書一般にはない特別な性質がある。わたしがそれを知って感銘を受けたのは今から約20年前のことだった。その頃、わたしは再びランニングを始めていた。わたしは大学や神学校でもランニングを非常に楽しんでいた。でも、学校を卒業した時に、走るのを止めた。大の大人が楽しむだけにランニングをすることは、わたしにはどうもピンとこなかったのだ。加えて、わたしはもう牧師になっていたので、自分の教会員が、薄着姿の牧師が街中を走るのを見たら、どう思うかと考えると、どうも自信が持てなかった。しかし、知り合いの医師や弁護士や重役といった人たちがランニングをしていること、そしてその最中に、わたしと同年代や年上の人々と街中で出会ってもなお威厳を保っていることに気づいた。それで、わたしも何か吹っ切れた。それで直ぐにランニングシューズ（アディダスだった）を買いにいった。

——そこで、ある革命的変化が、わたしの学生時代から、靴に起こっていることに気づいた。わたしは走ることを楽しみ始め、長い距離を走る際のスムーズなリズム、静けさや孤独、研ぎ澄まされる感覚や筋力の弛緩といったことを再び楽しむようになった。それから直ぐに、わたしは10キロのレースに月一回、あるいはそれ以上の回数、参加するようになった。年一度のマラソンにも参加した。ランニングというものは「肉体的な行為」なのだ。それは広い意味での「儀式」にまで発展進化する。――つまり、それはわたしが存在しているこの精神・感情・霊的な世界にまで展開する。その時期まで、わたしはランニングに関する三つの雑誌を購読していた。ランナーやランニングに関する本を図書館から借りるようになっていた。わたしは一度もランニングに関する本が退屈になることはなかった。――食べ物、ストレッチ運動、トレーニング方法、心拍数の鎮め方、神経伝達物質エンドルフィン、カーボローディング（競技に必要なエネルギーを体内に蓄える食事法）、糖質増量、電解質摂取――そうしたこと、つまりランニングに関することであれば、わたしはそれらを読んだ。でも、そこにどれくらい、ランニングのことが書かれていたのだろうか？　ほとんど例外なく、ランニングについて的確に書かれているものなどはなかった。でも、それは問題にはならなかった。わたしは同じものを20回も読んだ。くだらない論評が陳腐な決まり文句で組み合わせただけのものであっても、全然気にならなかった。わたしはランナーだった。そのため、ランニングに関することがどんなことでも、身近に感じられた。でもある時、わたしは肉離れを起こし、6週間走ることが出来なくなった。怪我をしてから2週間したころ、あることに気づいたのだ。別に「読まない」と**「決めた」**訳ではなかった。ランニング雑誌は家中のいたるところにあったのだ。だが、わたしはそれらを読まなかった。怪我をしている期間、わたしは一度も走らないし、その時、わたしはどの本も雑誌も全く読まなかった。走らなかったので、読めなかったのだ。再び走り始めると、読み始めた。

「スピリチュアルな読書」という時に使う**「スピリチュアル」**という語について理解を修正しなければならないことに気づいたのは、その時であった。つまり、この言葉は「参加型の読書」を意味していたのだ。読書の時、読むページの全ての言葉は**「このわたしが」**行っていることと関係がある。つまり一つひとつの言葉が、わたしが行っている延長線上にあり、それを深化するものであり、それを修正するものであり、それを肯定するものである。――そのように読むことが

「スピリチュアルな読書」の意味である。

イエスは言われた。「昔、嵐が襲い波が来た時、家がトランプカードで作った家のように、ばらばらになってしまったことがある。それは砂の上に家を建ててあったからだ。もし、わたしの言葉を聖書研究の中だけで使い、自分の人生の中で使わないならば、その人は、そんなことをした愚かな大工のようなものだ。」

――マタイによる福音書7章26〜27節

11月15日

Lectio（読誦）, Meditatio（黙想）, Oratio（祈祷）, Contemplatio（観想）

「スピリチュアルな読書」については論理的な秩序がある。それは四つの側面に向かっている。つまりLectio（読誦）, Meditatio（黙想）, Oratio（祈祷）, Contemplatio（観想）と名付けられる四つの要素がある。

ただ、その四つの要素は順序よく進展することは稀である。つまり、読書というものはまっすぐ文字に沿って進むのだが、「スピリチュアルな読書」はそうではない。四つの要素のどれか一つが、別の要素と一緒に最初に出てくることもある。これらの要素は、段階的に次から次へと前進するのではない。いつも繰り返されるもので、行き当たりばったりに再生されるものである。そこに連続性を押し付けようとすると失敗してしまう。わたしたちが求めているものは**「気づくこと」**――四つの要素が互いに作用しあう様子を見ながら、その一つが他のものをどう喚起するかを見て、一つの要素が他の要因に場所を譲る様子を見ることである。この四つの要素が別なものを喚起するのか、他に席を譲るために退くのか――それらの要素とは、ある種の陽気なフォークダンスの輪の中に入って行くようなものである。それは、整然とした方法で行進するようなものではない。

わたしは　あなたの掟を歌にしました

この巡礼の道を歩みながら　その掟を歌う
神よ　わたしは一晩中　あなたの御名を黙想します
神よ　あなたの啓示を　大切にしながら
——詩編119編54〜55節

11月16日

御言葉を正しく

「宗教的なテキスト」としてではなく、むしろ「ロールシャッハ心理テスト」のようにして、わたしたちは聖書を使ってしまうようになった。そうなったことは、それほど昔のことではない。つまり「インクで記された文字の中へと意味を探しに行く」読む方法だけで「その文字から大切なことを取り出す読み方」を怠るようになったのである。「スピリチュアル（霊性）」という語について、わたしたちはそれをまず自分たちのことと考えるようになり、ついでにそれは神の事柄でもあると考えるようになってしまった。そうなったのはそれ程昔のことではない。

そうしたことが起こると、それは往々にして起こるのだが、わたしたちクリスチャンの仲間、わたしたちの兄弟姉妹の一人が現れて、わたしたちの襟首を押さえて「読め、ここにあるものだけを読め、ここに記されているものを全部読め」と言って来る。（「読誦＝Lectio」という古いラテン語で言い表しているのは、そういうことである。）この「読誦＝Lectio」という古い言葉は、わたしたちが普通に使っている言葉に言い換えれば、「注意深く、訓練された仕方で読むこと」である。それは「釈義」と呼ばれるものである。わたしちには耳を傾け、読むべき御言葉が与えられている。それは神の御言葉である。そのために、わたしたちは御言葉を正しく理解しなければいけない。釈義とは、わたしたちが御言葉を正しく把握するために、聖書を丁寧に読むことである。

イエスは言われた。

「神の掟の中にある最も小さなもの一つでも
　矮小化するなら、
必ず、あなたがた自身を矮小化することになる。
だが、それを真剣に受け止め、
その模範を人に示すなら、
あなたがたは御国で栄光に浴するだろう。」
——マタイによる福音書5章19節

11月17日

恋人たちは言葉を悦び味わう

「釈義」とは「学者ぶった行為」とは程遠い。「釈義」とは「愛の業」である。わたしたちに語ってくる方がいて、その方は自分の語る言葉を正しく受け取って欲しいと思っている。そのような人に、十分な愛をもって向き合うことが「釈義」である。その言葉を正しく取り扱うために必要なあらゆることを行うこと、そのような姿勢で御言葉に向き合うことが「釈義」である。神が告げることを注意深く聴き、立ち止まって、神を深く愛することが「釈義」である。神はわたしたちに聖書を与えてくださった。聖書は神の御言葉による、わたしたちへのプレゼントなのである。「神がわたしたちに語ること」と「神が語る方法」との両方を愛することが、「神を愛する」ことの意味である。それで、神を愛する人は自分の持ち時間と注意力を目の前のテキストへと投入することになる。——「句読点やセミコロン」の一つひとつを大切にし、「簡単に説明できない前置詞」と文章を味わい、「この名詞は何故ここにあるのか」という驚きに喜びを感じる。恋人たちは、チラっと見て、**「メッセージ」**を掴み、**「意味」**を捉え、そして、友人のところに走って自分の気持ちをゴシップすることはしない。恋人たちは言葉を悦び味わう。書いてあることのニュアンス一つひとつを読み取り味わう。

パウロは集会所に行った。町に着くと、パウロはいつもそうしていたのだ。パウロは三回の安息日にわたって聖書から彼らに説教をした。集会所に集まった人々が、自分の人生を通して学んだことについて理解できるように、パウロは聖書を開いたのだった……
——使徒言行録17章2〜3a節

11月18日

全く違う

いいですか、神はわたしたちにイエスの中に御言葉をもって「現実」を啓示する。それは不思議で予想不可能で失望させるものだが、その「現実」に向き合わなければならない。課題が与えられていて、わたしたちがそれに応えて作り上げたような世界と、わたしたちが向き合うべき世界とは、全く違うのだ。自分が委員として参加している委員会が手配するような救いと、わたしたちの救いとは、全く違う。わたしたちの投票によって設定された賞罰の規定のようなものと、わたしたちに臨む神の裁きとは全く違う。わたしはテレサ・アヴィラ【1515年〜1582年カルメラ会の創始者】が残した大胆な警告をとても好ましく感じている。彼女がカルメル会修道院の改革に精力的に従事してスペイン中を行き廻っていた時のことだった。とても悪い道を牛車で旅をしていたある日、彼女は牛車から泥の川に投げ出されたことがあった。その時、彼女は神に憤ってこう言った。**「神よ、あなたはいつも、このようにあなたの友人を扱うのですか。どうりで、あなたには友人が少ないはずですね」**、と。

いや、それは違う。神が御言葉をもってわたしたちに「現実」を啓示するが、その「現実」は、わたしたちが夢想したり考え付きそうな、どんなものとも違うのだ。——全然、別のものなのだ——これは実に有難いことである。というのも、もし、わたしたちがそこで十分に長く留まり、祈りに祈りを重ねているならば、どこまでも広大で、どこまでも愛らしく、どこまでも優れた「現実」の中に自分がいることに気づくのだ。だが、それに慣れるまでは相当の時間を要する。祈りとはそれに慣れるための過程なのだ。――祈ることによって、小さなものから大きなものへ、自分で制御可能なものから神秘的なものへ、自意識から魂へ――神へと進む。さらに、神の御言葉によって「現実」を啓示される神は、その現実をわたしたちが分かればそれでよい、とは考えてはいない。その「現実」に従事し参与することを神は望んでおられる。

「読者ヨ、留意セヨ」(Caveat Lector)――ただ理解するだけではいけない。その素晴らしさに思いを至らせるだけではいけない。「祈祷・祈ルコト(Oratio)」――聖書を読んだら祈りなさい。神が御言葉で啓示されたことに自分自身を投入しなさい。神は招いておられる。自分の言葉を神の言葉へと投入するように、そう、わたしたちに命じておられる。神が期待していることは、神が啓示した「新しい現実」を、わたしたちがただ受け取ることではない。神の御言葉が明らかにする「新しい現実」をただ受け止めるということは止めたほうがよい。神の御言葉はわたしたちを立ち上がらせ、歩き出させ、走り出させ、そして歌い出させるのだ。

あなたが話すことならば
わたしはそれを掴む。しがみつく。離れません。
神よ、わたしを失望させないでください!
あなたが敷いたレールを辿り、
わたしは走り続けます。
ですからどうぞ、あなたの道を示してください。
――詩編119編31~32節

11月19日

一人の平信徒・ダビデ

聖書にはダビデ物語がある。それは聖書にある他の物語と比べて、物語の筋が豊かで、細かい描写に富み、人物描写も背景となる地理的描写も豊富なものである。その物語は、どこまでも神の前に生き、神と語り合って生きる姿をわたしたちに示している。このダビデ物語は、ダビデを平凡な人物として特徴づけている。これは非常に重要だが、十分に知られてはいない。わたしたちの間にある軽蔑的な慇懃無礼な用語で言えば、ダビデは**「単なる」**平信徒であった。ダビデの父はダビデのことをサムエルに紹介しなかった――それはおそらく、ほとんどあり得なかったことである。ダビデの兄たちにとって、ダビデは取るに足らない存在であった。さらに悪いことがある。ダビデの家系図を学ぶと分かるが、ダビデは当時憎まれていたモアブの血筋を受け継ぐ家系であったからだ。

ダビデという人物、つまり「できそこない」の羊飼いが、神によって聖別され、人間の人生と歴史の中に神が働いておられる徴・その体現となったのだ。これは、何でもない民族や、周りからは特別なところのない人と見られている人々・社会的地位も世間的評判もない人、そのような「全ての平凡な人々」を巻き込むことを伝える確かな物語となっている。ダビデの物語が語るのは、この古き惑星・地球にすむ人々の全ての中の圧倒的な大多数を巻き込む神の恵みである。神の目的に選ばれるためには、人気投票によってではない。神の目的に選ばれることとは、保証された能力や潜在的な可能性によって選ばれるのではない。……

信仰に生きる人を語る時、その見開きしたページにおいて､平信徒の姿を見せてくれる。――このことに気づくことは、とても重要である。ダビデは聖職者として聖別されたのではない。「宣教のために」という言葉を、わたしたちはよく使う。ダビデはそのために神から呼び出されたのではない。ダビデは「単なる」平信徒、あるいは旧約聖書の言葉で「ハククアトン haqqaton（小さきもの）」だった。しかし、ダビデの身分が不適格者であると語る内容は、ダビデの物語の中に、どこにも見られない。その物語に書かれているのは、愛と祈りと業において、萌え出てくる力強さを帯び、大胆で法外な、熟練し独創的な一人の人間である。

ガリラヤ湖の岸辺を通り過ぎる時、イエスはシモンとその兄弟アンデレとが網で漁をしているのを見た。漁はこの二人にとって毎日の仕事だった。イエスは二人に言った。「一緒に行こう。あなたたちを新しいタイプの漁師にしてあげよう。ハタや鮭の代わりに、人間を取る方法を教えよう。」二人は網を捨ててイエスに従った。二人はイエスに質問をしなかった。

——マルコによる福音書1章16～18節

11月20日

油注ぎ

仕事とは、わたしたちが聖霊によって油注がれ、神の御業に参与することである。イエスがナザレの会堂で立って語ったことは、イエスがこれから働こうとすることと、如何にしてそれを進めようとしているかということであった。イエスは次のように言われた。「主の霊がわたしの上におられる。主がわたしに**「油を注がれた」**からだ。」（ルカ4章18節）

聖書に出てくる「油注がれた」とは「神によって仕事が与えられる」を意味する。それは雇用を意味する。つまり、わたしたちは事実上「なすべき仕事がある」ということ、「その仕事にわたしたちは任命された」ということ、そして**「わたしたちはそれが出来るはずだ」**と聞かされている。「油注ぎ」こそ、神の御業とわたしたちの仕事をつなぎ合わせる秘跡である。神は働く。神は造られる。神は物ごとを為す。神は**「おられる」**。でも、神は**「行動もする」**。さらに、神の御業を通して、わたしたちは神がどういうお方であるかを知る。

イエスは言われた。……わたしは父のもとに行く、わたしが行ってきた同じ業をあなたがたに与えよう。

——ヨハネによる福音書14章12節b

11月21日

王の職務

神の油注ぎを受けて、ダビデは聖別されて仕事を始める仲間入りをした。ダビデは油注がれる前までは、羊飼いとして働いていた。「羊飼いの仕事」は、福音書のあちらこちらに繋がる背景や隠喩を提供する。しかし今や、ダビデの仕事は「神が任命した仕事」あるいは「神によって定められた仕事」であることが明確になった。ダビデが手掛ける仕事の全てが、今や、「王の職務」となった。

わたしはこの**「王の職務」**という言葉を「真実の仕事」の全てを指し示すものとして使いたい。「真実の仕事」には、必ず尊厳が伴う。そのような尊厳への注意を喚起するために、実に、わたしたちの仕事は「神の御業と共に行われる仕事」という意味で「真実の仕事」なのである。全ての現実の仕事・真摯な仕事は、この「王の職務」に含まれる。この**「王の職務」**という用語を使うことで、わたしは「真実の仕事」と偽りの仕事・まやかしの仕事を区別したい。――実に、**「仕事」**の中には、破壊と欺きに満ちたものがあるからだ。ある目的のためにエネルギーが注がれたとしても、それだけで「仕事」にはならない。

「仕事」とは、絶対的な神から来るもので、主権者である神を表すものである。実に神こそが「仕事」の主体としてのご自身の絶対的な主権を示している。「絶対的な主権者」は混沌から秩序を生み出し、物や人々を守るために戦う。不正義・不運・邪悪の犠牲者たちを救い解放する。非難され呪われた人々に赦しを授ける。病気を癒す。「絶対的な主権者」と呼ばれる存在は、まさにその臨在によって、領民や領地に尊厳と名誉を付与する。「絶対的な主権」は抽象概念ではない。それは「**働く**絶対的主権性」であり、「仕事の中に表れてくる絶対的主権性」である。この「絶対的主権性」の延長上に、わたしたちの「仕事」の全てがある。

「……神の御業に参与するために、わたしは何をしたらいいのだろうか?」
イエスは言った。「あなたの運を、神が遣わされた方に賭けてみなさい。そのようにして自分を献身する時、あなたは自分自身が神の御業の中に位置づけられていることに気づくだろう。」
——ヨハネによる福音書6章28~29節

11月22日

どんな仕事をしているのですか?

誰かと知り合ったすぐの頃、わたしたちはその人の仕事を知りたいと思う。それはなぜだろうか?「どんな仕事をしているのですか?」と、わたしたちが何時も尋ねたいと思うのはなぜだろうか。「どんな仕事をしているのですか」と尋ねるのは、実際に、親交を深めるための定番の質問である。それは次の理由からだ。職業・業績・仕事というものを語ることで、二つのことが可能になる。——その「二つのこと」は、通常、同時に起こる。

まず、仕事はわたしたち自身の本質のようなものを明らかにしてくれる。——仕事によって、わたしたちの価値が表現される。わたしたちの道徳性が明確に表される。人間存在、つまり「神の像」として創造された存在とはどういうことなのかを、実際に示すことが出来る。

また、同時に、仕事はわたしたちの本当のアイデンティティーを隠してくれる。仕事によって、人に見てもらいたい自分の姿・人に信じ込ませたい自分の姿を表現できる。広告のように自分を最前線に出すことが出来るのも、それが仕事なのである。しかし、実際には、そのことを自分の中で一度も気に留めることはなかったのである。

上記の二つの事柄が、「仕事」を語ることによって、混ざり合いながら起こる。「隠れてものを明らかにすること・表現すること」と「隠すこと・逸らすこと」である。誰かと知り合いになる時、わたしたちは、その人の仕事を知りたいと思うのだが、その時、わたしたちは「その人の仕事」がその人自身を仕事の中か背後に隠してしまうのか、あるいは、その人自身の性格を正直に表してくれるのかを知りたいと思うのだ。

勤勉な者は仕事の中に自由を得る。
怠る者は仕事に押しつぶされる。
――箴言12章24節

11月23日

あらゆる仕事の中核にあるもの

ダビデの王としての最初の仕事は、音楽を作ることであった。そうすることでダビデは、サウルの病的な心と感情の中に、神の秩序を再建しようとしたのだ。混沌の只中に秩序を打ち立てることは、王としての職務の基礎となる。それは必要不可欠な仕事である。音楽とは、おそらくこのような本質的な最も身近に体験できるものである。音楽はリズムとハーモニーと完全な旋律をもたらし、あらゆる仕事の中核にあるものをもたらすのである。「王の仕事」を行う人々は、それがどのような仕事であろうとも、口笛を吹くようにして、その仕事に当たる。

ダルシマーとハープの伴奏と一緒に・監査
　それらの調べ
それらの弦から
あふれる奏でに
あなたの声を
合わせて歌え
神よ、わたしを
　幸せで満たした。
あなたの御業を見て
わたしは喜びの叫び声をあげた。

――詩編92編3～4節

11月24日

あてになるもの

ゴリアトと戦うために、ダビデはサウルの鎧・兜を着ることを拒否した。

これは「エラの谷」の情景である。専門家によって固められている領域に素人が踏み込む時、この「エラの谷」で起こったことがしばしば起こる。素人のわたしたちを気遣う人々は、わたしたちの周りで、急に何かを助けようとする。そして、わたしたちに鎧や兜を押しつけ、装備を固めさせる。それで、素人のわたしたちでも自分に与えられた役割に相応しい者になれると考える。（たとえそれが、実際には、余り効果がないと思えるようであっても、だが）。それから、わたしたちは助言を聞かされる。指導を受ける。訓練のワークショップに送り出される。そして、気が付くと「腕一杯に本を持っている」ということになる。

素人であるわたしたちを助けようと、人々は確かに心から心配してくれるし、わたしたちもその親切を実感する。心配してくれるその人たちの知識と経験は、凄いものだと恐縮してしまう。わたしたちは、その言葉に聴かなければと思い、言われた通りにしてしまう。そして、自分自身が全く身動きできなくなっていることに気づく。

「エラの谷」でダビデが取った行動は、簡単なことではない。ダビデはサウルを敬愛していた。ダビデはサウル王を尊敬していた。ダビデはサウルに仕える立場である。サウル王は輝いて見え、力に満ちていた。サウル王はダビデを愛し、ダビデを助けるためにベストを尽くしていた。それにもかかわらず、ダビデは兜を脱ぎ、剣をベルトから外し、鎧を脱ぎ捨てたのだ。それは決して簡単なことではなかったはずだ。「せっかく提供された専門知識を投げ捨てて進む」ということをダビデはしたのだ。このようなことは、実にしばしばいつも起こる。ダビデは、彼自身にとって「あてになるもの」を必要としていたのだ。

ダビデは、自分には「あてになるもの」（サウル王の武具を使うこと）を拒否した。そうするだけの慎重さと大胆さを十分に身に着けていたのだ。そして、ダビデは羊飼いとして長年慣れ親しんできたこと（投石と数個の石を使うこと）を選んだのだ。わたしはそのことに強烈な感銘を受ける。そして、実際、ダビデは巨人を撃ち殺したのである。

準備せよ。
自分の手に余る敵と向き合っているのだから。
手に入る限りのすべての助けを得よ。
神からの武具を受け取れ。
周囲に叫び声ばかりが聞こえるような時にも、
しっかりと立つことが出来るように。
——エフェソの信徒への手紙6章13節

11月25日

川で跪く

サウルの鎧兜を後に残して、ダビデは「エラの谷」へと歩き進みました。すっきりとして、特別なものを何も身に着けず、身軽な様子で進んだ。ダビデは膨大なガラクタから解き放たれて、小川のそばで跪いた。

ダビデがその小川で跪いたその時、わたしたち一人ひとりに非常に本質的なことを提示している。わたしたちは「跪くこと」によって、想像力豊かに、自分自身として生きようとしているだろうか。あるいは、慣例に従い、また聞きで二流に生きようとしているのだろうか？　神によって創造された存在として、聖霊の油注ぎを受けた者として、イエスに救われた者として、生きようとしているのだろうか？　わたしたちは今日、無能な専門家に従って生きようとしているのだろうか？　わたしたちはゴリアトの恐れか、それとも神によって形成されて行くのだろうか？　わたししたちはサウル王に魅せられて生きて行くのか、それとも神によって生きて行くのだろうか？


祈るために、イエスは弟子たちを連れてキデロンの小川を渡って進まれた。そこには園があった。

イエスは弟子たちと一緒にその中に入られた。

——ヨハネによる福音書18章1節

11月26日

リアリティーをしっかりと見る

あの日、リアリティーをしっかりと見ていた人物はダビデだけであった。あの日、「エラの谷」で人間らしい様子を十分に示していた人物はダビデだけであった。リアリティーは、ほとんどの場合、わたしたちが見ることが出来ないもので成り立っている。人間性というものは、ほとんどの場合、新聞では決して報道されることのない事柄である。祈りに満ちた想像力によってだけ、あの日「エラの谷」で起こった出来事を聖なる歴史として説明することが出来る。あの日、あの場所で、神のリアリティー（God-reality）に凄まじい勢いで没頭し、人間性を逞しく誇示した人物——それが、ダビデであった。


イエスは言われた。

「わたしの国は、あなたたちの周りにある、あなたたちに見えるもので成り立っているのではない。」

——ヨハネによる福音書18章36節

11月27日

嘆きの歌

詩編の七割が嘆きの歌である。それらの嘆きの歌はダビデの祈りから生まれたり、あるいはダビデの祈りの生活から派生したものである。ダビデは死の喪失感に遭遇したり、失望したり、死に直面した。ダビデはそれらどれも避けたり、否定したり、和らげることもしなかった。一つひとつに対峙し、一つひとつに祈った。ダビデの人生は岩のような威厳があり、聳え立つ荘重がある。それらはダビデの「嘆きの歌」が生み出したものである。

現代文化と対比すると、その違いに驚愕する。わたしたちの文化は印刷物とジャーナリズムのメディアによって特徴づけられている。災害が終わりなく克明に報道されている。犯罪、戦争、飢饉、洪水そして政治的な悪事と社会的なスキャンダルが報道されている。わたしたちの文化において、だれでも出来る方法で関心を集めようと思ったら、何か悪いことを行えばよいのだ。悪ければ悪いほどに、注目される。何であれ悪いことが起こると、あるいは何であれ悪いことをすると直ぐにコメンテーターが噂話をし、リポーターがインタビューをし、編集長が御託を並べ、ファリサイ人は道徳を論じ、それから、精神分析が行われ、政治的な改革が始まり、学術研究へと資金が流れ込むのである。――それなのに**「嘆きの歌」**の一編も歌われない。

真理が全く真剣に受け止められず、愛が少しも真剣に受け止められないために「嘆きの歌」がどこにもない。「いのち」というものがある。神が与え、キリストが贖い、聖霊が祝福した「いのち」。そうした「いのち」に比べるなら、人間の命ですら、それほど重要なものとはならない。人間の命は「ニュース」としてだけ大切にされる。そこに尊厳などはない。人間の命は「ささいなこと」と受け止められている。

都が見えてきたとき、イエスはその都のために泣いて言われた。「もし、あなたがこの日を全てがよいと理解していたら、全てがよくなっただろうに！　だが、今やもう手遅れだ。……それは全て、あなたがたのせいだ。せっかく神がわざわざお越しになったのに、それを理解せず歓迎もしなかったからだ。」

――ルカによる福音書19章41～42節、44節b

11月28日

物語の中に

「嘆くことが出来ない」ということは「他者に繋がることが出来ない」ということである。ダビデの「嘆きの歌」に学ぶことなどないと思う時、わたしたちの人生は単なるエピソードや逸話の断片になってしまう。馬鹿げたもので始まり、騒がしいだけのもので終わるだけである。そうではなく、全てが最終的に収斂する**「物語（story）」**の中に、わたしたちはいるのだ。ばらばらに見える部分が最終的には上手く展開され数年後に、わたしたちは「そうか、それはそういう意味だったのか？」と驚きの声を上げる。そのような「物語」の中に、わたしたちはいる。だから、物語の中にいる以上、わたしたちは「やってみてはいけないこと」がある。――それは、物語を先回りしてはいけない。つまり、困難な部分を飛ばしたり、苦痛な部分を削除したり、失望を迂回したりしてはいけない。「嘆きの歌」は、喪失の泥沼に嵌まり込むことなしに、自分の喪失感の全てを話し出すことである。この「嘆きの歌」こそ、物語の中にとどまる最も重要な方法である。**神が**この物語を語り続けていることを決して忘れてはいけない。その物語は大きく広大なものである。その物語に削除の手を加えてはいけない。神は優しく傍観なさるお方ではない。神は「わたしたちの詩」を喜ばれる。

大勢の群衆がイエスに従って行った。嘆き泣き続ける女性たちがついてきたある場所で、イエスは女たちのほうを振り向いて言われた。「エルサレムの娘たちよ、わたしのために泣くな。むしろ自分たちのため、また自分の子どもたちのために泣くがよい。」

――ルカによる福音書23章27～28節

11月29日
牧師の見解

わたしは「霊的形成 ―― 牧師の見解から」というテーマで講演を依頼される度に、多少の戸惑いを感じることを告白せざるを得ない。そのテーマについて話すことは何か「データの改ざん」なしには、上手く話が組み立てられない気がするからだ。それは丁度物理の実験に似ている。まず、その実験のために全く汚染されていない実験室が用意される。実験にあたる人たちの存在そのものが、データに歪みを与えてしまうということを、物理の実験を見ると分かる。それと同じく「霊的な形成」を語る際、「牧師の見解」は厄介なものなのだ。

わたしは道で出会ったり、わたしの話を聞く以外に誰も何かわたしを霊的に誇る者、愚か者として、わたしを過大に想像して欲しくない。

――コリントの信徒への手紙（二）12章6節

11月30日
修理工のようなもの

わたしは一日中車庫で車の下にいる修理工のような者である。手の爪の中まで汚れをつけて、油まみれにして作業をしていると、突然上司が突然わたしを呼びこう言う。「出てきて、この人たちに話を聞かせて欲しい。」上司はわたしにシャワーを浴びさせ綺麗にし、スーツとネクタイを着せ、人前に立たせるのだ。話を聞こうと待っている人の前で、わたしは何を話せばいいのだろうか？　「車の下で何をしていたのか、話してください」と言われる。だが、どの車について話して欲しいのだろうか？——ホンダか、キャデラックなのだろうか？

これに似たことが「霊的な形成」を語る時に起こる。つまり「それは一般化できない」ということである。それは常に具体的な話となる。500マイル（800㎞）も離れた疎遠な場所から教会員が現れて話を聞きたいと言っても、わたしはきっと上手く対応できないだろう。「そうじゃないんだ。そういうことをしてほしいのではない。いや、事実そうなのかもしれないが、現実にはそうではない。背景や経緯が分からないから、先生はおかしなことを言っている」と、そのように相手が思っているのでは、とわたしはいつも感じてしまう。

「霊的な形成」あるいはスピリチュアリティーというのは、いつも地域志向なものである。それは極めて地域志向なものである。どこからか「原則」を持ち込んでローカルな状況に押し付けることは出来ない。各地の土壌があり、それぞれの気候があって、そうしてスピリチュアリティーは初めて育つのである。それぞれの教区があり、牧師がいて、それに合わせてスピリチュアリティーが育つのだ。原理原則を押し付けると一つひとつのスピリチュアリティーについて、その「霊的な形成」について精密に話すことは難しくなる。それはまるで、他の教区のことを話すようにしか話せないからだ。そのようなやり方をすると、わたしは自分の現場のことが話せなくなる。わたしには自分に管理が任された現場があり、その現場には独特の風土がある。他から持ってきた原理原則をそこに押し付けると、そこはもうわたしの現場ではなくなってしまう。そうなると、わたしが何を話しても、きっと誤解されてしまうだろう。

「霊的な形成」とは、地域志向なものである。それだけではない。それは常に個別具体的な事柄を取り扱うものでもある。修理工にとって、エンジンを最良の状態に整備するために、狙いを定めて作業をしなければならない。たとえば「どのバルブを調整するのか」と考えなければならない。「エンジンの燃焼一般」とか「電気系統一般」ということでは、上手く行かない。「霊的な形成」は決して「一般的」ではなく、常に「個別的具体的」な事柄である。

ともかく、わたしのために一部屋用意しておいてください。皆さんが祈ってくれるので、わたしはまた皆さんの所に滞在できることを、本当に期待している。

——フィレモンへの手紙22節

12月

December

12月1日
強烈に創造的な仕事

……「霊的な形成」こそが、牧師が行う最も強烈に創造的な仕事である。創造的な仕事をする時には、誰かの真似はしないものだ。他の所でした仕事を持ち込んだりせず、まさに「ここで」仕事を行うことである。創造的な仕事を行う時には、手がけているほとんどのことが「間違い」となる。わたしが知る限り、創造的な人々は、彼らが作り出した成果の90%を捨てている。詩を書こうと試みてみれば、それが直ぐに分かる。詩作にかける時間のほとんどは上手く行かず、ひたすら作り、作り、作り、そして何行もの詩文を捨てて行くのである。ゴミ箱は一杯になり、終わりに完成する。創造的な仕事をする人々にとっては、その手の業が失敗だらけとなる。

牧師にとって、以上のことは「聞きたくない」ことである。効率のよい人物になりたい。でも、創造的な仕事をしたいのなら、以上確認したような、形を失った混沌のような中で、多くの時間を過ごすことになる。自分に委ねられた教区には独特の土壌がある。それに合わせて、有機的に変化する状況をよく見定めながら、創造的に働くのだ。わたしたちは地元の土壌で働く。聖霊を信じながら、聖霊の御業を助けられるように、聖霊の御業の妨げとならないように、工夫して働くのである

わたしは、「既に全てをまとめて手に入れた」などと言ってはいない。「出来た」とも言っていない。そうではなく「まさに途上にある」と言いたい。キリストまでに届きたいと思っている。キリストは、実に素晴らしいことに、わたしに届いてくださっているのだから。友人たちよ。わたしを誤解しないでほしい。目指している事柄について、わたしは既に熟練したつもりはない。そうではなく、わたしはただ、目標を見つめ

ているだけなのだ……

——フィリピの信徒への手紙3章12〜13節a

12月2日

無秩序の中で

創世記の最初の五節は、牧師の仕事にとって、特に「霊的な形成」という課題領域にとって、一つのパラダイムを提供している。**「無秩序と空虚」**という素晴らしい表現がある。それは無秩序を意味している。——そのような無秩序と混沌の中で神の御霊が働き始める。ゆっくりと時間をかけて、そして神の創造と契約がその中で立ち上がる。光、形、植物、動物、人間、そして愛、希望、キリストが無秩序と混沌の中に立ち上がってくる。わたしはかつて神学生の集いで、牧師の中で、一番好きなことは「無秩序だ」と話したことがある。わたしが言いたかったのは「無秩序が好きだ」ということではない。「無秩序の中にいる感覚が好きだ」ということだ。希望を抱き、神が実にゆっくり、ゆっくりと時間をかけて創造の御業を開始していることを知って、いつも驚くようなことを神がしてださるのを了解している。神による創造も創造的な働きも、わたしたちが考えるようには効果が表れない。常に想定外なのである。「創造的」という言葉は「何か新しいこと」とつなげて定義されている、もし結果がどうなるかをわたしたちが知っているのならば、わたしたちは職人か、流れ作業に従事する労働者か、あるいはある種のマネージャーだろう。ただしその場合、わたしたちは創造的ではなくなってしまう。

わたしたちはまだ、物ごとをはっきりと見ているのではない。霧の中で目を凝らしている。蒸気に包まれてことを凝視している。しかし、霧が晴れ太陽がさんさんと輝く日が来るのは、もうそう遠くない筈だ。その時には全てを見ることになる。神がわたしたちを見るようにはっきりと見るようになる。神がわたしたちを知るのとまったく同様に、わたしたちも神を直接知るようになる！
――コリントの信徒への手紙（一）13章12節

12月3日

カワセミ

約一か月前のことである。わたしたちが休暇から家に戻り、気分転換し「さあもう一度がんばろう」と思っていた時、電話がなった。夜の10時頃だった。電話の相手は、わたしが26年間も牧会をしている婦人からの電話だった。わたしがこの教区の担当牧師を始めた時、彼女は12歳だった。今、彼女は38歳である。わたしが彼女に堅信礼を授け、結婚式もあげた。彼女が離婚する時・数回の死別の時・失望の時・自殺未遂を行った時も一緒に過ごした。彼女が教会の指導者として任命式を行い、彼女が教会を一年間去った時も寄り添い、彼女が翌年戻ってきた時には、ドアを開けて迎えた、彼女と共に祈り、彼女の話に耳を傾けた。その夜に彼女の電話を聞きながら、わたしは「26年間も牧会してきたのに、彼女は少しもよくなっていない」と感じた。電話を切った後に、わたしの妻ジャンはこう言った。「誰からの電話なの」「レジーナからの電話だよ。わたしたちは彼女には手を焼いたね？」そこで、妻のジャンは「カワセミを覚えている？」と言った。

カワセミ。そう、わたしもカワセミを覚えていた。わたしたちはモンタナ州にある湖の湖岸に長い間座って、カワセミが魚を捕るのを待っていた。カワセミ(Kingfisher) はまさに「魚を獲る (fish)」ことにかけては「王様 (king)」だった。漁の名人、魚を獲る方法を知っている鳥だった。このカワセミは魚を獲るために湖畔にある枯れ枝にじっと座っていた。カワセミが魚を獲る様子は、眺めていて楽しいものだった。何度もカワセミは水面に急降下したが、27回、魚を獲ることが出来なかった。何度も何度もカワセミは失敗し続けた。――そして28回目で、そのカワセミは小さな3

インチの魚を獲ったのだった。妻のジャンが「カワセミを覚えているか」と尋ねたのだ。わたしは「覚えているよ。——僕たちは僅か26年しかまだ経っていないからね」と答えた。

「霊的な形成」のためには、前提にしなければならないことがある。それは、このカワセミが示していることである。急いではいけない。急げば、必ずうまく行かない。「霊的な形成」とは多くの失敗で特徴づけられた無秩序で冗長なものなのだ。——あなたの足元の土を掘り起こすように、関りが与えられた人々・自分の教会員やあなた自身の人生を掘り進めなければならない。神による創造と契約が「霊的な形成」を形作ってくださることを待ちながら、現場に固着し独創的に行わなければならない。

わたしの心には僅かな疑いも今まで一度もなかつた。あなたがたの中で偉大な御業を始められた神はキリスト・イエスが現れるその日までにそれを守り、栄華を極めた最後をもたらしてくれる。

——フィリピの信徒への手紙1章6節

12月4日
親密さの探究

この世は「恵み」とは疎遠な世界である。神であれ、人であれ、「誰かと親密になろうとすること」は、どうしても「多くの人々の支援を得ること」に繋がらない。親密さはビジネスにとっては相性が悪い。親密さは非効率的で、**「魅惑」**に欠ける。もし「神の愛」が儀礼としての礼拝として、「他者への愛」を性行為と同じことにしてしまうならば、わたしたちの日常は単純なものとなり、この世界は効率よく動くことが可能になるだろう。でも、そのようなことをしたら、わたしたちは「愛」を肉欲に矮小化したり、「信仰」を儀式に矮小化したり、「もっと」を求めて街を走り回ることとなる。そうすれば間違いなく、わたしたちの平和は妨害され、一挙手一投足についてあれこれ言われ、自分のいるべき家や教会に戻れと指示されることとなってしまう。魂の中の秘められたものを皆で一斉に見せ合う可笑しな宗教もある。あるいは、心の中にあることを見せ合い「露出狂」の宗教もある。それらを拒否した上で、神の契約に基礎づけられた息の長く続く「親密さ」につながっていないなら、一体どうなるのだろうか。そのようなことをしたら、後は厳しいばかりで希望を失った「ピューリタン」しか選択肢がなくなってしまう。「親密さ」を得ることは実は非常に難しい。痛みが伴う。――待望し、失望し、傷つく。だがしかし、代償が大きければ大きいほど、報いは大きい。というのも、わたしたちを愛してくれる他の人や神との関係の中で、わたしたちの「人間性」を完成させるのだ。実にその「人間性の完成」を目指して、わたしたちは神に創造されたのだ。わたしたちは口ごもり、躓いてしまう。さまよい道草を食ってしまう。遅刻し、ぐずぐずしてしまう。それらを通して、わたしたちは愛することを学ぶのだ。実にわたしたちは、キリスト・イエスにおいて、確かに、着実に、永遠に愛されているからだ。

待つことを長く待てば待つほどに、痛みは増す。それゆえに、わたしは神の賜物を個人的に伝えるためにそちらに行きたい。わたしの目であなたがたがより強く成長していることを見てみたい。これから何かを手に入れることを期待したいと思わないで欲しい！　あなたがたは、わたしがあなたがたに与えると同じ程に持っているのだから。

――ローマの信徒への手紙1章11〜12節

12月5日

純粋な銀の言葉

神よ　急いで　その手をもって
わたしを助けてください！

最後に残った　立派な方が　倒れてしまいました
頼りにしていた全ての友人たちは
　皆いなくなってしまいました。
みんなわたしに　嘘をつく
みんなの口から　嘘ばかり
　次から次へと　流れ出る
どんな人もみな　二枚舌　本音を隠して　嘘ばかり。

あんな舌など　彼らの顔から
　バッサリ切ってください！
ほら吹き上手の　あの舌を
　引き抜いてください！
わたしはもはや　聞き飽きました。
「誰でも何でも説得できる！
この口こそが　世界を制す」
貧しい人々の　ほったて小屋に
暗い路地裏　泣くホームレス
そこに響くのは　神の声
「じゅうぶん、もうじゅうぶんだ
哀れな人の心　癒すために
わたしは自分の道を進む」

神の言葉は　純粋なもの
神の言葉の窯の火の中で
七度も精錬された　純粋な銀の言葉
精錬されて　純粋で
地上や　天国でも

神よ、わたしたちを
　彼らの嘘から守ってください。
あのひとたちは嘘をつき
嘘でわたしたちにつきまとう邪悪な者たちから
嘘を見事に　ひるがえしながら
名誉を集める者たちから
わたしたちを守ってください。
　　――詩編12編1～10節

12月6日 わたしたちは神学者を必要としている

「祈りの初心者」たち――子どもたちや、新しくクリスチャンになった人々には――「祈りは簡単だ」と思う。祈りは誰でも潜在的な力や祈る衝動を持っている。祈りはわたしの中に深く根づいている。それはわたしたちは結局、神によって、神のために創造されたからである。では、なぜ、わたしたちは祈らないのだろうか。わたしたちは生まれた時から、祈りの言葉を持っている。祈りは、わたしたちの最初の言語なのだ。わたしたちは恐ろしい問題に遭遇する時、神に助けを叫び求める。わたしたちは計り知れないほど祝福されたと感じると、神に感謝をささげる。つまり「助けて！」「ありがとう！」と叫ぶ。それは祈りの基本的な言葉である。ほんの一言の単純な祈りである。

神はわたしたちに語りかける。神はわたしたちを招く。神はわたしたちを憐れみ、わたしたちを愛し、わたしたちの間に降りてこられ、わたしたちの内に入ってくださる。そして、わたしたちは神に答える。応答し、受け入れ、受け止め、賛美をささげる。一言で言えば、わたしたちは祈るのである。祈りとは、それ程に単純なものである。これ以上、何が必要だろうか。

だが、祈りは単純な段階に留まるものではない。わたしたちは試練の荒野を何年も歩き回る。さらに、わたしたちは旅を始めた頃の単純なことと子どもっぽいことに疑問を持ち始める。冷笑的な時代の中にどっぷりつかっている自分自身を見出すのである。最初にあった無垢な部分が軽蔑と疑いによって浸食されていることに気づく。そして、いつしか「魔術としての祈り」ということを考え始め、小手先のくだらない儀式に手を出し、人生を簡単にさせてくれる言葉のおまじないに頼り始める。すると間もなく、最初の単純な祈りは「様々な疑問と疑いと迷信の塊」に巻き込まれてしまう。

これらのことはわたしたちの誰にでも起こることである。祈る人々は、みんな、いつしか何か難しさをかかえる結果に終わってしまう。だから、わたしたちには助けが必要なのだ。つまり、神学者を必要としている。祈る人、あるいは祈りを続けたいと思う人が、わたしたちの間にいる。そうした人たちにとって、神学者こそが、必要不可欠な存在であり、最良な友人である。

イエスは言われた。「わたしがあなた方に行ってほしいのはこれだ。目立たない場所で静かな場所を探すこと。そして、神の御前でよい人ぶりたいという誘惑を退けること。とにかく、ただひたすら端的に・真摯に・そこに留まれ。そして、自分自身へと向いている思いを動かし、神へ焦点を合わせれば、神の恵みを感じ取り始めることになる。

——マタイによる福音書6章6節

12月7日

祈る自分は信頼できない

祈るわたしたちは、神学者がそばにいてくれないと困るのである。というのも、わたしたちの祈りがしばしば「自分を支えること」や「よい友人を得ること」を求めるものだが、「わたしたちの利益を最大化するように見える悪魔の囁き」であったりするからだ。わたしたちは神のことよりも自分自身のことを考えてしまう。わたしたちは「自分の内側に起こること・起こらないこと」で頭が一杯になる。わたしたちは自分たちの感情と意志の巨大な不一致に戸惑う。わたしたちの内側には道徳的な告発が聞こえ、不安になってしまう。祈っている只中で「自分に価値があるのか」という疑問を抱くことがある。それで「霊的なエリートとなって、特権を享受できる」との秘密めいた宣伝文句があると、簡単にわたしたちは、そうしたことに魅了されてしまう。

しかし、本来、祈りは神に関わることで、自分に関わることではない。祈りは確かにわたしたちを巻き込んでいく。――わたしたちの全てを、その細部に至る全てを祈りは巻き込んでいく。それでも、神こそが、祈りにおける最優先事項なのである。神学者の役割は、わたしたちが「自分自身から始めるのではなく、神から始める」という思考力・想像力・理解力を身に着けるよう訓練させる。神学者の努力がいつも功を奏するとは限らない。というのも、わたしたちは自分自身に注視してくれる人を持ちたいからだ。そうであっても、神に注視することがもっと重要なことである。神だけに注視することから始める祈りは、神に幾度も注視する単純さを回復することを可能にしてくれる。祈りとは誰もが行うこと、最も個人的なもの、最も人間的なことなのだ。祈りの中で、わたしたちは「人間」とつながって行く。他のどんなことをしている時よりも、祈っている時に、わたしたちは「自分らしさ・自分の真実の姿・神の像」を体現する。これが祈りの醍醐味である。そして同時に、ここに祈りの問題もある。というのも、わたしたちが神以上に自分自身に興味を持つからだ。

イエスは言われた。「この世界には『祈りに無関心な祈りの勇者たち』とでもいうべき人々がいっぱいいる。その人々は色々な「マニュアル」や「プログラム」あるいは「提言」をいっぱい持ってきて、ある種の技術を売り歩いている。そこで販売されているのはつまり神から欲しいものを獲得する技術なのだ。そのような馬鹿げたことに騙されてはいけない。向き合っているのは、あなたの天の父なのだ。あなたの天の父は何を必要としているかを、あなたがた以上にご存じなのだ。

――マタイによる福音書6章7～8節

12月8日

祈祷書と讃美歌

次の13日間は拙著『取って読め』からのものである。この本は20項目に分けた書籍について、注釈を付けて読むというものである。

わたしは祈祷文を書いたり読んだりすることを軽蔑するという伝統の中で育てられた。祈祷書は、結局「死んだ祈り」だという具合だ。祈祷書を読むことは、昔からの友人と通りで出会うのとよく似ている。つまり、本一冊をパラパラとめくっては、ちょっと出会いがしらに相応しい挨拶の言葉を見つけ出し、それを読み上げるようなものだ。それで、「こんにちは。また会えて嬉しいよ。お変わりないですか？　ご家族の皆さんにどうぞ宜しく。じゃまた、行かなきゃならないので、さようなら。」そんな言葉を読み上げて、祈祷書を閉じる。出会った古い友たちとのことはほとんど思い出しもしないで、その道を離れるのだ。これは実に馬鹿げてる。祈りというのは、真心から出る自発性が求められるからだ。

しかし、そう思いながら過ごしてきたある時のことだ。自分では発することが出来ないような祈りの言葉を与えてくれる祈祷書を偶然見つけたのだ。わたしが祈る気がしない時に、ある種の祈祷書は力となって、祈りをくみ出すことが出来ることに気づいたのだ。例えば、輪になって祈る時、自分の中に何か気になって仕方ないことがあったり、あるいは自分の周りにある雰囲気にこだわってしまうことがしばしば起こる。そうした時のために、祈祷書があるのだと気づいたのだ。ある種の祈祷書は、自我の茨や藪の中に閉じ込められた自分を解き放ち、神の国の広々とした場所、神の広々とした天空の下へとわたしたちを連れだしてくれる。

このことに気づく中で、一つ驚いたことがあった。

わたしに大きな影響を与えてくれた祈りを辿ると、それは「(聖書に) 書かれたもの」だったのだ。活き活きと霊的に教会で歌ってきたもののほとんどは「本」になっていた。つまり、それは「讃美歌」だった。わたしの祈りの世界がそれで広げられたのだ。

聖徒よ歌え！　こぞって歌え！
　心の底から　神を讃えて
御顔を拝せ　感謝せよ！
神の怒りは燃え上がり
　燃え盛ってはいたけれど
あなたの歩んだ人生は
　愛に満たされ　祝されていた
あなたを泣かせた　あの夜は
あなたの笑顔の　朝となる
――詩編30編4～5節

12月9日
北米のスピリチュアリティー

それぞれの文化には霊的な資産と負債を持っている。文化はそれぞれの言語、時代、そして歴史ごとに独特の洞察をもってスピリチュアリティーに貢献している。しかし同時にスピリチュアリティーの盲点をも露呈する。例えば、アウグスティヌスの時代のプラトン主義があった。それは広範な知的骨組みを提供してきた。しかし、それが災いして、十字架の独特な鋭さが鈍ってしまい、ぼんやりした人たちが物質主義に傾く結果となってしまった。同様に、中世のアリストテレス主義、宗教改革後半のカルヴァン主義や啓蒙主義の時代のロマンチシズムに関して、「複式簿記」のような複雑な議論が可能となってしまった。わたしたちはいつも、その時代に合わせて、福音が生み出すエネルギーと真理を受け入れることと、その文化独特の錯誤を避けることと、それらを識別する力を持たなければならない。北米のスピリチュアリティーはそれ独自の特色がある。ですから、わたしたちは味覚を磨き、最低なものと最高のものを識別できるようにならなければいけない。

ヨルダン川には罪を告白するために罪人が集まり、新しい人生を始めるためにバプテスマを受けていた。その後、多くのファリサイ派やサドカイ派の人々も現れた。バプテスマといわれるものがどんなものなのか、どうしてそれがそんなに人気を博しているかを知りたかったのである。その時「蝮の子らよ」とヨハネは言った。

――マタイによる福音書3章6〜7a節

12月10日
カール・バルト『ローマ書講解』

カール・バルトはスイスのザーフェンヴィルの小さな教会の牧師であった時に『ローマ書講解』(1933年)を書いた。わたしはこの本を読んだのも、わたしがメリーランド州の小さな教会の牧師をしている時だった。わたしは牧師としての仕事が次の三種類の人々に対してあると考えていた。第一の人々は「キリスト教を信じている人々(あるいは、半ば信じている人々)、第二の人々は「キリスト教に無関心な人々(時折、軽蔑する人々)である。そして第三の人々は「聖書に立つ人々」あるいは「わたしが忠実に説教し教えた聖書の御言葉に立つ人々」である。

その頃の、わたしは御言葉に触れる時こそ、最も気が和む時であった。御言葉の全てを自分への言葉として読むわたしにとって、聖書は実に扱いやすかった。しかし、牧師となった以上、御言葉の全てが「自分の言葉」としてばかりには取り扱えなくなってきたのだ。それに気づいた時に、わたしは今や教会と世界という二つの最前線にさらされていた。わたしは全くお手上げ状態で、助けを必要としていた。

聖書の御言葉と向き合うためには、知性と注意力が求められたが、わたしは当然と感じ、むしろそのことを楽しんでいた。しかし、わたしは教会の人々と向き合う時に、驚くようなことが必要とされたのだ。実に、教会の人々はわたしの友人であり、仲間でもあった。それなのに、わたしの聖書解釈を彼らはいつも「自分の関心」というフィルターを通して解釈していた。わたしが説教し、また教えていた聖書が無意識に、いつもわたしの教区の人々の頭の中で書き換えられていた。そうして人々は、自分自身の振る舞いや価値観を是認するために、それを利用していたのだ。「振る舞いや価値観」とは、つまり「十字架の道（自己犠牲の愛が顕著にともなう生き方）」というよりも「アメリカ的な生き方（甘やかされた消費者第一主義があからさまになる生き方）」が、わたしの語る聖書の言葉を通して是認されてしまうこととなっていた。わたしは日曜日ごとに「シナイ山での遠大な宣言」と「ガリラヤでの新鮮な御言葉」を語った。すると、それは週日をかけて響いてくる。それを聞いた人々の中の無意識の確信として、あるいは小さなおしゃべりとして、わたしにも感知できるものとなる。それが「面白くもない陳腐なこと」あるいは「取るに足りない道徳的なこと」になっていることに気づき、わたしは愕然とする。それは、まるで猛烈に起動している町工場のようだった。つまり、わたしの聴衆は、わたしの話をひたすら機械のように猛烈に小型化していると、わたしには感じられた。それが「第一の人々」のわたしの印象だった。

他方、「第三の人々」はどうだろうか。わたしは次第に「神の国」を意識するようになり、大胆に「この世界」に向き合うようになってきた。すると、この世界に無関心であった信仰深い人々がわたしの企てを、総じて「なんだかよく分からない」と思うようになってきた。人々はわたしのことを概ね気安く「無視してもよい」と思い始めてきたのだ。そんな中、わたしに一体何が出来るだろうか。

その時、バルトの本があらゆる方面でわたしを助けてくれた。それが『ローマ書講解』だった。バルトは聖書の言葉の中に飛び込むように論述を進める。聖書の言葉は勢いよく流れる水のようであり、そこにバルトが思い切って飛び込んでいる。この本はそのような印象を与えた。バルトは実に「活力あふれる訓詁学者」という不思議な存在であった！　議論の細部において、彼が書いているのが正しいのか、それとも違っているのか――それはもう、わたしにとって全く問題にはならないと感じた。忍耐強く情熱的な聖書の言葉と向き合うことで、バルトは「衒学的になる」という危機から守ってくれたのだ。実に「衒学的」ほどに致命的な失敗はない。

「第二の人々」はどうだろうか。つまり「福音が示す霊性」を「文化としての宗教」と混同して、それを称賛したり拒絶する人々はどうだろうか。バルトは『ローマ書講解』のページをめくるにつれて「福音と文化」の混乱を切り分けて行くのだった。わたしは「もう一つの福音」と呼ばれていたことが人々を密かに誘惑していると感じていた。バルトはそれを明確に洞察していた。善意の溢れた宗教が実に無意味なものとしてあふれていた。バルトの『ローマ書講解』は、わたしをそれからも守ってくれた。

「この世界」に向き合うことに関して、バルトは非常に分かりやすい言葉を使っている。さらに、バルトは「この世界」を恐れなかった。バルトは政治と労働と刑務所をよく知っていた。その上で、バルトは祈りと聖書とキリストの十字架を信じていた。『ローマ書講解』を繰り返し読む度に、世界と向き合う時に感じていた躊躇が薄れて行くのを、わたしは感じたのだ。カール・バルトはわたしに本当に素晴らしい助けを与えてくれた。それは20世紀に現れた他の神学者の誰一人も為してくれなかったと思えるほどに素晴らしいものだった。

あなたは神から復活の命を受け取った。それは決して臆病なものではない。墓穴の中にある命ではない。それは冒険心にあふれて期待する命である。「パパ、次は何?」と子どもが呼びかける、そのように神に向かって声を上げる命である。神の御霊はわたしたちの霊に触れ、そして「わたしの本当」の姿について確信させてくださる。わたしたちは「神はどんな方であるか」を知り、そして「わたしたちは何ものであるか」を知る。そうして知られる神とわたしたちの関係は、まさに「父と子」の関係になるのだ。

——ローマの信徒への手紙8章15～16節

12月11日

ミステリー

わたしたちの子どもたちがまだ幼かった頃、わたしは敬虔な理想主義に燃えていた。それは大変なもので「わたしたちが夕食のテーブルを囲んでいる時にも、そこに教会を映し込むようにしよう」と考えた程だった。特に、日曜日になると、その理想主義がいよいよ燃え上がった。朝、わたしたちが礼拝の後、家に戻り、日曜日の夕食の食卓につく時、わたしは議論を始め、展開しようと努力したものだ。そうして、聖所としての教会で行われた祈りと賛美が、食べたり飲んだりする食卓にまで繋がってくるようにしたいと思っていた。「二つ目の讃美歌について、どう思ったのか」とか「説教の時の導入をみんなは気に入っただろうか」などと家族に尋ねたりした。「聖書を朗読してくれた教会の長老が、メルキゼデクという人名を読み上げる時、随分工夫してくれたが、みんなは気づいただろうか」という具合である。当然、本当の会話が進展することは一度もなかった。それで、ある日曜日に、一か八か、霊に促されて別の方法を思いつきそれを行った。わたしは次のように言った。「牧会祈祷の後、グリーンさんが頭を垂れ、もう再び背筋を伸ばすことがなかった。周りにいた人々は彼が祈り続けていると考えた。祝祷の後も、彼は動かなかった。その時に、彼が死んでいることが分かった。彼は殺された！　さあ、どうしてそのようなことが起こったのか考えてみよう。殺人犯の動機が何だったのだろうか？」とすると会話が展開した。**「本当の」**会話が展開し始めたのである。信仰深くない会話かもしれないが、その会話は活き活きとなったのだ。「長老主義の清廉潔白さ」という仮面の後ろには何かがある。わたしたちは聖書朗読にその手がかりを探し求め、讃美歌を聞いてその証拠を見出し、罪が隠されていないかを確かめなければならない。毎週きっと、また、「別の犠牲者」が出るだろう。

食卓に　いのちあふれる　こどもたち
すっくと伸びる　オリーブの枝
未来はそこに　約束されて
――詩編128編3節b

12月12日
現実逃避の喜び

わたしたちは「殺人事件」のミステリーを語り続けてみたが、それは長続きしなかった。――確か、数週間程度は続いたと思うのだ、が。ともかく、その結果として、探偵小説に書かれている「現実逃避の喜び」ということが何であるか、わたしは分かるようになってきた。わたしが直ぐに分かったことは「現実逃避の喜び」が、多くの学者や牧師たちや、神学者たちによって愛好されていることであることが分かってきた。ガブリエル・マルセルが何時も強調していたことを思い出す。つまり「人生とは解決すべき問題であるか、あるいは、自分が入り込むミステリー小説として捉えるのか、自分の人生をどう捉えるべきなのか、わたししたちは自分の人生観について、二者択一を迫られている」とマルセルは言っていた。

ここで疑問がわく。男性でも女性でも、多くの人々が「解決すべき問題」、あるいは「ミステリー小説を読むようなもの」として自分の人生を見ているのに、時が経つにつれて道を踏み外し、いつしか「ミステリー小説を読むようなもの」として自分の人生を見るようになるのはなぜなのだろうか。つまり、人生とは「いつも最後のページになると解決されてしまう問題」に過ぎないと考えるのはなぜなのだろうか。もしかすると、一つの理由は「善と悪」ということにあるのかも知れない。余りにもしばしば、曖昧さに溢れている日々の生活の中で、「善と悪」は「はっきりしないもの」となっている。そうしたわたしたちの生活の中に、「善と悪」とをはっきりと描き出すものとして、殺人事件を扱うミステリー小説があるのだから。詐欺師たちの大風呂敷に包まれて息切れしているわたしたち、相対主義と主観主義によって息切れしているわたしたちは、殺人事件を主題とするミステリー小説の中で、道徳的・知的に「一息つく」場所を見出しているのだ。

イエスは言った。
わたしたちは秘密にしているのではない。
わたしたちは彼らに告げている。
わたしたちは何も隠していない。
わたしたちが全てを公にしているのだ。
——ルカによる福音書8章17節

12月13日

注解書

わたしはある人々が小説を読むように最初から最後まで一ページも飛ばすことなく注解書を読んでいる。注解書は筋道や登場人物の展開について迫力がないが、言葉や構成に対する献身的な気配りはわたしに注解書を先に読み続けさせる。筋道と登場人物——

救いの筋道と救い主の人物像は ―― 注解書のいたるところに暗示されている。数百ページに及ぶ程の進捗状況が書き残されていなくても、彼らの存在を執拗に力説している。何世紀にもわたる博学な男女の知的な講話を引き出すこのような古代の名詞や動詞の力は、わたしにとっては大きな驚きであり続けている。

「アポロ」は聖書からメシアは本当にイエスであると説得力のある証拠で明らかにする時に、ユダヤ人との公の討論において特別に有能であった。

―― 使徒言行録18章28節

12月14日

友人たちとの会話

注解書を読むことは（聖書を読むことが楽しみだと考える人々の間でだが）、わたしにとって、地元のバーでフットボールファンが次のことをしながら集うことと常に似ているように思える。彼らは丁度観た試合を一つひとつ競技を再演し、観戦や意見で口論したり（ことによると喧嘩になったりする）、談話に選手の噂話を加えたりする。このような酔っぱらった会話で見られる知識のレベルは相当なものである。ファンたちは長い間試合を観てきている。彼らにとっては選手は馴染み深い名前なのだ。彼らはフットボールの規則の細則をも知っている。彼らは競技場でのあらゆる微妙な違いなどを引き合いに出すのである。彼らは試合がどうなるかに非常に関心がある。彼らのいつ終わるとも知れないコメントは彼らが深い関心があるという証拠である。彼らと同じように、わたしが注解書を楽しく味わうのは、ただ情報を得るだけではなく、博学な友人たちや、経験豊かな友人たちと、聖書の原文を精査し、観察し、問いながら対話をすることなのだ。創世記からヨハネの黙示録に壮大に広がっているこの聖書の構想に没頭すると、わたしたち誰もかれもを救う救い主の臨在に捕らえられる。多くのことに気づき、多くのことを話すことが出来る。

わたしは箴言の一口のごちそうを咀嚼している。
わたしはあなたに甘い昔の真理を教える。
わたしたちが父から聞いた物語と
わたしたちが母の膝元で学んだ助言を。
——詩編78編2〜3節

12月15日

聖なる場所

次の黙想はノーマン・マックリーンが書いた「マックリーンの川」や他の物語に関するものである。

かつて「マックリーンの川」を十冊や二十冊を購入して、「その本を読むに値する人々」（彼はそう言うのだが）にあげてしまった男の人をわたしは知っている。彼はわたしにその本をくれた。その本は直ぐにわたしと妻と子どもたちが互いに大きい声で読み合う家族の本となった。わたしたちがその本を大好きな一つの理由は、その本が**「わたしたちの」**場所、すなわち、わたしたちにとって、ホームという場所に威厳と聖なる意義を与えたからだ。マックリーンが書いた物語はわたしが育った場所のモンタナから百マイル離れたところで起こった。わたしたちの家族が毎年の夏に休暇のために訪ねる場所でもある。わたしたちは、そこが聖なる場所であることは既に分かっていたが、その本はわたしたちの畏敬の念を深め、それを確証してくれた。その本は**「この場所に」**注意を喚起させながら、祭壇として機能してくれた。**「ここ」**は聖なる地である——**「ここで」**神を礼拝せよ。

……イエスを裏切ろうとしていたユダも、その場所を知っていた。イエスは、弟子たちと共に度々ここに集まっていたからである。
——ヨハネによる福音書18章2節

12月16日

オレガノとメシシバ

聖なる男女に関して書いている聖人伝は悪名高き失敗のジャンルである。聖人伝は退屈さと不誠実においては高い評価を得ているが、他では全く評価されていない。わたしの子ども時代の重要な聖人伝である「フォックスの殉教者たちの本」が、わたしやわたしの友人たちに聖なる生き方を深めるために大きな影響を与えたか如何かは、大いに疑問がある。わたしの記憶によれば、概ね、殉教者たちの本は神の畏れをカトリックの恐れに取り替えてしまった。バトラー著の「聖人たちの生涯」は疑問の余地がない程に有益な本だが、その本は学者たちによって少なくとも神聖を肯定するためと、それを否定するためにも用いられてきた。

わたしたちほとんどは、時々、聖なる人生を歩む衝動を持っている。――本来あるべき姿の人生。真実で善良で素晴らしい人生。わたしたちの創造者、贖い主、聖別するお方のために、その中で、そのお方によって生きる人生である。その時、誰かからホッケーの試合観戦に来ないかとの電話がかかってくる。あるいは、サラダにはオレガノが必要だと気づいたり、芝生に生えているメシシバが急に気になったりする。そうして、わたしたちは日常生活に気を取られて聖なる日を忘れてしまう。あるいはそう思い込んでいるのかも知れない。

それから、わたしたちは聖なる人生の本当の姿を示し、表面的な信仰を見抜いている作家や作家たちと一緒に生きていることを見出す。そしてそれは、ホッケーの試合と聖化のために生の原材料を提供してくれるオレガノとメシシバである。聖化とは他人に親切であるということではない。聖なる人生とは男性や女性が神に対して礼儀正しいことではなく、人間が自分の罪や無知や野心や道楽というありえない材料から救いを形作る神の働きを受け入れ参加することである。——あるいはまた、わたしたちの愛や熱望や高潔さなども含む。だがしかし、断じてわたしたちの荒削りの部分を滑らかにすることで行うのではない。聖化は「磨かれた状態」と同じではない。

あなたがたは従順な子どもたちとして、神の生き方によって形作られる生き方に入りなさい。エネルギッシュで聖なる者に燃えている生き方に自分を引き込んでください。眩い生き方である。神は言われた。あなたがたは聖なるものとなれ。わたしは聖なるものだから。

——ペトロの手紙(一)1章14~16節

12月17日

聖なる生活のビジネス

全てのクリスチャンは何らかの形で、わたしたちがそれに対する適切な語彙があろうとなかろうとも、聖なる生活のビジネスを営んでいる。しかし、それが何で構成しているかを正確に知ることは難しい。わたしたちは、何を見たらいいのか分からなくなってしまった。過去100年の間かそれ以上の間、生き方の権威を自認する人々は社会的ユートピア主義か心理学的な充足か、あるいは両方か、スリリングなジエットコースターのような展望をもたらしてきた。その結果、わたしたちはさらに悪くなってきている。改善してきている唯一のことは、もし、言葉にすれば、わたしたちがより早く動き、より多く消費するという能力だけである。

神についてどんな言葉に無関心な夫たちが、あなたの聖なる美しさの生き方に魅了されるだろう。……神に喜ばれる、あなたがたの内面的な美しさと穏やかさと優雅な美しさとを育みなさい。昔の聖なる婦人たちもそのように神の御前に美しかったのだ。

——ペトロの手紙（一）3章1節b、4~5節

12月18日

さらに賢い先人たち

ハーマン・メルヴィル【1819~1891年アメリカの小説家『白鯨』の著者】がかつて友人に「わたしは何かに熱中する全ての男たちを愛している」と書いた。わたしたちのほとんどが**何かに熱中**する。しかし、わたしたちはそのような人々をどこで見つけるのか？　彼らは注目を浴びる男女たちの中にはいない。ジャーナリズム文化では平凡なことや邪悪なことは噂話として欲望を満たすのである。よいことや正しいことは新聞の第一面には掲載されない。大量生産のためにプログラム化出来ないものはどれも、特に正しいことを行い、悪いことを避けることなどは排除される。成熟はもはや個人の目標とはならない。それは学期制の授業で習得されないからである。

わたしたちの先人たちは、わたしたちよりも賢かった。彼らは聖人たちを探し求め、神と勇気を持って交わるような生きた男女を求めていた。人間として如何に生きるか、すなわち、如何にして聖なる歩みを生きるかを、彼らから学ぶためである。有名人たちや被害者たちに辟易しているわたしたちの世俗社会は、神が平凡でしばしば予想だにしない人々の中に働いていることを見る能力、つまり、聖人を認識する能力を失っている。その言葉自体の意味が失われてきたために、尊敬するに値する人ではなく、「わたしは聖人ではない」という棄権者と呼ばれるほうが多くなってしまった。レオン・ブロイはわたしたちに感謝と洞察力

の回復に向かう方法をぶっきらぼうで大胆な文言で述べる。「聖人にあらず、唯、悲哀のみ」である、と。(Triste ―― de pas etre Saint)

わたしは死の淵にある。わたし自身が神の祭壇にいけにえとして献げられている。これこそが走るに値する唯一のレース。わたしは競争の最後までずっと信じながら、一生懸命走りぬいた。今残されていることは「神の賞賛を受けること」と叫ぶだけだ。

――テモテへの手紙(二)4章6〜8節a

12月19日

エリ・ヴィーゼル、燃えている魂(1972年)

アウシュビッツの死の収容所で監禁されていた一人の若い男ヴィーゼルは、その収容所から生きて戻れた数少ない人々の一人だった。悪に囲まれ、死に直面した幼少期の体験が、どういう訳か、聖化を歓喜し、生命を謳歌する小説家としての使命を抱く者へと変えた。ヴィーゼルが行ったことは、小説を書く他に、バアル・シェム・トーフの物語と後継者の物語を話すことだった。

そのバアル・シェム・トーフとは、東ヨーロッパで18世紀に生きた無名のユダヤ人である。彼はスピリチュアリティーの復興に火をつけた。スピリチュアリティーは共同体から共同体へと広くひろがった。それは、遊び心のある驚き、奇跡への心構え、貧しく、迫害され、阻害されたユダヤ人の間で聖化が活き活きとなることである。エリ・ヴィーセルはその物語を話したのである。それはハシディームと呼ばれ、物語や歌の熱狂的な爆発のようなものである。これは聖なる生活をいきいきとした秘儀を証言している二、三の似た物語の最初の部分である。

イエスは言われた。わたしはあなたがたになるべく平易に告げよう。歴史的に誰一人、バプテスマのヨハネよりも偉大な者はいない。しかし、御国では、最も小さい者でも、ヨハネよりも偉大である。
――ルカによる福音書7章28節

12月20日

罪と悪魔

最もポピュラーな現代のスピリチュアリティーは罪と悪魔をほとんど無視している。それは次のように一般的な想定をするからだ。男女ともどもが基本的に、お人好しで善良であり、「わたしたちが最良の自分になる」とか、あるいは「種が蒔かれたところで成長する」ためには訓練や勇気づけが最も求められるからだ。「自己中心主義」がスピリチュアリティーだとうまく誤魔化されている。イエスの鍛えられた鋼（はがね）のような強い命令がカーリール・ギブランの実に感傷的な格言に取って代えられている。

しかし、わたしたちクリスチャンは常に聖化の表面的なものに騙されてはいけないと正しく警告されている。わたしたちが聖化を鏡で垣間見ることが出来ると考える時には、特にだ。わたしたちには誘惑の微妙な違いに対して厳格で詳細な教育が必要なのである。つまり、悪魔の手法と、わたしたちが自分自身を惑わしたり、惑わされたりする、あたかも延々と続く能力に関する厳格で詳細な教育が必要なのである。

冷静を保ちなさい。
警戒していなさい。
悪魔は攻撃する態勢ができている。
悪魔は是非ともあなたがたを居眠りさせたいのだ。
警戒を怠るな。
――ペトロの手紙（一）5章8～9節a

12月21日

言葉の世界

聖書の預言者や詩編作家たちが全て詩人ということは大切ではないのだろうか？　詩を読んでいると、わたしは言葉の世界にいる気心の知れた盟友を発見する。詩を書くときに、わたしは聖書的な方法で、牧会の技巧を実践している自分を見出すのである。

イエスは言われた。
「あなたがたは意図しないことは何も言うな。
この忠告は私たちの伝統に深く根付いているからだ。
あなたが敬虔ぶったお喋りで煙幕を張る時には、
唯、事態をさらに悪化させるのだ。」
——マタイによる福音書5章33節

12月22日

1986年のクリスマスの挨拶

次の6日間は年ごとのクリスマス挨拶から選んだものである。

「おめでとう。恵まれた方よ。
主があなたと共におられる。」
ルカによる福音書1章28節

手紙を託した郵便配達の人

ずんぐりむっくり　白いトラック
縁取りの色は　青と赤。
天使の翼はないけど
役所に委託を頂いて

タイヤが回って走り出す。

アドベントが来る毎に
毎日　届く　神からの　よき知らせ。

福音を伝える　ガブリエル
制服　身に付けて
にこりともせずに　その栄光を
キラキラさせて　降りてくる。
挨拶状の重荷に耐えて　喜怒哀楽も
垣間見せることなく
ただ機敏に――毎朝きっかりと
10時に届く「受胎告知」のよき知らせ。

まずは一通。それから一通。また一通と
アドベント第二週には　その勢いは　最高潮に。
我が家のポストに　ぎっしりと
一枚一枚　切手が貼られて。
わたしの郵便箱が一杯になり

カードにはスタンプが押されている。

僅か25セントの切手一枚　それだけで　輝く便り
「神　われらと　共にあり」との音信(おとずれ)を伝えつつ。
直筆の宛名に見える　最高級の郵便物

「おはよう！　神の美しさ　その身にまとい
あなたは実に　素晴らしい。
内にも外にも　溢れ出ている　その美しさ
神があなたと　共におられる」
――ルカによる福音書1章28節

12月23日

樹木のような家系図

（1975年のクリスマス挨拶）

エッサイの株から一つの芽が萌いで

その根から一つの若枝が育つ
——イザヤ書11章1節

エッサイの根が植わったその土は
鳩の死骸と　子羊の死骸が腐り　堆肥となって
世紀を超えて　書き連ねたる　祈りの言葉は
牛皮紙と羊皮紙の上で　乾き切り
流され続けた犠牲の血潮も
　とっくの昔に干からびて
今こそ遂に　わたしの手許に「福音」という
　豊かな実りを生み出した。

純粋な土壌から　萌え出た枝は　ダビデの家系。
　華が開いて　現れたのが　救い主。
その実が熟して　御国が来たり
　冬の寒さの中でさえ
春の香りも高く　温かく。

神の御霊は我らに臨み
樹木が揺れるように、わたしたちの家系図に
　いのちの息を吹きかけて振ってください。
伸ばされたわたしたちの腕に、
　あなたの熟した実を解き放ってください。

わたしはこの目で　見てみたい。
　わたしの子たちが　あの約束の地の
ザクロの実りにかぶりつき
　お腹いっぱい　食べる姿を。

わたしはこの目で　見てみたい。
カナンのブドウ
そして　神の大量の贈り物にあずかる姿を。
わたしがキリストの音楽に合わせて
　恵みの縄跳びを使って弾みながら。

聖霊があなたに降り、
いと高き方があなたの上を飛翔する
だから、あなたが産む子は

聖なる者、神の子と呼ばれる。
——ルカによる福音書1章35節

12月24日

夢の中で（１９７４年のクリスマス）

……主のみ使いが夢の中で彼に現れた
——マタイによる福音書1章20節

「気立てのよさ」を自慢して　美徳と同じく悪徳も
　どちらもよく知る　わたしはいつも
「正しいヨセフ」と同時に「邪悪なヘロデ」を
　どちらもよく知る　わたしはいつも
結局　恵みの　門外漢。
　そんなわたしはどうしても　毎年毎年　着実に
　天使が訪ねて来てくれる
　その来訪が必要なのだ。

——ここで、急に、夢を介して、現実の中に、物語が飛び込んでくる——
【恵みについて　毎年必ず　天使が知らせてくれる
　夢の中で天使が現れ　わたしにとって必要な
　大切なことを告げる。】

「見よ　処女が身ごもっている」
「神は　我々と　共におられる」
夢の中での　天使のみ告げ。
冬の寒い空気を貫き　天使の夢は
力を与えてくれる。
そうしてわたしは
「御子イエス」を贈り物として頂く。

　この夢は　一筋の光を放ち　一年間
わたしを照らしてくれる。
　春分が過ぎ　夏至が過ぎても　光は消えず
12か月の歩みを　照らして行く。

いつしかそれは　日の光となり
馬小屋の餌箱の中のイエスの像を
　明るく照らし出している。
わたしはそこに　確かにいつも　見ている。
贖い、救い、助ける方を。
賛美の原型はそこにあることを。

奥深い　わたしの心の奥底に　その原初の形は
　据え付けられて。
秋も終わりに近づく頃に　わたしは指折り
　数えている。
もう一度あの　夢を見るまで　あと何日
　待てばいいのかと。

そしてヨセフが眠りから覚めると、彼は夢で命じられた通りに行った。彼はマリヤと結婚した。赤ん坊が産まれるまでに彼女を知ることはせず、生まれた赤子をイエスを名付けた。

――マタイによる福音書1章24～25節

12月25日

痛み（1978年のクリスマス）

……そしてあなた自身も剣で心を刺し貫かれます
――多くの人の心にある思いが
あらわにされるためです。
――ルカによる福音書2章35節

赤子がひたすら　泣き叫ぶ。
その異常さと　恐ろしさ――どうしてこんな
　愛らしい　無垢な赤子が
悲鳴を上げて　いるのだろう――ここには一つ
物ごとが　全然うまく回っていない　そのことの
　証拠が確かにある。
夢の中で天使が現れ　告げたこと

それとは全く　かみ合わない世界。

空腹は　満たされず
　深い傷は　癒されない。
ナチュラルとゲイの者は
嘲笑と呪いで引き裂かれる。
腹から湧き出る笑いの声があるべき所に
　生傷が疼く
　誕生は　血だらけだ

全ての痛みは　一つの前触れ
その先に　展開するのは　交響曲の甘美な調和
「その内側に　ねじ入れられた　核石の傷
その痛みから　輝き始める真珠の不思議」

　十字の形のハナミズキ。
　飼い葉桶から十字架へ
　今また冷たい世間の中へ
　人が背負う　荷物の重さを
　今また軽くし給うために。

抜く身となった　諸刃の剣
　それこそまさに　全ての基調。
例年通り　おいでくださる神が
　苦しみをくぐって　悦びへと進む。

この子の生きる生涯が、
イスラエルの多くの人々の罪過と
　回復の両方を知らせてくださる。
その生涯は誤解され、対立を生む――
剣が貫くいたみによって、
嘘は暴かれ、その人の本当の姿を明らかにする。
それこそまさに、神の御業。
　――ルカによる福音書2章34b～35節

12月26日

ギフト（1976年のクリスマス）

ひとりの嬰児が　わたしたちのために生まれる。
わたしたちのために　男の子が与えられる。
その名は次のように呼ばれる。
「偉大なる指導者、力強い神、永遠に生きる父、
平和の君」と。
――イザヤ書9章6節

少しおかしい　病気に駆られて
興奮しながら　ギラギラとして　光に照らされ
またそれを　わたしは行う。昨年と同じく、
今年も同じく。
商品棚に並んだ箱を　略奪するこの楽しさよ！
友達に見せてやろう！
「見ろよ　見ろ！　これを
わたしが　手に入れたのだ！」

びりびりと　箱の包みを破り捨て
やがて気づく　全てのラベルが
嘘であることを。
どれもこれもが　石ころ　そのもの。
わたしの心も石化して
「自分の背きと罪の中　そこでわたしも死ぬ」と
ある通りの　自分の姿。
光は遠く離れ去り、その内にわたしの目も慣れて
暗闇の中　うっすら見える　一つのギフト。
包装紙は「キリスト」とあり
リボンに輝く「御霊の色」の鮮やかさ。
救いの主は　様々に　名前を変えて
信じる心を形に与え
愛のラベルを張り付けている。
一つひとつの名前は全て　約束を伴っている。
一つひとつの約束が　今ここにある。
神の息吹が　それを生み出す。

わたしはそれを　受け取ろう。

まさに今　救いの主が　お生まれになった。ダビデの町に「メシア」と呼ばれる救い主あなたがずっと探していた方。赤ちゃんが毛布にくるまれ餌箱の中に眠っている。
――ルカによる福音書2章11～12節

12月27日

献金（１９８３年のクリスマス）

タルシシュや島々の王がみつぎを納め
シバやセバの王たちは
　贈り物を携えて来ますように！
長く生きられますように
シバの黄金が彼にささげられますように！
――詩編72編10、15節

タダ乗りできる　ものなどはない
そんな世界で育って
贈り物は　物々交換の　道具として使うよう
そんな風に育てられ
そんなわたしにも　付帯条件がないこの贈り物を
受け取りながら余生を過ごしているけれど
それが上手く行くとは　言い難い

バスローブをまとった　三人の博士たち
バスローブの下から
　スニーカーと十五センチ程のジーンズが見える
三人は　跪きつつ　差し出している　献げもの。
だれもがささげる準備ができていない献げものを

終わってから、数名がその場に残り
　ろうそくを吹き消す
敷き詰めた藁を箒で掃除し　馬小屋丸ごと
　すべては倉庫の　奥深く

この世の夜へとつづく　ドアを開き
わたしたちは　ふと気づくのだ
より取り繕った自分を
　自分で作り上げてしまったことを

彼らは畏敬の念に圧倒されて、
ひれ伏して幼子を拝した。
それから、彼らは彼らの荷物を開き、
黄金、乳香、没薬を献げた。
――マタイによる福音書2章11b節

12月28日

天

「天」とは福音書と黙示録において（そして聖書全体を通して）わたしたちに一つのことを伝える隠喩となっている。その一つのこととは「目に見えるものを遥かに超えるものが、ここに存在している」ということである。「目に見えるもの」を超えて、それを通して「目に見えないもの」がある。「目に見えないもの」は不思議なことに「つかみどころのなく、手の届かない場所」ではなく、わたしたちの目の前にあり、わたしたちの間にある。それは「神」である。――神の支配、神の愛、神の裁き、神の救い、神の慈しみ、神の恵み、神の癒し、神の知恵――そうしたものが「まさに、ここにある」のである。

「天という言葉は隠喩（メタファー）だと、わたしは述べた。このことは「天」を非現実的なもとするのではない。今・ここで、わたしたちの五感で到達不可能なリアリティーとして、天を端的に理解することである……。

それから、わたしが見ていると、
ああ――天に開かれたドアがあった。
鳴り響くトランペットと、

幻の中から聞こえた最初の声が、こう叫んだ。
「ここへ上って来なさい。
さあ、入りなさい。
次に起こることをあなたに示そう。」
――ヨハネの黙示録4章1節

12月29日

天と地

「天と地」という言葉で、端的に「全て」を意味する。「天」とは文字通り「大空」を意味する。それは大いなる輝くドームであり、わたしたちの上にあり、わたしたちを超えるものである。それは、まばゆいばかりの劇場である。そこで、わたしたちは見事に舞い踊る星座を見、吠え猛る野性の美を示す嵐を見る。わたしたちは天を自分の感覚を通して知っている――たとえば目で星々を見て、耳で嵐を聞く、といった具合に――しかし、わたしたちはそれらを操作することも、形を整えることも、支配することも出来ない。

「地」とは文字通りには「わたしたちの下にあり、わたしたちの周りにあるもの」を意味する。それはわたしたちの手で触れることができるもので、操作することができ、形を整えることができ、ある程度までは支配できる。そこに黄色いスイセンが咲けば、わたしたちはそれを摘み取ることが出来る。わたしたちは「地」に足をつけて立つことが出来る。わたしたちは「地」を耕し、そこに作物を植え、そして収穫することが出来る。「地」は「天」と違い、五感で補足して行くべきものというよりは、むしろ肉体の延長のようにしてそこにあるものである。

わたしたちの知覚を広げてくれる装置は、わたしたちを助けてくれる。望遠鏡、顕微鏡、レーダー、音波探知機、ラジオ、テレビや様々な器具を積み込んだ人工衛星の力は大きい。それでもなお、わたしたちは依然として、電子やプロトンといったもののほとんど無限につながり合っている様子を完全に数え上げ記録するまでにはなおほど遠い状態である。その広がりは広大なものであり、たとえば「オリオン座にある恒星ベテルギウス」から「アラバマ州バーミングハム市の牢獄」【キング牧師が収監されたことで有名な牢獄】にまで及んでいる。**「天と地」**という二つの言葉によって、物質によって構成される被造物に結び付けられている。わたしたちの感覚はどこまでもわたしたちをこの世界と結び付ける。それは無限大の広がりを持つのである。わたしたちの感覚が示す限り、決して終わることがない物質的な創造物と結び付いている。

シオンの神が
あなたを祝福してくださるように
天と地を造られた神が
あなたを祝福してくださるように
――詩編134編3節

12月30日

物質性

わたしたちは最初から最後まで「物質」に浸されて過ごしている。創世記の初めから、わたしたちは「物質」に浸されている。そして「ヨハネの黙示録」の終わりにおいては、わたしたちは再び「物質」に浸っている自分を見出すのである。「土地と歴史」あるいは「風土と気候」そして「受肉と秘跡（サクラメント）」の中だけで、全てのことが生起している。この世界の物ごとを離れると、福音の中身が失われる。あるいは福音の何も理解できなくなる。また、福音を受け止めることが出来なくなる。この世界の出来事だけが現実であるとは言えないが、この世界の事物を離れると、生ける信仰によって確立する人生のほとんどを否定することになってしまう。つまり、わたしたちは「物質」を離れては何も経験出来ないのである。「神と魂」のように「目に見えない偉大なもの」もあるが、それらも「目に見える偉大なもの」つまり「天と地」なしでは、理解できないのである。

「目に見えないもの」は「目に見えるもの」によってのみ理解される。福音とはグノーシス主義のあらゆる形式に敵対するものである。「出来事によって始まり、それが霊的なものへと徐々に精練される」というものは福音ではない。「物質世界と肉体を持ったイエスとイエスの血から始まり、そして、それ自身が徐々に変化して、ついにエーテル【古代ギリシア時代から20世紀初頭まで想定され続けてきた、全世界を満たす霊的元素のひとつ】と天使と理念の次元にまで上り詰める」というのは、神の啓示ではないのである。

その都市は希少な宝石の輝きに揺らめき、
光に満ち溢れていた。
その都市の光は脈を打っていた。
その都市は雄大に城壁を構え
12の門を抱えて高くそびえ立っていた。
——ヨハネの黙示録21章11~12節a

12月31日

「在る」物の完成

「天」とは、つまり、とにかく大きいものである。はるかに大きいもの、それが天である。この「はるかに大きい」とは一体どういう意味だろうか。それは「ここにあるもの」の完成である。「ここにあるもの」から離れ去ることではない。「ここにあるもの」の全体、あるいはその総体こそが「天」なのである。わたしたちは今「ここに」その一部分を見ている。「天」とは「ここにあるもの」を拒絶して立ち現れるようなものではない。だから、わたしたちが「天」の幻を見る時、そこに見えるものは、どこまでも具体的で実際的なものとなる。――「天」の幻によって、わたしたちは自分たちの全ての言動によって構成される「リアリティー」について、確信を持ち続けることが出来るのだ。「この『現実』は果たしてよいものであるのかどうか」と、わたしたちの生きている時代が厳しく問い続けている。それでもわたしたちは、この「天」の幻によって、この「リアリティー」を手放さずに生きて行ける。「天」の幻とは仰々しい印象を残すべく黙示録の終わりにごてごてと書き添えられたものではない。「天」の幻を見る時、わたしたちは自分の人生の中にある神の法という「リアリティー」に浸されることになる。実にこの「リアリティー」こそが、何度でも神に従い直す力を与え、長期にわたってわたしたちを堅固にし、勇気を持って証すべく立ち上がらせてくれるものである。

わたしたちの人生の中に今、まさにここにあるもの。――一つの場所、一人ひとりの人、色々な景色、そして色々な音。――それらを使って、わたしたちの人生の中にある「目に見えないもの」と「目に見えるもの」とがいきいきと繋がっている。「天」とは、目に見える被造物。――樹木と岩石、イエスと聖餐式――の美しさと神聖さを守り支えるのだ。それはわたしたちを欺く幻想ではない。皮肉屋たちは「天」を見て、そこに幻想を見て次のように言う。「愛と希望と信仰などは、実に愚かしい、役に立たず、馬鹿げたことだ」、と――でも、それは違う。「天」の幻こそ「リアリティー」そのものである。「わたしたちの中で始まったもの」と「わたしたちの中で完成するもの」とは、その「リアリティー」の中で緊密に照応し合うのである。……

「ヨハネの黙示録」の中には、現実逃避をする手がかりなど、一つもない。現実世界において、勤務をこなし、社会人として責任を担わなければいけない。それが、わたしたちの責任である。その責任から逃れる「週末」の解放感を長々と（あるいは、永遠に）味わう、そのような「週末」は「ヨハネの黙示録」のどこにも書いていない。そこに描かれているのは、務めと責任を担えるようにと力づけ、その重みに痛むわたしたちを癒す幻である。

「天」は薄汚れた路地裏から作り出される。殺人事件が横行する裏小路によって組み立てられる。不倫に穢れた臥所と汚職にまみれた法廷、偽善ばかりの会堂や商業主義に侵食された教会、横領の常習犯となった徴税人たちや裏切りを重ねる弟子たちを用いて、神は「天」を形成して行くのである。天は確かに一つの都市であるが、今やそれは聖なる都となったのである。

玉座から鳴り響く雷ような声が聞こえた。
見よ！　見よ！　神が近所に引っ越してきた。
そこに住み夫婦と共に、
神が男女たちの家庭を築くのだ。
彼らは神の民となり、神は彼らの神となる。
……見よ！　わたしは万物を新しくする。
――ヨハネの黙示録21章3、5節a

11月 2日　PC, 404
11月 3日　PC, 404
11月 4日　PH, 37
11月 5日　PH, 40
11月 6日　PH, 43
11月 7日　PH, 47
11月 8日　TT, 394-395
11月 9日　TT, 395
11月 10日　TT, 395
11月 11日　CL
11月 12日　CL
11月 13日　CL
11月 14日　CL
11月 15日　CL
11月 16日　CL
11月 17日　CL
11月 18日　CL
11月 19日　LW
11月 20日　LW
11月 21日　LW
11月 22日　LW
11月 23日　LW
11月 24日　LW
11月 25日　LW
11月 26日　LW
11月 27日　LW
11月 28日　LW
11月 29日　VC, 28
11月 30日　VC, 28-29

12月

12月 1日　VC, 29
12月 2日　VC, 29-30
12月 3日　VC, 30-31
12月 4日　FS, 53-54
12月 5日　PS, Psalm12（詩編）
12月 6日　SP, Indroduction 3
12月 7日　SP, Indroduction 3-4
12月 8日　TR, 22-23
12月 9日　TR, 43
12月 10日　TR, 3-5
12月 11日　TR, 72-73
12月 12日　TR, 73
12月 13日　TR, 78-79
12月 14日　TR, 79
12月 15日　TR, 91
12月 16日　TR, 92-93
12月 17日　TR, 93
12月 18日　TR, 93-94
12月 19日　TR, 95
12月 20日　TR, 98-99
12月 21日　CP, 156
12月 22日　CP, 158
12月 23日　CP, 159
12月 24日　CP, 163
12月 25日　CP, 165
12月 26日　CP, 170
12月 27日　CP, 171
12月 28日　RT, 169
12月 29日　RT, 170
12月 30日　RT, 170-171
12月 31日　RT, 173-174

9月

9月 1日　SS, 15
9月 2日　SS, 16-17
9月 3日　SS, 17
9月 4日　SS, 18
9月 5日　SS, 18
9月 6日　SS, 18-19
9月 7日　SS, 19
9月 8日　SS, 19-22
9月 9日　SS, 22
9月 10日　NT, Introduction to Luke（ルカ福音書）
9月 11日　SP, Introduction, 3-4
9月 12日　SP, Introduction 4
9月 13日　SP, Introduction 5
9月 14日　PR, Proverb 8（箴言）
9月 15日　LO, 104-105
9月 16日　UP, 55-56
9月 17日　PWP, for January 15
9月 18日　UP, 127-128
9月 19日　UP, 169-170
9月 20日　UP, 172-173
9月 21日　UP, 183
9月 22日　UP, 5
9月 23日　TR, 9
9月 24日　TR, 9-10
9月 25日　TR, 10
9月 26日　TR, 10
9月 27日　TR, 10-11
9月 28日　TR, 11-12
9月 29日　PM, Introduction
9月 30日　EC, Introduction

10月

10月 1日　RH, 114
10月 2日　LO, 145-146
10月 3日　LO, 148
10月 4日　LO, 148-149
10月 5日　LO, 149
10月 6日　LO, 152
10月 7日　PH, 9
10月 8日　PH, 9
10月 9日　PH, 9-10
10月 10日　PH, 18
10月 11日　PH, 21
10月 12日　PH, 25
10月 13日　PH, 31
10月 14日　PH, 34
10月 15日　PC, 52-53
10月 16日　PC, 53
10月 17日　PC, 53-54
10月 18日　PC, 54
10月 19日　PC, 54
10月 20日　CP, 141
10月 21日　UP, 50-51, 53-54
10月 22日　TR, 75-76
10月 23日　PC, 202
10月 24日　PC, 210
10月 25日　PC, 210
10月 26日　PC, 310
10月 27日　PC, 403
10月 28日　PC, 403
10月 29日　NT, Matthew7:1-16（マタイ福音書）
10月 30日　NT, Matthew7:1-16（マタイ福音書）
10月 31日　CP, 117

11月

11月 1日　PC, 403-404

7月

7月 1日　TL, 27-28
7月 2日　TL, 35
7月 3日　TL, 35
7月 4日　TL, 39
7月 5日　TL, 39-40
7月 6日　TL, 40
7月 7日　TL, 37
7月 8日　TL, 49
7月 9日　TL, 54
7月 10日　TL, 66
7月 11日　TL, 73-74
7月 12日　TL, 75
7月 13日　TL, 77
7月 14日　TL, 91
7月 15日　TL, 65
7月 16日　CP, 15-16
7月 17日　CP, 21
7月 18日　CP, 21-22
7月 19日　CP, 24
7月 20日　CP, 28-29
7月 21日　CP, 31-32
7月 22日　CP, 32
7月 23日　CP, 33
7月 24日　CP, 45
7月 25日　CP, 55
7月 26日　CP, 67
7月 27日　CP, 95
7月 28日　CP, 111
7月 29日　RH, 106-107
7月 30日　RH, 148
7月 31日　NT, Romans 14:19-23（ロマ書）

8月

8月 1日　TL, 65
8月 2日　PM, for January 16
8月 3日　RH, 114-115
8月 4日　RH, 118-119
8月 5日　NT, Introduction to John（ヨハネ福音書）
8月 6日　PM, for February 9
8月 7日　UP, 5
8月 8日　UP, 5
8月 9日　UP, 4
8月 10日　UP, 12-13
8月 11日　UP, 13-14
8月 12日　TD, Forword 9
8月 13日　TD, Forword 9 -10
8月 14日　EC, for January 27
8月 15日　TL, 115
8月 16日　TL, 116
8月 17日　TL, 182
8月 18日　TL, 87-88
8月 19日　TL, 89-90
8月 20日　TL, 90
8月 21日　TL, 92
8月 22日　TL, 18
8月 23日　TL, 149
8月 24日　EC, for November 18
8月 25日　RT, 186
8月 26日　RT, 187
8月 27日　RT, 187-188
8月 28日　RT, 188
8月 29日　RT, 189
8月 30日　RT, 189
8月 31日　SS, 14

イ福音書）
5月 2日 FS, 78
5月 3日 FS, 61-62
5月 4日 FS, 67
5月 5日 FS, 78-79
5月 6日 FS, 114
5月 7日 FS, 131
5月 8日 FS, 132
5月 9日 FS, 145-146
5月10日 FS, 209
5月11日 FS, 224
5月12日 FS, 240
5月13日 PR, Proverbs 31:10-31（箴言）
5月14日 UR, 6-7
5月15日 UP, 36
5月16日 UP, 72
5月17日 UP, 74-75
5月18日 UP, 75
5月19日 UP, 80-81
5月20日 UP, 84-85
5月21日 UP, 87
5月22日 UP, 91
5月23日 NT, Introduction to 1 and 2 Thessalonians（テサロニケ書 1, 2）
5月24日 LD, 72-73
5月25日 UP, 100, 102
5月26日 UP, 105
5月27日 UP, 130
5月28日 UP, 133
5月29日 UP, 157
5月30日 UP, 157
5月31日 UP, 192-193

6月

6月 1日 AG, 18-19
6月 2日 AG, 25-26
6月 3日 PP, for October 2
6月 4日 PP, for October19
6月 5日 AG, 62
6月 6日 AG, 66
6月 7日 AG, 66-67
6月 8日 AG, 78
6月 9日 AG, 78-79
6月10日 AG, 84-85
6月11日 AG, 86
6月12日 AG, 86
6月13日 AG, 102
6月14日 AG, 102
6月15日 AG, 113
6月16日 PP, for October 21
6月17日 NT, Matthew 5:13-16
6月18日 NT, Introduction to Philippians（フィリピ書）
6月19日 LD, 101
6月20日 LD, 93
6月21日 LD, 93-94
6月22日 LD, 97
6月23日 LD, 97
6月24日 LD, 98
6月25日 LD, 103
6月26日 LD, 105
6月27日 NT, Introduction to Galatians（ガラテヤ書）
6月28日 TL, 21
6月29日 TL, 10-11
6月30日 TL, 12-13

3月

3月 1日　RT, 20-21
3月 2日　RT, 24
3月 3日　RT, 30
3月 4日　RT, 48-49
3月 5日　RT, 54
3月 6日　RT, 55
3月 7日　RT, 59
3月 8日　RT, 60
3月 9日　RT, 66
3月10日　NT, Introduction to James（ヤコブ書）
3月11日　FS, 110-111
3月12日　AG, 53
3月13日　AG, 54
3月14日　AG, 56
3月15日　AG, 71-72
3月16日　AG, 86
3月17日　PS, Psalm51（詩編）
3月18日　WA, 10-11
3月19日　WA, 10
3月20日　WA, 16-17
3月21日　WA, 44
3月22日　WA, 46
3月23日　WA, 57
3月24日　WA, 68
3月25日　WA, 70-71
3月26日　WA, 87
3月27日　WA, 101-102
3月28日　WA, 134-135
3月29日　PP, for February 6
3月30日　RT, 18
3月31日　PJ, for December 12

4月

4月 1日　PJ, for September 1
4月 2日　WA, 160
4月 3日　WA, 187
4月 4日　WA, 192
4月 5日　RT, 38
4月 6日　RT, 91-92
4月 7日　RT, 93-94
4月 8日　RT, 68-69
4月 9日　NT, Introduction to Hebrews（ヘブライ書）
4月10日　CR, 3
4月11日　CR, 5
4月12日　CR, 7-8
4月13日　CR, 9
4月14日　CR, 10
4月15日　RH, 11
4月16日　RH, 12-13
4月17日　RH, 13
4月18日　RH, 14-15
4月19日　RH, 16
4月20日　RH, 14
4月21日　RH, 26
4月22日　RH, 29
4月23日　RH, 37-38
4月24日　RH, 39-40
4月25日　RH, 43
4月26日　RH, 66
4月27日　RH, 68
4月28日　LD, 107
4月29日　LD, 111
4月30日　LD, 4-5

5月

5月 1日　NT, Matthew 5:1-11（マタ

一日一章の参考文献

〔略記号は参考文献資料を参照〕

1月

1月 1日　NT, John1:1-18（ヨハネ福音書）
1月 2日　SS, 131
1月 3日　SS, 128-129
1月 4日　SS, 129
1月 5日　SS, 130
1月 6日　NT, Matthew2:1-13（マタイ福音書）
1月 7日　UP, 191-192
1月 8日　SS, 136-137
1月 9日　SS, 137
1月 10日　CP, 3-4
1月 11日　CP, 32-33
1月 12日　LO, 12
1月 13日　LO, 21
1月 14日　LO, 28-29
1月 15日　LO, 52-53
1月 16日　LO, 150
1月 17日　LO, 176
1月 18日　LO, 185
1月 19日　LO, 96
1月 20日　LO, 97-98
1月 21日　LO, 68-69
1月 22日　LO, 72
1月 23日　LO, 72
1月 24日　LO, 72-73
1月 25日　LO, 74-75
1月 26日　WT, 16
1月 27日　WT, 125
1月 28日　WT, 160-161
1月 29日　WT, 165
1月 30日　WT, 3-4
1月 31日　WT, 74-75

2月

2月 1日　WT, 78
2月 2日　WT, 79-80
2月 3日　WT, 80-81
2月 4日　WT, 81-82
2月 5日　WT, 6-7
2月 6日　WT, 9
2月 7日　WT, 77-78
2月 8日　PS, 5-6
2月 9日　UP, 23-24
2月 10日　LJ, 87
2月 11日　PH, 28
2月 12日　LD, 111
2月 13日　WT, 171-172
2月 14日　CT, 23
2月 15日　WT, 174-175
2月 16日　WT, 179-180
2月 17日　WT, 180
2月 18日　NT, Introduction to 1, 2, and 3 Jhon（ヨハネ福音書）
2月 19日　LO, 114
2月 20日　LO, 114
2月 21日　LO, 116
2月 22日　LO, 138-140
2月 23日　LO, 192
2月 24日　RT, 9-10
2月 25日　RT, 11-12
2月 26日　RT, 4-5
2月 27日　RT, 5-6
2月 28日　RT, 8-9
2月 29日　RT, 13

Under the Unpredictable Plant (UP), January 7, February 9, May 14-22, May 25-31, August 7-11, September 16, September 18-22, October21.

Working the Angles (WA), Marach 18-28, April 2-4.

A Year with the Psalms/ Praying with the Psalms (PP), March 29, June3-4, June16.

Back to Square one:God Said (The Witness of Holy Scripture), Crux (CR), April 10-14.

“Caveat Lector” (CL), November 11-18.

Christianity Today (CT) February 14.

Forsyth.P.T The Soul of Prayer (SP), Septmber 11-13, December 6-7.

Leadership Journal (L J), February 10.

Neff, LaVonne et., Practical Christianity (P C), October 15-19, October 23-28, November 1-3.

“Spirituary Formation: A Pastor’s Perspective”, in Garth M, Rosell, ed., The Vision Continues (VC), November 29-December3.

Terry, June Lewers, When teardrop Dance (T D), August 12-13.

“Writers and Angels: Witnesses of Transcendence”, Theology Today (TT), November 8-10.

参考文献資料

〔(　) 内は略記号を示しています。一日一章の参考文献参照〕

Answering God (AG),March 12-16, June 1-2, 5-15.

The contemplative Pastor (CP),January 10-11, July 16-28, October 20, 31, December 21-27.

Earth and Altar/ Where Your Tresure is (WT),January26-February7, 13, 15-17.

Five Smoth Stones for Pastoral Work (FS), March 11, May 2-12, December 4.

Growing up in Christ/ Like Dew Your Youth (LD), February 12,April28-30, May 24, June 19-26 July 15 .

Leap over a Wall (LW), November 19-28 .

A Long Obedience in the Same Direction (LO), January 12-25,February 19-23, September 15, October 2-6.

The Message: New Testament with Psams and Proverbs (NT), January 1, 6, Febuary 18, March 10, April 9, May 1, 23, June 17-18, 27, July 31, August 5, September 10, October 29-30.

Praying with the Eraying aith Early Christian(EC)August 14,24,September 30.

Praying with Jesus (PJ), March 31-April 1.

Praying with Moses (PM), August 2, 6, September 29.

Praying with the Prophets (PWP), September 17.

Proverbs:The Message (PR), May 13, September 14.

Psalms: The Message (PS), February 8, March 17, August 23, December 5.

Reversed Thunder (RT), Febrauary 24-March 9, March 30, Apri l5-8, August 25-30, Decmber 28-31.

Run with the Horses (RH), April15-27, July 29-30, August 3-4, October 1.

Subversive Sprituality (SS), January 2-5, January 8-9, August 31-September 9.

Take and Read (TR), September 23-28, October 22, December 8-20.

Traveling Light (TL), September 28-July 14, August1 ,August 15-22.

ピーターソンの著書から学んだこと

田尻教会 牧師　友川　榮

『**聖書に生きる 366日 一日一章**』を出版するにあたり、ユージーン・H・ピーターソンが書いた著書から学んだことを記してピーターソンの簡単な略歴と代えさせていただきます。

私はピーターソンと個人的に会ったことは一度もありませんが、共同翻訳者のお一人である斎藤顕先生（2022年10月1日に急逝）はピーターソンの講演を聞き深く心酔されていました。私もCDでその講演を聞き（ピーターソンはアメリカ人としては背が低く、人柄は気さくであったと伺っています。声はハスキーでした）、感激したことを今でも忘れることはできません。それは横浜にある上星川教会の牧師の時代（1999年4月～2008年3月末）でした。齋藤顕先生は横浜ユニオン教会の牧師で奉仕をなさっておられましたが、私は毎月一度、横浜ユニオン教会を訪ね、ユージーン・H・ピーターソンが書かれた難解な著書「牧師論：*Under the Unpredictable Plant*」について熱く語り合いました。その影響もあってか、ピーターソンの著書を購入し続けました。その中に『Living the Message：聖書に生きる 366日 一日一章』が入っていたのです。ピーターソンは効果的な伝道の秘策を述べる訳でもありません。いや、むしろ愚直に聖書の御言葉に沈潜せよと言い続けておられ、また北米の教会が翻弄されている「キリスト教の世俗化」や「エンターテイメント化」に警鐘を鳴らしているだけです。

さらに、浅薄な「スピリチュアリティー」に翻弄されてはいけないと言い続けるだけです。牧師が信徒を喜ばせるために、聖書の真意を説かずに「分かりやすい説教」「慰められる説教」の危険を説くだけです。健全なキリスト教信仰も単なる「感情の高揚」を目指すものではないと主張しているだけです。神が為さることを畏れながら待てと言い続けるだけです。健全なキ

リスト教信仰も途方もない時間を要すると説くだけです。健全な教会形成は「数十年」以上の時間を要すると説くだけです。――これらのことは丁度、農家の方々が、その地域の土壌や風土を知らないと、作物がうまく育たない、とでもいうように。

牧師は遣わされた教会に腰を据えて伝道・牧会に励まなければいけないのです。キリスト教信仰は「手軽に」「直ぐに」育つものではありません。遣わされた教会の方々と共に祈り、イエス・キリストに従い続ける以外に道はないのです。私が奉仕している田尻教会も高齢化、少子化が進み次世代への信仰の継承が最大の課題になっています。恐らくこれは、日本の多くの教会（特に、都会の教会ではなく、田舎にある小さな教会）が抱えている共通の課題ではないでしょうか。健全なキリスト教信仰を育むためには色々な労苦や闘いがあることでしょう。

しかし、神は不思議なことを実現させるお方です。牧師は神の為さることを邪魔することなく、唯々そこに住む方々を愛し「じっくり、こつこつ」と牧会に励むよう神から遣わされているのです。そういう意味では、ピーターソンのこの著書は地方の小さな教会で孤軍奮闘なさっておられる牧師先生や信徒の方々に大きな勇気と励ましを与えると私は確信しています。もちろん、この著書は聖書をより深く、かつ健全に学ぶのに最適な副読本でもあります。加えて、『聖書に生きる３６６日 一日一章』が多少なりともキリスト教信仰を深く知る一助になれば翻訳者の一人として望外の喜びです。

ピーターソンの著書の多くは、ピーターソンがChrist Our King Presbyterian Churchで１９６２年（30歳で就任）から１９９８年（59歳まで）までの29年間にわたる牧会の労苦から生み出されたものです。その後ピーターソンは、１９９２年から１９９８年まで、カナダのヴァンクーバーにあるRegent CollegeにてSpiritual Theologyを講じています。多くの神学大学、教会などで説教や講演を開き、２０１８年10月22日に心不全のために召天しました。85歳の生涯でした。

なお、簡単ですが、ユージーン・Ｈ・ピーターソンの主要著書を以下に記しました。

「The Message: 現代訳聖書」を初めとして30冊以上に及ぶ。

A Long Obedience in the Same Direction.
Reversed Thunder: The Revelation of John and the Praying Imagination.
Run with the Horses: The Quest for Life at Its Best.
Traveling Light: Modern Meditations on St. Paul's Letter of Freedom.
Leap over a Wall: Earthy Spirituality for Everyday Christians.
Answering God: The Psalms as Tools for Prayer.
A Year with Jesus: Deaily Readings and Meditations.
at This Book: A Conversation in the Art of Spiritual Reading.
Subversive Spirituality.
Christ Plays in Ten Thousand Places: A Conversation in Spiritual Theology.
Praying with Paul: A Year of Daily Prayers and Reflections on the Words of Paul.
Praying With Moses: A Year of Daily Prayers and Reflections on the Words and Actions of Moses.
Praying With the Prophets: A Year of Daily Prayers and Reflections on the Words and Actions of the Prophets.
Praying With the Early Christians: A Year of Daily Prayers and Reflections on the Words of the Early Christians.
The Message: The Bible in Contemporary Language.
等。

日本語として翻訳されているのは『牧会者の神学』『イエスとともに祈る３６５日』『詩編とともに祈る３６５日』『信仰の友への手紙』『若者は朝露のように』があります。さらに、ピーターソンの著書が優れた翻訳者によって邦訳されることを強く望みます。

翻訳のあとがき

田尻教会 牧師　友川　榮

　ユージン・H・ピーターソンの著書に出会ったのは私が横浜にある上星川教会（１９９９年～２００８年）の牧師として着任した時代まで遡ります。２０００年頃でしょうか、上星川教会から毎月一度ほど横浜ユニオン教会に行き、ピーターソンが書いたヨナ書に基づく『牧師論』でした。横浜ユニオン教会は斎藤顕先生、奥様のリンダ・シュミット先生が牧会をしておられました。ピーターソンのその本は実に難解な本でしたが「牧師とは何か」を見事に捉えている本でした。細かい部分までは理解できなかったのですが、その本を読みすすめながら「教会とは何か」「牧会とは何か」などなど、斎藤顕先生と熱く語り合ったことが昨日のように思い出されます。それから斎藤顕先生に薦められるままにピーターソンの著書を買い求め、その中に『聖書に生きる　一日一章：*Living the message*』も入っていたのです。それから、湯河原教会、下関丸山教会、そして故郷の田尻教会の牧師として２０１２年４月に神の不思議な導きで招聘されました。ピーターソンの著書を精読することなく斜め読みをしておりましたが、妻が心の病を抱え入退院を繰り返す度に幾度となく心が折れそうなりました。妻の病状は未だに現在進行形ですが、その度にピーターソンのこの書によって慰められ、立ち上がる起爆剤となったのです。それ程内容豊かで優れた著書である証拠でしょう。

　ピーターソンの著書は米国では快く受け入れる人々は多くはないのではと危惧しています。なぜなら米国の多くの教会が落ち入りやすい一面を痛烈に批判しているからです。この批判の内容は日本の教会が巻き込まれる誘惑にも向けられていると言っても過言ではありません。教会の本質を、礼拝出席の人数や活動計画の成功を誇る傲慢、財政こそ第一と声高に言う浅薄さの危険性を指摘します。本書は、聖書の御言

葉に沈潜しながら、教会、クリスチャンを近視眼的に判断せず、歴史を造りだす神の視点から聖書や信仰生活を深く見据えている著者の真骨頂がいかんなく記されています。

信仰においては、手軽に手に入る「近道」や「気楽な生き方」に「否」と断言しながら、「人生のひだ」を直視し、聖書を通して確固とした信念を示しています。聖書を深く読む副読本として最適な本の一つと考えています。

この珠玉の書を何とか、毎週、毎週、休むことなく忠実に礼拝に出席してくださる教会員に分かち合いたいと願い翻訳を始めたのが２０１６年頃でした。しかしながら、私の英語力では到底太刀打ちできる代物ではありません。私の怠慢と力不足のために時間だけが経過してしまいました。２０２０年の2月上旬に肺高血圧症という難病を宣告されたのを契機に、体の限界と残された時間が少ないと感じ、重い腰を上げて翻訳することを決意いたしました。無謀な試みですが、毎週、毎週、礼拝を休むことなく10年以上も怠惰な牧師を励まし育ててくれた田尻教会の教会員一人ひとりへの感謝の徴として翻訳を続けてきました。

そこで、誰か助けてくれる先生が与えられるよう祈っていたところ、宮城北地区で牧会をしている石巻栄光教会牧師の川上直哉先生がいることを知り、是非、翻訳者の一人として加わって頂くよう懇願したところ、快くご了解いただきました。川上直哉先生はピーターソンも自らの著書で「最も信頼する神学者」と述べるフォーサイスの研究家です。先般『聖なる父』や『活けるキリスト』を出版したばかりです。これも神の不思議な導きでしょう。川上直哉先生の助けなしには『聖書に生きる　３６６日　一日一章』の出版は不可能だったと思います。私の翻訳は日本語なのか英語なのか意味不明な「雑文」だからです。それを原書の真意を的確に捉え、見ごとに日本語に落とし込む才能には羨ましさと嫉妬の念を抱くことがありました。それに尚絅（しょうけい）学院大学の特任准教授のサム・マーチー先生にも、２０２１年から半強制的に加わって頂くようお願いしたところ、快く引き受けて頂きました。サム・

マーチー先生には多忙なところズームを通してほぼ毎週一度か二度、英語特有の言い回しを教えていただきました。それも私の母国語の日本語で英語特有の言い回しを、かみ砕いて教えて頂きました。完璧なバイリンガルで「羨ましいなぁ！」と何度も脱帽させられました。原文の深さを幾度も気づかせて頂きました。

　川上直哉先生やサム・マーチー先生、それにピーターソンの著書を紹介してくださった斎藤顕先生の助けがなければ、この翻訳は頓挫してしまったことでしょう。三人の先生方には、長きにわたって骨が折れる翻訳の労を担ってくださったことを心から御礼を申し上げたいと思います。また、サム・マーチー先生のお父さんのデヴィット・マーチー先生にも感謝しなければいけません。数年前までデヴィット・マーチー先生は東北教区センター・エマオのアパートに住んでいましたが、私は約2年間程、先生ご夫妻が住んでおられたその御自宅にお邪魔して、この難解な著書の意味を色々教えて頂きました。私の片言の英語を誠実に聴いてくださり、牧師としての喜びや悩み悲しみを共有し、時には涙し、時には爆笑し、時には共に祈ってくださいました。懐かしい思い出です。

　最後に、この翻訳は私と斎藤顕先生、川上直哉先生、サム・マーチー先生の共同の翻訳ですが、私が最後の校正を行いました。原文の真意を忠実にかつ何とか日本語として分かりやすい翻訳を心がけましたが、それがどれほど達成しているかは全く自信がありません。ピーターソンは時折、見ごとな詩をもって黙想していますが、私の非才ゆえに翻訳の限界を思い知らされました。優れた訳を、ご教示いただければ幸いです。加えて、横浜ユニオン教会で23年間も牧会をした翻訳者の一人（私の親友の一人で、ピーターソンの著書を教えてくれた恩人）の斎藤顕先生が、約一年前に末期ガンの宣告を受け、「なんで、今なのですか？」と私は神にすがりつくように日々祈りをささげていました。しかし、末期ガンの悪化は予想以上に早く２０２２年10月1日の夜に、家族に見守られながら天に召されました。74歳の急逝でした。私が斎藤顕先生の訃報を知っ

たのは（アメリカと日本との時差のため）、田尻教会の礼拝後（10月2日・日曜日）でした。神を礼拝することを何よりも喜びにしてきた斎藤顕先生らしい逝去に、私は人目を憚らずに号泣しました。今でも無念と悲しみが錯綜しています。唯々、ご家族の上に神の慰めを祈るばかりです。

なお、この翻訳は田尻教会創立百周年記念（２０２１年のペンテコステ礼拝）の一環として出版することといたしました。私が東北学院大学の学生時代からお世話になった田尻教会の教会員一人ひとりに、この翻訳をささげたいと思います。毎週、毎週、一人ひとり、コロナ禍の中で感染予防に十分に注意しながらも、神を礼拝する喜びを噛みしめながら、毎週休まず必ず教会に来て礼拝する姿勢に、牧師である私自身が幾度となく、神を畏れ、たましいを砕かれ励まされたか知れません。また、私の貧しい日本語翻訳の「てにをは」をチェックしていただきました。また改めて原文の深さに気づかされ、驚嘆させられることが幾度もありました。そういう意味ではこの『聖書に生きる　３６６日一日一章』は翻訳者と教会員の共同の翻訳出版と言えましょう。さらにこの翻訳を続けている最中に、プーチン大統領によるロシアのウクライナ侵攻と無差別殺戮を起こすという凄惨な侵略戦争が勃発しました。それに、ロシア正教の主教が、その戦争を支えているという報道を聞いた時、一人のクリスチャンとして如何なる戦争にも「断固反対だ」と強く抗議をしたいと思いました。ピーターソンも「戦争は一度も勝利したものはない」という趣旨の黙想をしています。クリスチャンは主イエスが語られた「平和を実現する人々は、幸いである」（マタイ5章9節）に立ち続けなければいけません。

この翻訳を続ける中で、私自身が牧師として奉仕をゆるされた喜多方教会、猪苗代教会、福島荒井教会、上星川教会、湯河原教会、下関丸山教会、登米教会の教会員の一人ひとりのことを片時も忘れることはありませんでした。私が今日まで牧師として奉仕が出来ているのは、奉仕をゆるされた教会の教会員の支えや祈りのお蔭と感謝しています。

また『聖書に生きる　366日　一日一章』が、困難を抱えて牧会を続けておられる多くの牧師先生たちや、様々な痛みや悲哀を抱きながら信仰生活を過ごしておられる多くのクリスチャンの方々に対して、聖書を深く学ぶ「道しるべ」の一つとなればこれ以上の幸いはありません。

本書の聖句はピーターソンが訳した現代語訳『メッセージ』からの引用です。そのため口語訳聖書や新共同訳聖書や聖書協会共同訳と大きく違うことに戸惑われるかもしれません。しかし、ピーターソンの現代訳『メッセージ』は原典の真意を見ごとに捉えている御言葉であり、度々感嘆させられました。近い将来、ピーターソンの現代訳『メッセージ』が優れた翻訳者によって日本語で読める日が到来することを願っています。

最後になりましたが、出版時期に間に合わないと……はらはらしながらメールをいただいたヨベルの安田さんに御礼をしたいと思います。安田さんの最後通告がなければ、ずるずると出版が伸び、出版する目途さえ立たなかったかも知れません。適切なご指導と温かい励ましを頂き有難うございました。

ピーターソンの英語は時には詩的表現や英語特有のイディオムなどを多く用いていますが、原文の真意が伝わるように【 】で補足しています。また、人名や植物なども理解を深めるために【 】で補足しました。改めて、ご理解をいただければ幸いです。

2022年10月16日

友川　榮

翻訳者の略歴

友川　榮（ともかわ・さかえ）

1949年誕生。東北学院大学工学部応用物理学科卒業。守谷商会に就職、約3年間務める。1975年に献身、日本聖書神学校に入学（昼はトルコ大使館に勤務）。1979年3月末で卒業。喜多方教会、猪苗代教会、1989年10月上旬から在外教師としてアメリカの合同教会のハリウッド独立教会日語牧師として5年半奉仕、1995年3月末に帰国。その後、福島荒井教会、上星川教会、湯河原教会、下関丸山教会、2012年4月から日本基督教団 田尻教会牧師として就任し現在に至る。

訳書：ナウエン「イエスの示す道」（監訳、聖公会出版）

川上直哉（かわかみ・なおや）

1973年誕生。神学博士（立教大学）現在：日本基督教団 石巻栄光教会牧師、仙台キリスト教連合被災者支援ネット・ワーク東北ヘルプ代表、仙台白百合女子大学カトリック客員所員、宮城県宗教法人連絡協議会常任幹事。

著書：「日本におけるフォーサイス受容の研究」（キリスト新聞社）、「食卓から考える放射能のこと」、「被災者支援と教会のミニストリー」（以上共著、いのちのことば社）、「被ばく地フクシマに立って」「被災後の日常から」（以上ヨベル）、「ポスト・フクシマの神学とフォーサイスの贖罪論」（新教出版社）、ほか。訳書：フォーサイス「聖なる父」、「活けるキリスト」（以上ヨベル）。

斎藤　顕（さいとう・けん）

1948年誕生。慶応大学文学部 哲学専攻卒業、ヴェナード大学（アイオワ州）に留学、デビューク神学校 牧会カウンセリング修士号習得。カルヴァリー長老教会（ストックトン）、フレズノ日系合同教会日本語牧師、横浜ユニオン教会（23年間牧会）、2020年3月に隠退してアメリカに戻り、その後直ぐに末期ガンが判明。約一年半という壮絶な闘病生活を経て2022年10月1日に74歳で召天。

サム・マーチー

1981年誕生。ベイラー大学（米国テキサス州）政治学部国際関係学科卒業、プリストン神学大学院 キリスト神学専攻修士課程修了。現在は尚絅学院大学人文社会学群、人文社会学類 特任准教授。

著書：1）He Ascended into Heaven, and Sitteth on the Right Hand of God the Father Almighty: A Theological Evaluation of Article 6 of the Apostles' Creed and Relevant implication for Practical Theology

2）University Chapel Services and the Contextualization of the Gospel: How principles in Acts 17:16-34 for the contextualization in the Gospel can assist leaders in planning culturally relevant and engaging chapel services.

聖書に生きる 366 日　一日一章

2023 年 3 月 25 日 初版発行

著　者 − ユージン・H. ピーターソン
監訳者 − 友川　榮
訳者 − 川上直哉、斎藤顕、サム・マーチー
発行者 − 安田正人
発行所 − 株式会社ヨベル　*YOBEL, Inc.*
〒 113-0033 東京都文京区本郷 4 − 1 − 1　菊花ビル 5F
TEL03-3818-4851　FAX03-3818-4858
e-mail：info@yobel. co. jp

印　刷 − 中央精版印刷株式会社

配給元 − 日本キリスト教書販売株式会社（日キ販）
〒 162 - 0814　東京都新宿区新小川町 9 - 1
振替 00130-3-60976　Tel 03-3260-5670

　ISBN978-4-909871-86-2 C0016

ヨベルの既刊書（税込）

ヘンリ・ナウエン
友川 榮監訳

イエスの示す道 受難節の黙想

受難、巡礼、静まり、祈り…。魂の欠片（かけら）を現代に取り戻す。今、わたしには分かります。祈るのはわたしではなく、神の聖霊がわたしの中で祈っておられるのだと。まさに、神の栄光がわたしの中に宿るとき、離れすぎている、痛ましすぎる、なじみがない、身近すぎるなどという理由で神の栄光に浴することができない、ということはありません。（本書より）

四六判美装・二二〇頁・一八七〇円（本体二五〇〇円＋税）

岩本遠億
神田外語大学大学院教授

366日元気が出る聖書のことば あなたはひとりではない

わたしは、あなたに約束したことを成し遂げるまで、決してあなたを捨てない。（聖書）

聖書を通して神（創造主）が語りかける励ましと慰め、そして戒め。季節の移り変わりや日常の出来事に寄せ、また自己の中にある分裂をも見据えながら、やさしい日本語で書き綴るたましいのことば。聖書メールマガジンの中で18年間にわたり国内で屈指の読者数を獲得してきた著者が数千のメッセージを改訂し366日分を厳選。言語学者ならではの書き下ろしのコラムも配置しました。

五版出来！ Ａ5判変型上製・三四四頁・一九八〇円（本体一八〇〇円＋税）